三明学院学术著作出版基金资助出版

戴红宇·著

乡城迁移家庭的教育期望研究

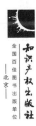

知识产权出版社
全国百佳图书出版单位
——北京——

图书在版编目（CIP）数据

乡城迁移家庭的教育期望研究／戴红宇著. —— 北京：
知识产权出版社，2025.8. —— ISBN 978-7-5245-0052-0

Ⅰ. G639.21

中国国家版本馆 CIP 数据核字第 2025S3T497 号

责任编辑：罗　慧　　　　　　　　　责任校对：王　岩

封面设计：杨杨工作室 · 张冀　　　　责任印制：刘译文

乡城迁移家庭的教育期望研究

戴红宇　著

出版发行	知识产权出版社有限责任公司	网　　址	http：//www.ipph.cn
社　　址	北京市海淀区气象路 50 号院	邮　　编	100081
责编电话	010 – 82000860 转 8343	责编邮箱	lhy734@126.com
发行电话	010 – 82000860 转 8101/8102	发行传真	010 – 82000893/82005070/82000270
印　　刷	三河市国英印务有限公司	经　　销	新华书店、各大网上书店及相关专业书店
开　　本	720mm × 1000mm　1/16	印　　张	18.75
版　　次	2025 年 8 月第 1 版	印　　次	2025 年 8 月第 1 次印刷
字　　数	278 千字	定　　价	118.00 元

ISBN 978-7-5245-0052-0

目　录

绪　论

中国式现代化是一个"并联式"发展过程，在工业化、城镇化、农业现代化、信息化叠加发展的进程中，大批乡村人口向城市流动、迁移，且出现家庭化趋势。随着城乡一体化建设的推进，特别是随着"新型城镇化"建设的推动，乡土中国向城乡中国、城镇中国转变，越来越多的乡村人口也转而成为城市的常住人口、甚至户籍人口。以亲子两代为基本单位从乡村向城市迁移的家庭，即是本研究所指称的乡城迁移家庭。

教育期望（educational expectation）作为学术概念，是人们对接受教育的企求❶，主要指学生对自身，或其父母、其他监护人对子女、被监护对象未来获得最高教育水平的预期和愿望。❷ 在量化研究中，它一般指最高教育程度，有时候也具体到学校层次。基于中国的家庭文化特性和家庭对教育资源的选择能力，以及迁移家庭化的时代背景，以家庭为单位探讨教育期望具有其现实意义。"在子代教育决策的制定上，家庭扮演重要且直接的角色。"❸ 家庭是一个组织单位，但在以核心家庭为主导的子女教育问题上，家庭往往指的是父母❹，研究也较少涉及父母对于自身教育问题的关注、子辈对于父辈的教育影响等。本研究所称的"家庭教育期望"或"家庭的教育期望"，即"家庭对子女的教育期望"❺，主要指父母对子女的教育期望，具体来说是指家庭中的父辈对于子辈未来所接受教育的类型、层次、水平及质量的期待。

随着经济社会的发展，子女教育在乡村家庭日常生活中的重要性越来越高，甚至成为推动家庭进行迁移的动力来源之一。城乡关系的变化推动

---

❶　顾明远，编. 教育大词典 ［M］. 上海：上海教育出版社，1998：768.

❷　Yoko Yamamoto, Susan D. Holloway. Parental Expectations and Children's Academic Performance in Sociocultural Context ［J］. Educational Psychology Review, 2010（3）：189 –214.

❸　陈武元，程章继，蔡庆丰. 家庭教育期望视角下的教育公平——数字普惠金融对非自致性家庭因素的缓解效应 ［J］. 教育研究，2021（10）：122 –137.

❹　如《中华人民共和国家庭教育促进法》第 2 条规定："本法所称家庭教育，是指父母或者其他监护人为促进未成年人全面健康成长，对其实施的道德品质、身体素质、生活技能、文化修养、行为习惯等方面的培育、引导和影响。"

❺　刘保中，张月云，李建新. 社会经济地位、文化观念与家庭教育期望 ［J］. 青年研究，2014（6）：46 –55，92；刘保中. 家庭教育投入：期望、投资与参与 ［M］. 北京：社会科学文献出版社，2021：32.

着社会结构、教育结构的变化，也推动着家庭结构的变化。城市生活环境、城市教育环境不仅为乡城迁移家庭提供了更为丰富的教育资源，也彰显着城市家庭的教育价值观念和家庭教养方式。在乡城迁移家庭中，父母对于子女的教育期望得到了一定程度的提升。然而，教育期望的形成环境的改变同时意味着教育期望的行动环境的改变，这无疑对家庭自身提出了新的要求。

乡城迁移家庭是时代变迁的一个典型缩影。教育不仅关系到青少年的成长，更关系到家庭建设、家庭发展。对于家庭来说，教育期望同时蕴含着家庭对于儿童成长和家庭发展的多重考量，在外部教育环境发生改变的情况下，如何提升内部教育能力成为一项新的要求。对于学校来说，面对生源结构的改变与教育期望的复杂性，如何更好地理解不同学生、关注不同学生，更好地实现立德树人成为新的挑战。对于社会来说，乡城迁移家庭作为"扩中"的重要对象，如何支持并促进家庭的持续发展是时代的新命题。乡城迁移家庭的教育期望是什么、受到哪些因素的影响、具有何种特征，是理解、回应并给予相应支持的前提。

一、研究缘起

"充满白日梦的生活不是仅仅观望地接受事物（不论事物如何存在或如何定位），而是在事物可以变得更美好的意义上直接参与并能动地接受事物。"❶ 期望并不是虚无主义的空想，期望一旦被提出来，就要求人们去努力、去实践，或出于理性、或出于激情。在时代变迁、社会转型的当下，家庭的经验世界也正经历着深刻而急剧的变化。对于乡城迁移家庭来说，父母对子女有何种教育期望、如何实现这种教育期望这两个问题，对于子女成长和家庭建设有着直接而深远的影响。

---

❶ 恩斯特·布洛赫. 希望的原理（第1卷）[M]. 梦海，译. 上海：上海译文出版社，2012：2.

（一）期望之于教育的意义

教育期望被视为影响教育获得的因素之一，一般被界定为对最高教育程度的心理预期。家庭对其子女将要获取的教育的期待和愿望，一直是教育学和社会学研究领域的重要话题。"因为父母教育期望是解释子女教育获得乃至地位获得的重要因素，教育期望的差异可以有效预测子女教育获得的差异，也为不同群体教育获得差异提供解释，从而有助于理解教育不公平的机制。"❶

作为教育获得的解释工具，教育期望展现了教育的可能性与发展性。"教育必须循序渐进地实现现在的可能性，从而使个人更适合与应付后来的要求。""这就是说，我们可以把教育看作使未来适应过去的过程，也可以把教育看作利用过去，成为发展将来的一种力量。"❷ 教育是有目的、有计划的培养人的社会活动。无论从何种价值立场论述教育与人、教育与生活的关系，教育的目的性本身都包含了期望的成分。这是因为教育的对象是未完成的人，教育的过程也是一个自我实现的过程，而期望也就意味着某种未完成的状态和某种需要实现的状态。期望也许未必能够实现，但是期望展示了通过教育所要达到的状态。因此，在这个意义上，教育与期望达成了高度重合。

期望与教育的互动关系实际上也揭示了人的存在状态与人的行动状态。教育期望本身还影响着家庭的教育行动。这种行动甚或是"自成目的性"，"即使这种行为在功利意义上得不到报偿，但它也已经以其本身产生出了生活的意义"❸。家庭从其行动中表达了对于需不需要接受教育，甚至能不能接受教育的认知与理解。从某种程度上来说，教育期望通过家庭的生活状态揭示了期望之于教育的意义。

---

❶ 余秀兰. 父母社会背景、教育价值观及其教育期望 [J]. 南京师大学报（社会科学版），2020（4）：62－74.

❷ 杜威. 民主主义与教育 [M]. 王承绪，译. 北京：人民教育出版社，2001：64－65，89.

❸ 赵汀阳. 论可能生活 [M]. 北京：中国人民大学出版社，2010：22.

教育期望是父母自觉表达教育责任的方式，也蕴含着家庭对学校教育的要求。与此同时，教育的普及化及"专家系统"的出现，不仅改变了家庭的教育责任，也对家庭提出了新的教育要求。教育期望在较大程度上揭示了家庭与学校之间的紧张关系。家庭教育期望能够成为观察家庭教育的重要窗口，因此，研究以乡城迁移家庭为切入点，基于教育学的基本视野，结合教育资源结构的时代变化，它将有助于拓展教育期望研究的理论视野。

（二）家庭之于国家的意义

家在中国的传统文化语境中是具有重要地位的存在。梁漱溟先生将中国社会定义为伦理本位的社会，并在其《中国文化要义》中援引了日本学者稻叶君山的论述："保护中国民族的唯一障壁，是其家族制度。这制度支持力之坚固，恐怕万里长城也比不上。"❶ 个人首先是作为家庭的一份子而存在，并且家庭也成为个人参与社会活动的坐标轴。对个人的评价来自他在家庭生活中的位置与表现。"孝弟也者，其为仁之本与"（《论语·学而》），传统儒家用"五伦"来界定人的社会存在状态，而其中有三伦（父子、兄弟、夫妇）直接源于家庭关系，另外两伦（君臣、朋友）则是对家庭关系的直接反映。相比于近代西方"市民社会"兴起而产生的"国家—社会"二元格局，以及家国异构的矛盾，宋代以后的近世中国则在伦理层面建构了实质上"家"分而"国"合的相安局面。❷ 家与国之间由于"差序格局"而具有内在的逻辑关联：国家是放大的家庭，家庭是缩小的国家。同时，家是社会的基本单位，而国也将家作为社会治理的重要落脚点，例如古代的人口统计就是直接以"户"而不是以"人"为单位。

近代以降，先进知识分子将个体解放置于家庭革命的话语体系中，一时间，中国传统的家族本位因成为压抑个体、戕害个体的统治工具而受到

---

❶ 梁漱溟. 中国文化要义 [M]. 上海：上海人民出版社，2005：135.
❷ 沈毅. "家""国"关联的历史社会学分析——兼论"差序格局"的宏观建构 [J]. 社会学研究，2008（6）：155–173，245.

攻击，家庭的"私"性成为建构社会公共道德、树立个体公民意识的障碍。国家的解放有赖于个体的解放，而个体的解放则有赖于个体从传统家庭中脱离出来。对个人的抬升与对家庭的贬抑几乎同步。但是个体具备了摆脱家庭伦理压抑的能力，并不代表个体就同时具备参与公共生活的能力。这不仅冲击了我国传统的社会结构体系，更冲击了个人的伦理认知和道德建设。在现代化进程的冲击之下，家不仅从政治话语中消失，也从道德话语中消退。而在中国传统文化中，家又恰恰位于政治话语和道德话语的中心，巨大的文化落差加剧了人在现代生活中的迷失。"每个时代的社会变迁，以及每个世代的生活变迁，都首先可以从家庭的点滴变化中找到依据。从这个意义上说，家庭可视为社会文化变迁的感应器。"[1] 个人主义、自由主义愈演愈烈，现代社会中的"道德滑坡"事件时有发生。在对个人主义的批判中，传统家庭的教育功能、家庭价值重新回到社会大众和学界的视野之中。

随着国家对家庭建设的日益重视，家庭再次回到儿童成长的重要位置：修身、齐家、治国、平天下。当西方个人与国家的关系模式无法适用于中国现代发展要求时，传统文化中家庭的关键作用再次得到重视。桎梏国家发展和个人发展的是家本位观念，而非家庭观念，家庭建设成为新的时代命题。家庭、家教、家风是家庭建设的三个主要内容，教育期望蕴含其中，成为家庭未来生活规划、家教家风延续的表达方式之一。乡城迁移家庭作为时代变迁中的一类群体，集中展现了家庭结构的现代变化，通过探讨其家庭教育期望的形成与实践，可以透视家庭结构与家庭教育功能的相互关系。

（三）乡城迁移之于时代的意义

工业化、城镇化、农业现代化、信息化的"并联式"发展是中国式现代化的一个过程。"中国已经从以农为本、以土为生、以村而治、根植于

---

[1] 吴小英. 流动性：一个理解家庭的新框架［J］. 探索与争鸣，2017（7）：88 - 96.

土的'乡土中国',进入乡土变故土、告别过密化农业、乡村变故乡、城乡互动的'城乡中国'。"❶ 改革开放以后,农业人口向城市转移成为中国产业结构变化、社会结构变化、人口结构变化的一个缩影。安土重迁的传统思维被打破,大规模的人口流动伴随着中国经济的快速发展,尤其是城市化的快速发展。然而,城市越发展,越凸显了城乡二元的户籍壁垒所带来的一系列社会问题:家庭离散、留守儿童、流动子女……即便如此,由于乡村无法承载经济生产的现实需求,在社会主义市场经济的驱动下,从乡村到城市的家庭流动是时代洪流的重要体现。

2014 年《国家新型城镇化规划(2014—2020 年)》的印发,以人的城镇化为核心、把加快发展中小城市作为优化城镇规模结构的主攻方向等理念与举措成为新的时代命题。随着我国社会经济的发展,城乡政策也出现了较大调整。《国家新型城镇化规划(2014—2020 年)》将中小城市作为重要的城镇化载体,并推动户籍制度发生重大改革。政府通过"就近城镇化""就地城镇化""分级管理",有意识地引导乡村户籍人口落户中小城市。

这不仅改变了城乡二元的户籍结构,也催生了新的乡城迁移格局。2020 年第七次全国人口普查数据显示,我国的常住人口城镇化率达到63.89%,2010 年这一数值为 49.68%,2000 年则为 36.09%,这其中乡村人口向城镇的流动起到的作用不言而喻。2020 年,中国流动人口总量达到3.76 亿,其中农村流动人口达 2.7 亿,引导这部分流动人口安居乐业具有重大意义。基于中小城市发展的就地城镇化、就近城镇化成为新的时代洪流之一,2021 年中国常住人口城镇化率达到 64.72%,户籍人口城镇化率提高到 46.7%,是"十三五"以来两个城镇化率首次缩小差距。❷ 2022 年中办、国办印发《关于推进以县城为重要载体的城镇化建设的意见》,强

---

❶ 刘守英,王一鸽. 从乡土中国到城乡中国——中国转型的乡村变迁视角 [J]. 管理世界,2018(10):28 - 146,232.

❷ 中国政府网. 国家发改委印发《2022 年新型城镇化和城乡融合发展重点任务》——提高新型城镇化建设质量 [EB/OL].(2022 - 03 - 22)[2024 - 12 - 21]. http://www.gov.cn/xinwen/2022 - 03/22/content_5680376. htm.

调"健全农业转移人口市民化机制"。在国家发改委印发的《2022 年新型城镇化和城乡融合发展重点任务》中，也提出"坚持把推进农业转移人口市民化作为新型城镇化首要任务"。随着中小城市、县城落户条件的放宽，从事农业的家庭也具备了在城市落户的可能，而城市也通过对乡城迁移家庭的接纳，实现着社会公共服务、现代文明生活的辐射与共享。2023 年《政府工作报告》中指出我国常住人口城镇化率已经提高到 65.2%。相较于《国家新型城镇化规划（2014—2020 年)》之前印发的 2013 年，十年期间增长超过十个百分点。

随着人口城镇化的推进，生活方式和生产方式的城镇化也值得更多的关注。"作为人类文明进步的产物，城镇化是促进社会全面进步的必然要求。"❶ 乡城迁移家庭既是城市扩张、城市文明向下兼容的对象，也是乡村发展、普通民众向上流动的代表。从全面小康到共同富裕，通过推动乡城迁移，让越来越多的农民参与城市生活、融入城市生活，是实现"共享现代文明成果"的重要途径。教育不仅是以现代文明成果为内容，而且教育本身就是现代文明成果。在中国家庭观念中，子女教育始终是家庭生活的重要内容，而家庭的生活方式、生产方式也会直接影响父母对子女教育的关注与期望，进而影响父母能够实施的教育行动。

相较于异地城镇化，就地城镇化和就近城镇化中的家庭与原有的乡土文化关系更密切，但乡城迁移家庭在家庭教育的过程中，仍然面临着很多困惑。"中国是一个城乡文化观念差异较大的国家，这种差异影响了人们对于教育的看法。"❷ 不仅如此，对于乡城迁移家庭来说，由于中小城市的产业结构相对薄弱，就业收入的改善并不显著，城市生活带来了一定的经济压力；城市生活中的社会关系、人际交往、生活方式与乡村的邻里宅院有着明显的区别；子女教育方式、子女教育内容、子女教育投入也不再是

---

❶ 裴勉：人民财评：推进以人为核心的新型城镇化——深入学习贯彻党的二十大精神系列评论 [EB/OL]. (2022 - 11 - 13) [2024 - 12 - 20]. https：//news. cnr. cn/native/gd/20221113/t20221113_526060260. shtml.
❷ 刘保中，张月云，李建新. 社会经济地位、文化观念与家庭教育期望 [J]. 青年研究，2014 (6)：46 - 55，92.

田间地头、屋前屋后的自由生长。生产环境、生活环境、教育环境的转变，对家庭教育的主体责任有了更高的要求。乡城迁移家庭或许是这一时代洪流中的一朵浪花，但是对于每一个具体的家庭来说，迁移能否带来教育期望的改变直接关系到家庭的当下生活与未来发展，意义深远。

党的十八大以来，党中央把逐步实现全体人民共同富裕摆在更加重要的位置上，"消除贫困、改善民生、实现共同富裕，是社会主义的本质要求，是我们党的重要使命。"❶ 教育是重要的民生工程，乡城迁移家庭是"扩中"的应然对象，乡城迁移家庭对于教育期望的理解和行动关系到家庭的持续发展。乡城迁移家庭的教育期望蕴含着物质富裕和精神富裕的内在统一。引导乡城迁移家庭形成积极向上的教育期望是推进家庭建设、提升精神文明建设、实现精神共同富裕的重要内容。本书通过说明乡城迁移对父母教育期望的影响，强调教育期望的文化品性。马克思主义和中华优秀传统文化更多从人的发展、教育价值层面论述教育期望，而不仅仅视教育为社会阶层流动的工具。由于地方文化、地方经济之间的显著差异，家庭教育期望的文化特性很难从截面数据中得到体现和说明。而基于家庭动态发展的角度，不仅能够更好地论述乡城迁移家庭在实现家庭教育期望过程中的相关行动，也能更好地发现教育期望的"变"与"不变"，从而在本土文化视野中有针对性地支持、改进其家庭教育期望。

随着"双减"政策的实施和《家庭教育促进法》的颁布，家庭建设、家庭教育进入一个新的历史阶段，家庭教育期望对于家庭教育、家庭建设的重要性也需要新的挖掘。乡城迁移家庭是城市与乡村、现代与传统相互作用、相互影响的时代缩影，而家庭教育期望又直接关系到家庭的进一步发展。家庭对子女教育和生活的安排到底选择哪种形式，表面上看是家庭自身的选择行为，但在深层次上看则是社会管理问题。"社会管理的宗旨就是要实现社会制度安排中个人行动选择要体现家庭成本与社会成本、风险最

---

❶ 习近平. 谋划好"十三五"时期扶贫开发工作、确保农村贫困人口到2020年如期脱贫 [EB/OL]. (2015 – 06 – 19) [2023 – 12 – 20]. 新华网，http://jhsjk. people. cn/article/27184114.

低而综合成效最高的原则。"❶ 因此，对于乡城迁移家庭，既需要正视其为了改善家庭教育期望所做出的努力，也需要为改善其家庭教育期望提供更多的支持。

基于历时性考察，我们可以看到家庭教育期望的时代性、情境性、复杂性。诚然，家庭教育期望存在群体差异，并且可从家庭社会经济条件和文化价值观念两个方面得到解释和说明，同时又在家庭具体的教育行动过程中得到体现。正因为家庭教育期望具有时代性、情境性、复杂性，这要求我们不能静态地理解它，而需要将家庭教育期望与传统家庭到现代家庭的变化、传统教育到现代教育的变化联系起来，亦即将其置于动态变化的视野中。"家庭教育的方式方法，作为家庭教育的'表层文化'，这是显而易见的，变化比较明显，也比较快。但作为家庭教育'深层文化'的教育思想观念的变化，却是很缓慢的，是滞后的。"❷ 而后者往往是量化数据难以体现的。此外，家庭具体的教育行动能否始终支撑家庭教育期望；在家庭教育期望无法实现时，乡城迁移家庭又是如何维持并理解教育期望的意义等问题，同样需要我们在现实生活中对教育期望这一经典命题进行观察和分析。

在某种意义上，乡城迁移家庭处于乡土社会与城市社会、乡土文化与城市文化的交融地带。特别是随着高等教育的普及化，教育的意义与价值也有了新的内涵，要帮助普通家庭树立对教育的信心，就应正视他们对家庭有何种期望，以及其自身是如何理解教育期望的。有鉴于此，本书尝试通过对乡城迁移家庭这一特殊群体的具体分析，试图回答：（1）乡土文化和城市文化分别给乡城迁移家庭的教育期望产生什么样的影响？（2）当家庭教育期望被"层次化"之后，乡城迁移家庭的教育期望呈现出何种特征？（3）在父母教育程度等家庭背景因素难以改变的情况下，乡城迁移家庭中的亲代如何理解家庭教育期望并付诸相应的教育行动？

---

❶ 刘成斌. 农民工流动方式与子女社会分化——对中国人口流动制度设计的反思 [J]. 中国人口科学，2013（4）：108－116，128.

❷ 赵忠心. 中外家庭教育思想简史 [M]. 北京：中国妇女出版社，2021：260.

家庭是中国文化的重要基石。"哲学的基本课题是尚未形成的、尚未成功的'家乡'（Heimat），进言之，在新东西与旧东西的辩证的和唯物主义的斗争中家乡是如何得以形成和塑造的。"❶ 乡城、迁移、家庭三者都展现着某种新旧变化，这种新旧变化改变了人的社会化过程，也改变了人对社会化的理解。在城镇化建设过程中，乡城迁移家庭被赋予了更多的教育权利，但并不意味着这些家庭能够直接被赋予教育能力，教育能力的高低还会反过来影响教育权利的行使和教育责任的履行。家庭教育期望蕴含着乡城迁移家庭的双重社会化，而理想的乡城迁移家庭市民化正是要实现家庭社会化与儿童社会化的内在统一。可以展望的是，当城乡一体化的格局形成、乡城迁移家庭所面临的再社会化问题得到纾解之后，一种新的教育共同体的力量能够更好地促进家庭教育期望的提升与实现。

二、研究田野

（一）研究对象

本书基于新型城镇化建设背景，以自《国家新型城镇化规划（2014—2020年）》颁布实施以来的乡城迁移家庭为研究对象。研究的田野区域主要位于闽西，暂且称为沙市沙区。研究样本的来源范围主要包括沙区第二实验小学、沙区第一实验学校小学部、沙区第三中学、沙区第十二中学、沙区第一实验学校初中部、沙区第十中学。为了丰富研究的数据来源并便于比较，研究还在沙区永镇小学（乡村小学）、沙市田县实验小学、沙市宁县第九中学、宁市寿县第六中学等学校进行了相应的数据采集和访谈。

在样本选择上，研究并不追求"概率样本"，而是考虑"结构相似"

---

❶ 恩斯特·布洛赫. 希望的原理（第1卷）[M]. 梦海，译. 上海：上海译文出版社，2012：10.

原则❶，尝试挖掘样本"向外部推广的代表性意义"❷。一方面，沙市作为教育部基础教育综合改革实验区，是一个地处东南山区的中小城市，以工矿产业为支柱，兼有一定的农业，且与该市东面的四个沿海大城市有一定的互动关系，城区人口既有外流也有流入，能够反映新型城镇化背景下乡村家庭的迁移倾向及城乡教育资源配置调整情况。另一方面，样本学校较为多元，既有旧城关地带学校（沙区第二实验小学和沙区第三中学）、早期厂矿子弟学校（沙区第十中学），也有城乡接合部的学校（沙区第十二中学）、城市新开发地带学校（沙区第一实验学校小学部和初中部），还包括城区或县城核心区学校（沙市宁县第九中学、宁市寿县第六中学）。这些学校能够容纳并反映不同时期的城乡流动情况和不同形式的家庭迁移情况，为研究提供更多类型的乡城迁移家庭样本。上述两方面能够为研究样本选择的"结构相似"原则提供较好的保障。

为了更好地说明家庭的乡城迁移对教育期望的影响，在研究过程中对乡城迁移家庭做了进一步的细化要求，即主要考察在中小城市取得长期、稳定住所，有子女正在义务教育阶段的，以城市居住为基本生活状态的，父母双方都不具有高等教育学历的原农村户籍家庭。结合本研究内容，在具体操作上，主要有以下三个方面：第一，至少有一个子女在研究开展时处于义务教育阶段；第二，核心家庭中的父母至少有一方与子女共同居住；第三，已完成户籍迁移或有明确的迁移行为。研究在对象选择过程中，只将亲子共同居住作为筛选条件，而未将夫妻共同居住作为筛选条件。

对本书的乡城迁移家庭做出以上规定，主要出于三个方面的考量。首先，本书主要关注的是子女处于义务教育阶段时乡城迁移家庭的父母教育期望。在学前教育阶段，子女很难对父母的教育期望形成感知与内化，同时学前教育阶段更少涉及儿童的学业评价。而普职分流作为一个重要的分

---

❶ 王晓晖，风笑天，田维绪.论样本代表性的评估 [J].山东社会科学，2015（3）：88 - 92.
❷ 曾东霞，董海军.个案研究的代表性类型评析 [J].公共行政评论，2018（5）：158 - 170，190.

水岭，使义务教育阶段的探讨更具普遍性。其次，本书主要关注的是乡城迁移家庭群体的父母教育期望，因此强调迁移行为、亲子共同居住的存在，以区别于流动家庭或留守家庭的相关研究。本书之所以未将夫妻共同居住作为筛选条件，是因为在现实的家庭生活中，夫妻的情感因素往往并非首位❶，同时父母自身也会根据家庭经济状况对夫妻二人的居住地进行安排。

访谈对象的获取主要通过相关中小学老师的介绍，这能够较大程度节约笔者与研究对象之间的信任成本。本书基于前述条件，并考虑不同的迁移路径，研究筛选了 30 余户受访家庭，笔者与大部分受访者进行了面对面的访谈❷，同时对其中部分受访家庭进行了多次访谈。此外，研究还访谈了部分初中学生、教师，以及若干有过类似经历的大学生，以期能对乡城迁移家庭的父母教育期望有更为全面的认识。

（二）研究田野

本研究以东部省份某地区的沙市为主要研究田野。在具体选择上，研究将沙区南部的第二实验小学和沙区第三中学作为主要的数据来源。第一，沙区第二实验小学为沙区第三中学的对口校，具有一定的连续性；第二，沙区第二实验小学有较长的发展历史，学校教职工对人口迁移带来的生源变化有更切身的体会；第三，沙区第二实验小学和沙区第三中学均不在城市新开发地带，便于进行内部比较。

沙市地处闽西山区，其全域均属于原中央苏区。2021 年沙市被教育部列入基础教育综合改革实验区，2022 年沙市唯一本科高校作为受援对象被列入教育部"对口支援西部地区高等学校计划"。据 2022 年 3 月 15 日发布的 2021 年沙市国民经济和社会发展统计公报显示：2021 年末该市常住人口 248 万人，较 2020 年末减少 0.6 万人，常住人口城镇化率为 63.7%，较

---

❶ 沈奕斐. 谁在你家：中国"个体家庭"的选择 [M]. 上海：上海三联书店，2019：7-13.
❷ 受新冠疫情影响，个别研究对象是通过微信等方式进行交流。

2020 年末提高 0.5 个百分点，与全国平均水平（64.72%）大致相当。

沙市的面积为 2.29 万平方公里，在 M 省内排名第二，其人口密度不高。然而当地的自然环境有"八山一水一分田"之称，传统农业生产难以维持生计，因此乡村民众自古以来便有外出务工经商的传统。沙市下辖的 X 县以在世界各地开设小吃店而闻名，当地政府也积极通过小吃制作技能培训等方式，鼓励民众外出谋生。

沙市作为一个行政单位是"三线建设"时期逐渐确立的，所辖各区、县都是由其他城市划归，沙市的城区沙区也是在集合了 X 县原有几个乡镇的基础上建成的。进而言之，沙区在 20 世纪 60 年代之前本身就是乡村，其开发历史要短于周边县城。这也在一定程度上致使沙区相较于下辖各县县城并没有文化上的吸引力。沙区的人口除了部分本地人外，大部分是支援"三线建设"的干部工人、邻近地区的垦荒农民，可以说，沙区一直以来就是一个移民城市。因此，沙区虽然也有方言，但使用范围并不广，居民日常沟通更倾向于使用普通话，并未形成明显的方言区。沙市所在的省份因为方言众多，被人们戏称其为"鸟语花香"，然而并没有"沙市话"这样的方言概念，代之的是下辖各县的方言概念，如"X 县话""大田县话""Y 县话"等。此外，在民间信仰极为兴盛的东南地区，沙区鲜见寺庙道观祠堂。沙区为典型的带状城区，东西两侧皆为山，中间为河，城区便是在河的两岸逐渐兴建而成。河西原为"三线建设"时期建成的沙市钢铁厂及其附属工厂所在地，当地人都说"先有 S 钢，后有沙市"。但这也导致沙区的产业结构相对简单，在"去产能"期间，城区人口流出也较为明显。

根据 2020 年"七普"数据显示，沙区常住人口为 408 051 人，较"六普"相比新增 32 554 人，人口增长 8.67%；2021 年末沙区户籍人口 29.98 万人，常住人口 40.9 万人。沙区的流入人口主要来源于南部的大田县和北部的尤溪县。以大田县为例，当地人将其分为"前路""后路"，二者语言、风俗差异明显。"前路"的语言习惯与该县县城更为接近，因此"前路"的农村家庭更倾向于在大田县县城购房；"后路"的语言习惯则与沙区更为接近，因此"后路"的农村家庭更倾向到沙区购房。再如，沙市下辖的宁县属于客家方言区，虽然县城房价与沙区房价不相上下，但大部分乡村家庭更愿意在宁县购房而不是沙区。

沙区自身也分南北两部分，北部为市、区两级政府驻地，且城市的发展重心和未来规划方向也在北部。2014 年以后，沙区在北部边缘地带开山建房，兴建了大量的商品房，还先后新办了 2 所九年一贯制学校。由于城北是沙市的政治经济中心，城区北部的整体教育资源也优于南部，沙区内市属的 1 所初中、2 所小学、1 所幼儿园，以及市妇联主管的 1 所幼儿园都在城区北部。不过，由于高铁站位于城南，目前城南也规划在高铁站周边扩建 2 所小学为九年一贯制学校。❶ 但由于城南城北的一中、二中原则上并不互相招生，使北部城区的考学压力也更大。沙区另有 1 所面向全区招生的公立高中、1 所面向全区招生的私立高中，不过教育水平、教学质量与一中、二中差距显著。此外，沙市的食县区还有一所面向全市招生的私立学校，该校设有小学部、初中部、高中部，不过其学籍划属比较复杂。例如大田县的儿童在该校读初中时，中考只能报考大田县的高中和该私立学校的高中部。

从某种程度上来说，沙区本身就是一个"移民城市"。由于城市发展速度放慢，不少人或者回到祖籍地，或者迁移至其他城市；而随着新型城镇化建设的推进，也有越来越多的乡村居民迁移至此。兼而言之，沙区的地方文化特征并不显著，城市人口结构较易区分，人口流动迁移的动态轨迹清晰；虽然位于东南省份，但其经济社会发展情况与中西部中小城市存在一定的相似之处。

三、研究设计

研究主要以沙区的乡城迁移家庭为例，通过访谈、观察等方法，基于

---

❶ 以上数据截至 2021 年 12 月。根据当地教育发展规划，2022 年 7 月，复办的一中初中部搬迁到新建校区独立招生，并被列为市属初中。同时，食县在 2021 年县改区，为推进同城化，市教育局也在食县（现名为食县区，当地人仍习惯称为食县）新建或改建了 1 所市属初中和 1 所市属小学。

动态视角，说明乡城迁移家庭的教育期望的形成、变化与相应行动；在剖析有关影响因素的基础上，把握其基本特征，从而为有针对性地回应、改善乡城迁移家庭的教育期望提供理论依据。在总体框架上，采取总—分—总的结构进行写作。以理论资料为引导、以经验材料为基础，基于乡城迁移家庭的生活历程，从数据比较中呈现家庭教育期望的现状，从实践观察中凝练家庭教育期望的特征，从理论探讨中回应家庭教育期望的意义。

（一）资料获取

研究正式开始前，分别访谈了沙区第二实验小学的德育副校长、教务处主任、德育处主任，以了解该校的生源结构和乡城迁移家庭在子女教育上的主要共性；并在相关中小学教师的帮助下，对 5 户乡城迁移家庭进行了入户访谈，了解他们对于子女教育的主要关注问题。在此基础上，结合已有研究成果，拟定本研究的数据获取与分析路径。

本书研究数据主要由以下四个方面构成：一是问卷调查数据。问卷主要在前述样本学校中以随机抽样的方式进行，问题的设置参考了余秀兰、刘保中等学者的相关研究，并在前期个别访谈的基础上，结合相关中小学管理人员的意见建议进行修改完善。[1] 其中沙区第二实验小学的有效问卷数量达 1097 份，沙区第三中学 660 份。问卷主要通过家长会等相对正式的场合由该班班主任协助进行下发和回收，一定程度上保证了问卷数据的真实性。二是访谈材料。访谈的对象主要包括乡城迁移家庭中在沙区生活的父母一方或双方，以及部分教师和乡城迁移家庭中的子女。其中，面向乡城迁移家庭的访谈大部分采用面对面的入户访谈为主，以便同时观察家庭的教育环境，其中还对部分受访对象进行了跟踪访谈。三是文本材料。文本材料主要是面向初中学生的命题写作，研究在沙区第三中学的七年级中

---

[1]　余秀兰老师的问卷设置可参考《父母社会背景、教育价值观及其教育期望》（发表于《南京师大学报（社会科学版）》2020 年第 4 期）；刘保中老师的分析策略可参考《家庭教育投入：期望、投资与参与》（社会科学文献出版社 2021 年版）。因近年来各级教育行政部门对学校收集家长资料提出相关要求，为保证研究得到学校、家长的支持，在问卷发放之前，征求了学校有关负责人和相关教师的意见。

选取了200余名来自乡城迁移家庭的学生进行命题写作，从中选取了75篇与本研究主题较为契合的文本、约40 000字作为研究内容❶，并尝试以乡城迁移家庭中的子女为第一视角进行分析，进而探究子女本身对于迁移、期望的理解。四是观察材料。研究在开展过程中，通过对受访者家庭的观察及田野范围内其他家庭的观察❷，获得一些更为生活化的日常信息。

研究在资料获取的过程中，明确告知相关教师和家长材料的使用去向。在问卷设置上，遵循教育行政部门关于不得收集家长职务、家庭收入等信息的要求；在访谈过程中，避免询问家庭敏感信息和个人敏感信息。

研究对数据的分析基本上以父母视角为主，并尝试构建父母—教师—子女的三角互证，从而提高相关资料的可信度。不过，受客观因素影响，面对面的访谈和直接观察主要集中在2021年下半年，致使部分访谈材料未能得到更好的拓展和互证。

（二）研究方法

基于研究对象和理论基础的适切性，本书内容总体属于质的研究。"研究方法本身并无优劣之分，只有对某一特定研究课题适合与否之别。"❸质的研究强调在自然情境下进行，其旨在"对个人的'生活世界'以及社会组织的日常运作进行研究"❹。这符合家庭教育是在日常生活领域中进行的基本现实。在研究范式和具体策略上主要偏向人类学的民族志研究。民

---

❶ 为减少其他因素的影响，命题作文是以课堂作业的形式布置的，在布置时并不区分学生的家庭情况。待回收后通过相关老师的帮助，从中筛选出来乡城迁移家庭的学生。同时，为避免学生出于拿高分的心理有意迎合"评分标准"，该命题作文选择通过《道德与法治》课程布置，并设定了较为宽泛的命题范畴。另，除明显的错别字外，表达方式和字词顺序不作修改。针对初中生的文本访谈主要是在前期个别访谈中发现：（1）访谈因涉及一些家庭生活问题，可能会引起学生的情绪波动，进而引发家长的不满，导致研究难以继续；（2）初中生在面对面访谈中，容易紧张，采用文本访谈的方式能给他们更多的思考时间。

❷ 如通过观察发现一些在路边摊点或路边小吃店的一些经营者符合乡城迁移家庭的情况，研究便会给予一定的关注（包括观察子女在店铺中帮忙、做作业的情况等），并在条件允许时与经营者进行交谈。

❸ 吴康宁. 教育社会学［M］. 北京：人民教育出版社，2008：20.

❹ 陈向明. 质的研究方法与社会科学研究［M］. 北京：教育科学出版社，2020：7.

族志研究"通过当地人对自身社区中日常生活的观察来阐述",并"采用文化维度来解释所观察到的行为",从而将研究置于文化背景或意义背景之中。❶ 这也符合乡城迁移家庭在自身发展过程中从一种教育文化背景过渡到另一种教育文化背景的社会化特征。

彼得·贝格尔的社会学理论强调把社会学作为观察的方法,并对观察结果进行诠释:"所有的人类都有意义体系,并寻求居于一个有意义的世界。原则上来说,每一个意义体系对他人都是可理解的。这种相互可理解性确实构成了一个决定性的前提,使人们相信存在着共通的人性之类的东西。但是,有些意义体系比其他体系要更容易理解。""也许能区别出两大类意义系统:一类是在个体自我生存世界中的意义系统,是实际上或潜在地'可及的'(reachable)或'手头的'(at hand),是通常在日常生活中流露出的自然状态下悉得的。还有一类是个体自我生存世界之外的意义系统,属于其他社会,或本社会中不太熟悉的其他部分,或是过去;这些意义系统都不是在自然状态下现成的,不是'可及的'或'手头的',而是必须通过特定的传授过程才能获得。"❷ 而在乡城迁移家庭的教育期望中,既包括了日常生活领域的意义秩序,也包括了非日常生活领域的意义秩序;既涵盖了自我经验的意义秩序,也涵盖了非自我经验的意义秩序。这也是本研究采取民族志策略的重要原因。

正如阿尔弗雷德·许茨所指出的那样,"集体'行动'概念所缺乏的,恰恰就是这种很容易想象的、主观的意义脉络。严格说来,只有从心理学的角度出发,才能说明人们究竟为什么有可能接受这样一种隐喻——也就是说,我们只能把这样的举措归因于下列事实,即有某些价值体系一直在这里发挥着作用"❸。家庭教育行动蕴含着家庭教育期望,家庭教育期望推动着家庭教育行动。二者处于互动的过程,家庭的乡城迁移是其中可见的

❶ 大卫·费特曼. 民族志:步步深入 [M]. 重庆:重庆大学出版社,2013:1.

❷ 彼得·贝格尔. 宗教社会学:彼得·贝格尔读本 [M]. 谢夏珩,译. 北京:北京大学出版社,2015:23-24.

❸ 阿尔弗雷德·许茨. 社会世界的意义建构:理解的社会学引论 [M]. 霍桂桓,译. 北京:北京师范大学出版社,2017:301.

一部分，也是可观察的内容。

本研究采取了从一般到具体，再从具体到一般的路径。首先，对乡城迁移家庭教育期望的相关研究进行回顾与梳理。其次，通过进入研究田野，并结合相关统计数据，形成对乡城迁移家庭教育期望的基本判断。再次，根据研究材料并选取个案对乡城迁移家庭教育期望的形成与演变进行分析，进一步说明乡城迁移家庭教育期望的相关特征。最后，在归纳乡城迁移家庭教育期望基本特征的基础上，尝试对其性质进行分析。为此，本书采取的具体研究方法主要有如下五种。

1. 文献研究法

通过梳理有关流动或迁移家庭子女教育、家庭教育期望、乡村教育等方面的文献，了解国内外研究成果，形成研究基础。

2. 田野调查法

在选定的研究田野中运用访谈、观察等具体方式，形成对乡城迁移家庭教育期望的形成、演变及其教育行动的总体判断；并选取典型案例，通过对家庭在城市和乡村生活环境的深入观察，更好地了解迁移的动机及教育期望的内涵。

3. 问卷法

通过在研究范围内、以家庭为单位开展问卷调查，收集数据资料并进行分析，形成总体判断，从而与田野调查材料互为补充。问卷的设计借鉴了已有家庭教育期望相关量化研究的主要问题（如父母教育程度、最高教育程度期待、儿童的性别等），还参考了流动人口的相关研究，将是否有流动经历、家庭完整度情况纳入其中。

4. 文本分析法

以命题作文等方式对乡城迁移家庭的子女进行书面访谈、收集文本资料，并加以分析，从而与田野调查材料相互印证。❶

---

❶ 文本资料的收集范围和内容可以参考附录2。

5. 比较分析法

通过比较乡城迁移家庭与城市家庭、乡村家庭的教育期望表达和行动上的差异，以便更好地解释迁移对家庭教育期望的影响，进而为探讨更具针对性的家庭教育支持提供现实依据。

研究采用上述研究方法，旨在在构建起关于乡城迁移家庭教育期望的"三角验证"。"质性方法往往不会仅依赖于某种单一的方法来获得数据。这种使用多种方法的实践通常被称为三角验证——一个来自勘测与航海的术语。"❶ 研究以乡城迁移家庭中的父母为主要视角，既尝试运用问卷法勾勒出乡城迁移家庭在教育期望上的一般面貌，也尝试通过个案分析对具有完整流动迁移经历的家庭进行深度描述。考虑到父母的教育期望和教育行动很可能存在不一致的情况，同时父母在访谈过程中往往会部分"美化"自身的期望与行动，因此，除了面向乡城迁移家庭中父母的访谈外，研究还利用入户访谈的机会，对家庭的教育环境和亲子沟通方式进行相应观察；同时，开展面向乡城迁移家庭中子女的文本访谈与分析。为更准确地描述乡城迁移对于家庭教育期望及家庭教育期望的影响，研究还将乡城迁移家庭与乡村家庭、城市家庭进行相应比较。

（三）分析框架

本书基于动态视角，以访谈材料为主、与问卷数据和观察资料相互对照，结合具有相对完整的流动迁移经历的个案，通过对乡城迁移家庭在教育期望上的形成、行动、变化等方面进行分析，进而说明其家庭教育期望的主要影响因素及特征，以期能够为回应和改善乡城迁移家庭的教育期望提供理据依据。

基于推拉理论和再社会化理论，本书首先从城市的拉力和乡村的推力入手，分析乡城迁移家庭的教育期望与迁移之间的关系；然后结合乡城迁

---

❶ 科琳·格莱斯. 质性研究入门指南（第5版）［M］. 崔森，苏敬勤，译. 北京：北京大学出版社，2021：57.

移家庭的再社会化压力，分析其进入城市之后在教育期望上所面临的新的拉力和推力，由此展开对乡城迁移家庭教育期望中"把学上好"、城市化跟随、调适与下降等方面的动态分析。本书通过关注乡城迁移家庭在教育期望方面的动态变化，构建了如下分析框架（见图0-1）。

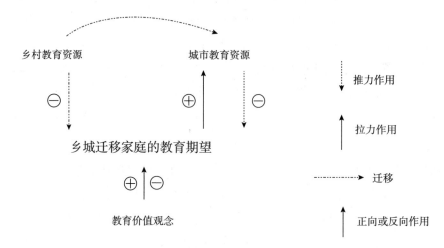

图0-1　乡城迁移家庭的教育期望变动示意图

第一章

新的起点：家庭的乡城迁移与教育期望

随着中国社会发展的加速，特别是随着高等教育进入普及化阶段，一个人能否上大学、应不应该上大学，很大程度上不再取决于他（她）是不是"读书的料"。这构成中国家庭普遍有着较高的家庭教育期望的现实背景。为了更好地实现教育期望，越来越多的乡村家庭也在新型城镇化的推动下，从向城市流动转变为向城市迁移。这不仅意味着家庭教育期望的行动环境更加丰富，也隐含着家庭教育期望的内涵的丰富。

2014 年 3 月，中共中央、国务院印发《国家新型城镇化规划（2014—2020 年）》，此后，针对户籍制度改革也多次出台相关文件❶，开启了新的城乡发展格局。党的十九大报告进一步指出，我国社会主要矛盾已转化为人民日益增长的美好生活需要和不平衡不充分的发展之间的矛盾。在政策引导和鼓励下，"就地城镇化""就近城镇化"的成效显著，中小城市迎来了数量庞大的乡城迁移家庭。迁移是不同于流动的家庭状态，停止流动意味着新的家庭生活安排和家庭发展规划。子女教育作为家庭生活和家庭发展的重要内容，乡城迁移所蕴含的对美好生活的追求，既为家庭教育期望带来新的机遇，同时也向家庭提出新的教育挑战。

---

❶ 根据公开资料显示，2014 年以来关于户籍制度改革的文件主要有：（1）2014 年 3 月，中共中央、国务院印发《国家新型城镇化规划（2014—2020 年）》，提出以合法稳定就业和合法稳定住所（含租赁）等为前置条件，全面放开建制镇和小城市落户限制。（2）2014 年 7 月，国务院印发《关于进一步推进户籍制度改革的意见》，提出建立城乡统一的户口登记制度，取消农业户口与非农业户口性质区分以及由此衍生的蓝印户口等户口类型，统一登记为居民户口，并全面实施居住证制度等。（3）2016 年 1 月，《居住证暂行条例》开始施行。（4）2016 年 2 月，国务院印发《关于深入推进新型城镇化建设的若干意见》，提出鼓励各地区进一步放宽落户条件。（5）2016 年 9 月，国办印发《推动 1 亿非户籍人口在城市落户方案》，提出"十三五"期间，户籍人口城镇化率年均提高 1 个百分点以上，年均转户 1300 万人以上。（6）2019 年 4 月，中共中央、国务院印发《关于建立健全城乡融合发展体制机制和政策体系的意见》，提出加快实现城镇基本公共服务常住人口全覆盖，建立健全由政府、企业、个人共同参与的农业转移人口市民化成本分担机制等。（7）2019 年 12 月，中办、国办印发《关于促进劳动力和人才社会性流动体制机制改革的意见》，提出以户籍制度和公共服务牵引区域流动，推进基本公共服务均等化，常住人口享有与户籍人口同等的教育、就业创业、社会保险、医疗卫生、住房保障等基本公共服务。此外，2022 年 7 月，国家发展改革委印发《"十四五"新型城镇化实施方案》，提出放开放宽除个别超大城市外的落户限制，试行以经常居住地登记户口制度。

第一节　乡城迁移家庭的类型与形态

　　"乡城迁移家庭"由"乡城迁移者"组成，"乡城迁移者指的是由乡村迁移到城市的那些人，既包括处于劳动年龄阶段的人口，也包括非劳动年龄阶段的人口"❶。不同的是，前者以家庭为行动单位，后者以个体为行动单位。在教育问题上，家庭中的子女固然是受教育的直接对象，但无论是从传统的中国家庭文化角度出发，还是从现实的教育资源获取角度出发，他们并非完全独立的行动者，相反，应当将家庭视为一个行动整体。家庭是影响子女教育成长的先赋性因素之一，而城乡户籍差异则是其中一个重要方面。因此，户籍差异也成为这部分家庭由乡村向城市迁移的制度背景。

一、家户与迁移

　　2020年第七次全国人口普查数据显示，我国的常住人口城镇化率达到63.89%，2010年该数值为49.68%，2000年则为36.09%，增量主要源于乡村户籍人口向城镇的流动。2020年，中国流动人口总量达到3.76亿人，其中农村流动人口为2.7亿人。由于受城乡二元结构的影响，宏观政策和学界研究更关注的是"农业转移人口"的流动行为，主要是从乡村向城镇的流动。当代中国对农业转移人口的研究源于"农民工"，以及相应的"流动人口""外来人口"等，随着代际变迁，还派生出"新生代农民工"等概念。

　　尽管"农民工"这一称谓一直受到质疑，但在社会发展的现实进程

---

❶　崇维祥. 家庭迁移决策及其社会效应研究［D］. 南京大学，2015：39.

中，"农民工"已成为一种制度身份❶。那么，在相当长一段时间内，"农民工子女"的身份就是其子女教育获得的先赋性因素之一。而之所以出现这样的制度身份，主要在于我国的户籍制度。"自上个世纪50年代起，通过户籍制度，国家及各级地方政府不仅得以限制社会成员的自由流动、控制城镇的人口规模（特别是限制农村人口流入城市），而且得以对社会成员实施属地化管理，户籍制度是我国行政管理、安全治理制度系统的重要组织部分。"❷

户籍制度是一项基本的人口制度。它虽然是家庭外部的制度，却深刻影响着家庭内部的生活。"户籍实际上是政府实行的以家庭户为单位的一项登记制度。户籍载录有户内成员的基本信息，因而它是政府实施人口管理的基本依据。"❸ 中国的户籍制度源远流长。周王裂土分封，把土地上的公社组织连同土地一起封给诸侯，周代文献称之为邑或里社。❹《史记·孔子世家》司马贞索隐记载："古者二十五家为里，里则各立社，则书社者，书其社之人名于籍。"春秋以后，随着血缘关系被地缘关系取代，宗法政治逐渐转化为郡县政治，"以户定籍"的户籍逐步确立。❺《史记·秦始皇本纪》记载："献公立七年，初行为市。十年，为户籍相伍。"这是"户籍"一词最早见于文献中。唐代以后，户籍制度不仅用于标识家庭的人丁情况，还开始标识家庭的财产、行业情况。开元十六年（728年），玄宗诏命："每三岁以九等定籍。"户籍成为徭役赋税的基础和凭据。据胡祗遹《杂著》，元代规定："凡丁口死亡，或成丁，或产业孳畜增添消乏，社长

---

❶ 《保障农民工工资支付条例》将"农民工"界定为"为用人单位提供劳动的农村居民"。然而对"用人单位""劳动""农村居民"三个基本概念在内涵与外延上的理解的差异，也会导致对农民工产生不同的认知。

❷ 陈映芳. "农民工"：制度安排与身份认同 [J]. 社会学研究，2005（3）：119 - 132，244.

❸ 王跃生. 制度与人口：以中国历史和现实为基础的分析（下卷）[M]. 北京：中国社会科学出版社，2015：674.

❹ 蔺新建. 井田制刍解（节登）[J]. 辽宁大学学报（哲学社会科学版），1987（5）：112，97.

❺ 辛田. 名籍、户籍、编户齐民——试论春秋战国时期户籍制度的起源 [J]. 人口与经济，2007（3）：54 - 57，77.

随即报官，于各户下，令掌簿吏人即便标注。""验其力之增减而轻重其赋役。"❶ 明代除以"黄册"登记户籍外，还针对户籍类型的继承作出了规定："凡军、匠、灶户，役皆永充。军户死若逃者，于原籍勾补。"❷

20世纪50年代中后期，我国将户籍分为农业和非农业两类户种。农业户口和非农业户口之间的转换存在很大困难，从而成为城乡二元结构的制度基础。1984年以后，虽然人口可以自由流动，但户籍迁移，尤其是户籍类型转变还存在很大困难，这种情况直接导致乡村人口在进入城市过程中产生了"农民工"这一概念及相关社会问题。在这期间，对于乡村子弟而言，通过考学实现身份转变是最为主要的制度途径，进而在无形中赋予"教育改变命运"更浓的色彩。2014年之后，在新型城镇化建设的推动下，"随着户籍制度改革和落户工作的推进……这意味着城市层面的劳动力迁移政策限制也将逐渐消失"❸。至少在户籍制度层面，大多数城市的落户门槛大幅降低，为乡城迁移家庭的大量出现奠定了制度基础。

2014年以来，城乡二元的户籍制度已经明显松动，甚至于一些特大城市如昆明、郑州、太原等也都放开了落户限制。以合法稳定住所、合法稳定职业为主要依据的常住人口成为推进城市公共服务覆盖面的重要对象。然而，对于面临子女教育问题的乡城迁移家庭来说，由于教育资源在城市内部的不均衡，是否需要落户城市、在哪个城市落户、以何种方式落户仍然有着明显的差异。也可以说，城乡二元户籍制度的松动降低了迁移的制度成本，对于具体的家庭来说，还需要考虑迁移的物质成本、文化成本等。在家户制度下，尽管父母也会听取未成年子女的意见，但父母仍然是相关教育行动的主要决策者。这也是本书从父母的角度来理解家庭教育期望的原因所在。

---

❶ （元）胡祗遹. 军政又三，贫难消乏之弊状［M］//紫山大全集：卷22，四库全书本.

❷ 张廷玉. 明史［M］. 北京：中华书局，1971：1906.

❸ 张车伟，编. 新中国劳动经济学研究70年［M］. 北京：中国社会科学出版社，2019：104.

二、乡城迁移家庭的几种类型

党的十九大报告指出，"以城市群为主体构建大中小城市和小城镇协调发展的城镇格局，加快农业转移人口市民化。"从规范性定义来说，改变了家庭户籍属性的家庭或家庭常住地登记由乡村变为城市、县城的家庭，都可以认为是乡城迁移家庭。但在实际操作中，家庭的迁移模式有着明显差异。从家庭城镇化的角度来说，城镇化大致可以分为"异地城镇化""就近城镇化""就地城镇化"这三种基本形态，其中，"就地城镇化"一般不涉及迁移问题，因此，乡城迁移家庭更多的是"异地城镇化"或"就近城镇化"的模式。"'就近城镇化'是指原农村人口不是远距离迁徙，而是近距离迁移到家乡附近的市镇，主要界定为以地级市和县级城镇为核心的城镇化。"❶ 一方面，就近城镇化多依托于中小城市，家庭迁移所需承担的经济成本相对较低；另一方面，就近城镇化多在市域范围内，区域文化差异较小，家庭迁移所需承担的社会成本也相对较低。相比之下，如果乡村劳动力在大城市里没有稳定且可观的职业收入、对于非制度性迁移的家庭来说，要实现异地城镇化的难度显然大得多。"与人口涌入大城市的异地城镇化相比，就地就近城镇化是城镇化的新模式。"❷ 简而言之，就近城镇化意味着迁移的来源主要为市域范围内的乡村，迁移的去向主要为市辖区的城区或者县城。

除了来源与去向不同，家庭的乡城迁移也存在不同的方式与路径。从已有研究对较大规模的数据统计分析来看，家庭的城镇化大致可以分为"居住主导型""就业往返型""城乡分离型""进城潜力型""城镇稳定

---

❶ 李强，陈振华，张莹. 就近城镇化与就地城镇化［J］. 广东社会科学，2015（1）：186 – 199.

❷ 杜巍，车蕾，吕锋. 农业转移人口生计现状与可持续发展研究［M］. 北京：社会科学文献出版社，2020.

型"等❶，其中，衡量的主要指标是家庭主要劳动力的就业情况和家庭成员的居住情况。也可以说，就业或居住是乡城迁移家庭实现迁移的重要条件。一般而言，异地城镇化往往是以就业为主导的，而就近城镇化则未必以就业为主导。这也是就近城镇化能够与乡村振兴实现衔接的原因之一。事实上，在传统观念的影响下，不少乡村家庭更加注重居住在乡城迁移过程中的主导作用。"即使国家政策规定，未来租房也可在中小城镇落户，相当部分的农民工仍然坚持自购商品房是自己在城镇落户的必备条件。"❷而从就近城镇化的迁移路径来说，基于彼时的迁移状态，家庭可能是"一次性迁移"，也可能是"多次迁移"；可能是在进城务工过程中的"流动转迁移"，也可能是从市域外的流动地回流到市域内后的"回流转迁移"。

基于社会结构引起的家庭结构变化，家庭的乡城迁移也会或多或少地导致原有家庭结构的破坏。那么何谓家庭？《中国家庭史》《欧洲家庭史——中世纪至今的父权制到伙伴关系》等著作都指出，这是一个聚讼纷纭的概念。《中国家庭史》认为，家庭应当有两个基本特点：其一，家庭是以婚姻关系为基础、以血缘关系为纽带的亲属团体；其二，家庭是一个同居共财、共同生活的社会单位。❸《欧洲家庭史——中世纪至今的父权制到伙伴关系》则认为，在更小的、私人化的核心家庭出现时，宅第从家庭概念中分离开来，近代核心家庭的完全性是由抚养、教育孩子的基本功能来判断的，而非家庭的生产功能，并且在社会化的阶段中这是合理的。❹

在乡村社会中，尽管旧的生产方式、生活方式已经发生变化，但是还

---

❶ 赵一亦. 城镇化进程中的农村家庭类型与状态规律——基于济南 7139 户农村家庭的调查[D]. 山东建筑大学，2017：36-53.

❷ 李飞. 农民工乡城迁移行动研究 [D]. 华中师范大学，2015：90.

❸ 王利华. 中国家庭史：先秦至南北朝时期 [M]. 北京：人民出版社，2013：3.

❹ 迈克尔·米特罗尔，雷音哈德·西德尔. 欧洲家庭史——中世纪至今的父权制到伙伴关系 [M]. 赵世玲，赵世瑜，周尚意，译. 北京：华夏出版社，1987：9-15.

保留着较为明显的聚居形态。在南方的农村，三代同堂的场景并不少见。❶
不过，考虑到居住成本，大部分乡城迁移家庭是以核心家庭的结构来进行
的。而从子女教育的角度来说，核心家庭中的父母显然有着更为重要的影
响。尽管许多研究都指出我国人口流动存在家庭化的趋势，但学术界在核
心概念方面尚未取得统一。❷ 争论的关键之一在于"家庭"的要件应该有
哪些，而这对于教育问题尤为重要。家庭化迁移主要是为了"聚"，然而
"聚"的前提却是"分"。"尽管许多专家指出流动人口的家庭化趋势日益
明显，但是，一个不容置疑的事实是，绝大多数的流动人口仍旧与他们的
核心家庭成员处于分离状态。"❸ 也就是说，对于乡城迁移家庭来说，既可
能是完整的核心家庭结构，也可能是不完整的核心家庭结构。

　　基于以上分析，乡城迁移家庭可以从城镇化模式、迁移方式、迁移路
径、核心家庭结构这四个维度进行类型化区分（见图1-1）。通过这些维
度的组合，能够呈现某个乡城迁移家庭的基本面貌。例如，A家庭可能是
就近城镇化、以居住为主导、一次性迁移、核心成员完整的家庭，B家庭
则可能是异地城镇化、以就业为主导、流动转迁移、核心成员不完整的家
庭，等等。这些具体类型的组合便构成本书的操作性定义。而如果将影响
家庭教育期望的父母教育程度、家庭社会经济地位变量纳入其中，其组合
将会更加多元化。

---

❶ 费孝通先生在《生育制度》中论述了我国农村地区"分家析产"的相关制度与形态。南
方乡村同样有着子代在婚后分家的现象。但是相比于阎云翔在《私人生活的变革》中所描述的子
代婚后别居的场景，南方乡村仍然保留着较多的共居现象。这在很大程度上是因为南方乡村的家
庭要审批获得"宅基地"较为困难。此外，独生子女政策的推行和青壮年外出务工的现状，使传
统上以划分农业生产资料为主要内容的分家失去了典型意义。

❷ 郑路，刘精明，李强. 城镇化与国内移民：理论与研究议题 [M]. 北京：社会科学文献
出版社，2015：268.

❸ 张文娟. 流动人口的家庭结构——以北京市为例 [J]. 北京行政学院学报，2009 (6)：
88-92.

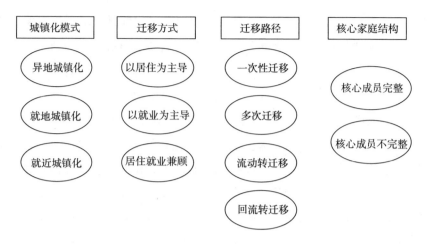

图 1 - 1 乡城迁移家庭的基本类型

显然，不同类型的乡城迁移家庭对进入城市后的生活有着不同的期待，而其面临的拉力与推力，以及面临的再社会化要求也不尽相同。对于仍有子女处于义务教育阶段的乡城迁移家庭来说，基于中小城市的就近城镇化具有较强的吸引力。城市拥有乡村社会无法比拟的现代生活气息，更拥有明显优于乡村的教育资源。乡村家庭先是在"撤点并校"政策的倒逼下被动进城，而被动流动形塑了乡村家庭追求优质教育资源的教育需求，进而成为主动的教育进城。❶基于这样的教育结构背景，乡城迁移家庭往往因子女教育的需要而迁移至城市，更多地呈现出以居住为主导而不是以就业为主导。这意味着乡城迁移家庭中，父母的一方很可能游离于居住城市的社会生产之外，难以通过参与社会生产重新建构社会关系，进而面临更大的再社会化压力。此外，根据叶敬忠的研究，教育城镇化并非城镇化的结果，而是城镇化的手段，是调节乡村家庭成员时空分布的重要因素。❷那么，事实上核心家庭成员的完整程度也难以得到有效保障。

---

❶ 安永军. 生源流动、教育资源重组与城乡义务教育失衡——基于甘肃宁县的案例研究[J]. 北京工业大学学报（社会科学版），2021（5）：43 - 51.
❷ 叶敬忠. 作为治理术的中国农村教育[J]. 开放时代，2017（3）：163 - 179，8 - 9.

三、沙区乡城迁移家庭的基本形态——基于沙区第二实验小学的数据

作为三线的山区城市，沙市在"六普"到"七普"的十年期间，人口总数明显下降，而沙区则是市域范围内唯一人口增长的县区。与不少中小城市一样，沙区一面吸引着乡村家庭的进入，一面也需要应对城市人口的外流。沙区第二实验小学在其发展历程中，受数次经济社会结构调整的影响，其见证了学区范围内人口结构的变动，具有一定的代表性。

（一）沙区第二实验小学的发展历程

沙区第二实验小学位于城区南部，有着较为悠久的办学历史，可以追溯到 1939 年创办的"长安国民初小"。1959 年 S 县被辟为重工业基地并升格为省辖人民公社，学校也随之更名为"市城关中心小学"。由于特殊的战略地位，"三线建设"时期，S 县的外来人口剧增，至今仍被划入沙区第二实验小学学区的"厦门新村"就是那个时代留下的印记。1984 年，S 县被拆分为沙区和 M 区，市治也迁至 M 区，学校又更名为沙区城关小学。从"城关"二字可以看出，该校曾位于城市的核心区域，一度是沙市教学质量最好的几所小学之一。

20 世纪 90 年代中后期，由于城区产业调整和农民工进城，该校的生源结构开始发生较大变化。如同其他在"三线建设"时期兴起的重工业城市一样，产业结构调整对当地经济发展造成了明显冲击。20 世纪 90 年代以后，不少国企改制、破产重组，一些在"三线建设"时期跟随工厂来到沙市的产业工人也逐渐离开当地，或者回到原籍地，或者凭借产业技术到沿海城市务工。这给沙市留下了急需填补的发展空间，大批农民工进入沙区谋生。2000 年前后，城关小学一度成为当地主要的农民工子弟学校。此处，市县两级治所分别向北、向南搬迁，使学校一度处于两区中间的薄弱地带，这块城市原先的核心区域也随之没落，既像城中村，又像城乡接合部。

2008 年，由于原校址被鉴定为危房，沙区城关小学遂在距离原址约 500 米的现址重建。当时，学校现址周边只有一处较小的集资房，其余皆为山地，这为学校周边的住宅开发提供了空间基础。2011 年新的城关小学正式投入使用，并于 2012 年 1 月更名为沙区第二实验小学。

将城关小学更名为实验小学，这释放出当地政府调整生源结构的信号。在新校址修建的同时，政府也在学校周边规划了新的住宅区，该住宅在当时几乎是沙区唯一的新楼盘，吸引了一些公务员和企事业单位职工购房入住。这极大地促进了学校生源质量的提升，并间接促进了学校教学质量的提升。2014 年，该校每年级教学班为 4 个，仍然接收少量的进城务工家庭随迁子女入学。

随着城市结构的调整，沙区第二实验小学周边的住宅区在 2016 年以后很快启动了二期、三期、四期的建设，吸纳了不少乡镇居民来此购房定居。学校规模也从 2014 年的 24 个班发展到 2018 年的 36 个班，再到 2021 年 48 个班。学校的招生范围涵盖了原有的老社区、城中村和新建楼盘。随着学区内适龄儿童的增加，沙区第二实验小学的报名条件也逐渐提高，如今至少要求有住宅、户籍两统一的家庭。如果仅有住宅产权而没有将户籍转入片区内，则很难获得入学机会。❶ 一些小学就读中途在学区范围内购房的家庭的子女则很有可能因没有学位，须到其他小学就读。此外，以进城务工子女身份办理入学的儿童，大多会被统筹到河西的三所小学。

（二）乡城迁移家庭的基本形态

研究采用随机抽样的方式，在沙区第二实验小学的一年级至五年级学生家长间开展。问卷调查时间安排在 2021 年下半年期中考试后的家长会上，以提升家长对调查的重视程度，进而提高问卷结果的可信度。调查共回收问卷 1153 份，有效问卷 1097 份，其中，原城区户籍（含城中村）家

---

❶ 2021 年，在距离沙区第二实验小学 100 米的位置（位于前述小区的四期建设范围内）新建了一所公办幼儿园，其提供的学位差不多只能够满足 "三统一" 的家庭的学前教育需求，不少户籍未转入的家庭只能让子女就读附近的私立幼儿园。

庭 441 户，占比 40.20%，原户籍为本区乡、镇、村的家庭 161 户，占比 14.68%，原户籍为其他县城的家庭 55 户，占比 5.01%，原户籍为其他县乡、镇、村的家庭 425 户，占比 38.74%，另有外省市的"异地城镇化"家庭 15 户，占比 1.37%（见表 1－1）。依据迁移理论，样本数据符合乡城迁移家庭特征的为 601 户，占 54.79%。市域内的"就近城镇化"家庭 586 户，占样本总量的 53.42%。这也基本符合中小城市吸引人口的城镇化发展定位。那么，对这 586 户家庭进行进一步分析便可大致了解沙区第二实验小学生源家庭中"就近城镇化"的乡城迁移家庭的基本形态。

表 1－1　沙区二实小的家庭原户籍分布情况

原户籍所在地	户数	百分比（%）
沙区	441	40.20
区的乡、镇、村	161	14.68
其他县县城	55	5.01
其他县的乡、镇、村	425	38.74
外省市	15	1.37
合计	1097	100.0

在市域范围内进行迁移的 586 户家庭样本数据的人口学信息如下：男性 127 人、占比 21.7%，女性 459 人、占比 78.3%；30 岁以下 23 人、占比 3.9%，30～35 岁 276 人、占比 47.1%，36～40 岁 165 人、占比 28.2%，40 岁以上 122 人、占比 20.8%。基于父母的教育程度、职业状况以及前述乡城迁移家庭的类型划分，样本数据的结果如下。

首先，父母的教育程度普遍不高，大部分父母的学历在高中及以下（见图 1－2）。通过交叉分析发现，父母双方都具有高等教育学历的家庭不足 10%。这可能是由于机关事业单位向北转移后，城市中心也随之北移。沙区第二实验小学所在的学区范围内只有少量的公共服务部门和较少的私营企业，大部分在政府部门、事业单位工作的家庭也随之转移到城区北部，一些高学历的乡城迁移家庭也会相应地聚集到城区北部。除此之外，由于沙区自身的产业结构较为单一，对高学历人才的吸引能力也相对较弱。在乡城迁移家庭中，父母的职业类型多以非本地区的领薪工作为主，并且有较多家庭从事个体经营（见图1-3）。这与沙区自身的产业特色和经济特点密切相关。同时，从样本数据中也可以看出，一半以上的乡城迁移家庭育有两个及以上的子女（见图1-4）。

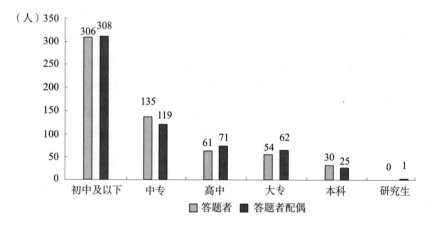

图1-2　沙区第二实验小学乡城迁移家庭的父母教育程度

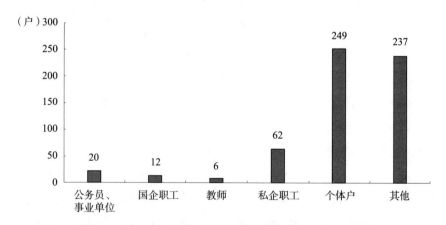

图1-3　沙区第二实验小学乡城迁移家庭的主要职业类型

　　注："个体户"主要指注册登记为个体工商户的商家，如夫妻店等，个别私营企业主也统计在这一类型下；"其他"指微商、快递员、外卖小哥等灵活就业类型，也包括在本地和外地的务工人员。其中部分灵活就业人员虽然在平台登记为个体工商户，但与实际上有固定经营场所的个体户仍有区别，故统计为其他类型。

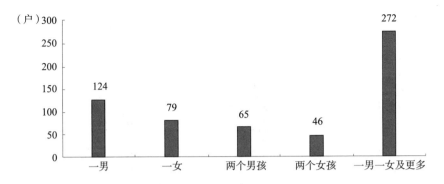

图 1-4 沙区第二实验小学乡城迁移家庭的子女数量情况

其次，大部分乡城迁移家庭已完成户籍迁移（见图 1-5），这些家庭不仅有明确的迁移意愿，也有明确的迁移行为，而这也成为沙区户籍城镇化率提高的重要原因。同时，80% 的乡城迁移家庭在沙区自有住房（见图 1-6），这也印证了住房在迁移中的重要意义。显然，在中国文化中，住宅有着异乎寻常的意义，并且相当一部分乡城迁移家庭还保留着生产功能，以个体工商户作为家庭的主要职业类型。❶ 此外，就乡城迁移家庭的居住影响因素而言，超过 80% 的家庭认为子女就学方便为首要因素（见图 1-7），这表明大部分家庭是以居住为主导型。

---

❶ 据统计，截至 2021 年底，全国登记在册个体工商户已达 1.03 亿户，是 2012 年的 2.5 倍，年均增长 10.9%，约占市场主体总量（1.54 亿户）的 2/3。乡城迁移家庭除了以受雇为收入来源，也有不少是以自雇为主要收入来源，其中比较典型的就是"夫妻店"的家庭经营模式。数据来源见中国政府网. 2021 年全国新设个体工商户 1970.1 万户，登记在册个体工商户已达 1.03 亿户 [EB/OL]. （2022-02-24）[2024-05-25]. http://www.gov.cn/shuju/2022-02/24/content_5675291.htm.

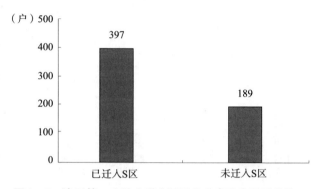

图1-5 沙区第二实验小学乡城迁移家庭的户籍迁移情况

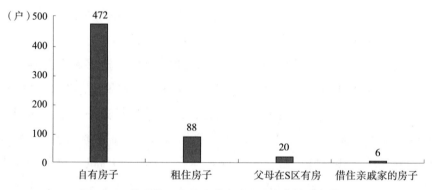

图1-6 沙区第二实验小学乡城迁移家庭的住房情况

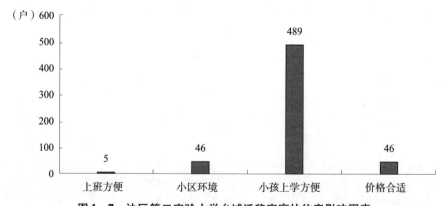

图1-7 沙区第二实验小学乡城迁移家庭的住房影响因素

再次，乡城迁移家庭中超过50%有过进城务工经历。其中，在本市范围内务工的家庭约占总迁移家庭数的21.5%（见图1－8），这部分家庭大致属于一次性迁移或流动转迁移类型的家庭。174户家庭有过在沙市以外的务工经历，那么这部分家庭则可以大致属于回流转迁移的家庭。此外，在238户家庭中，至少父母有一方仍在沙区以外从事个体经营或务工（见图1－9），这就意味着超过40%的乡城迁移家庭在进入城市之后仍面临核心家庭成员不完整的情况。

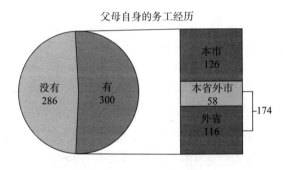

图1－8 沙区第二实验小学乡城迁移家庭的务工经历情况（户）

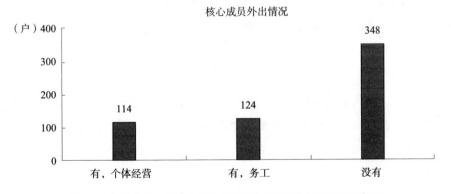

图1－9 沙区第二实验小学乡城迁移家庭的核心家庭完整情况

综上所述，以沙区第二实验小学为样本数据来源，沙区的乡城迁移家庭大多是就近城镇化、以居住为主导的家庭，子女教育在家庭的迁移过程中起着重要作用，而这也会相应地转化为父母对子女的教育期望。同时，大部分家庭有过务工经历，多属于流动转迁移、回流转迁移的模式。然而，沙区所能提供的工作机会是有限的。然而，在不少经济较不发达的中小城市或县城，农村人口的集聚并不主要是因为劳动力市场提供的就业机会，而是在很大程度上因为其有着优于乡镇及农村地区的教育资源的配置。❶ 为了支持子女在沙区的教育与成长，不少家庭的父母仍须继续外出从事个体经营或者务工，核心家庭的完整程度并不高。这很可能导致父母的教育参与程度不够，进而抑制子女在城市接受教育过程中的正向价值溢出。

（三）受访乡城迁移家庭的概况

沙区第二实验小学的样本数据呈现出沙区的乡城迁移家庭的一些基本形态。在其他学校开展的问卷基本上也显示出相近的特征，不过，由于城区内不同学校所在学区范围内的配套设施相差较大，房价高低区别明显。所以，即便同样是从市域范围内迁移到沙区的乡城迁移家庭，仍然会有一些与迁入区位相关联的特征。如沙区第十二中学位于城区南部，与大田县仅一河之隔，属于传统的城乡接合部，房价相对较低，此外附近有大型物流集散中心可以提供一些体力劳动岗位，迁入此地的乡城迁移家庭多为流动转迁移类型，在抽样数据中核心成员完整度达75%左右。而位于城北开发新区的沙区第一实验学校初中部，对应的学区范围房价高企，周边以服务业为主，迁入此地的多为回流转迁移的家庭，家庭核心成员完整度则相对较低，在抽样数据中核心成员完整度仅50%左右，为沙区抽样学校中最低。而从县城学校的抽样数据来看，乡城迁移家庭的核心成员完整度也普遍较低。

本研究在抽样学校教师的协助下，对其中的部分家庭进行了入户访谈，对个别家庭还进行了追踪式的多次访谈，从而了解这部分家庭的迁移经历、教育行动以及他们对教育期望的表达。部分受访家庭信息见表1-2。

---

❶ 叶德磊. 县城教育资源配置影响了城镇化吗？[J]. 江淮论坛，2018（1）：19-24.

表1-2 部分受访乡城迁移家庭的情况例举

编号*	父母最高学历	父母工作	居住情况	子女就读学段	备注
CDM - S - X - W	初中	父亲在武汉经营沙县小吃店（此前在其他城市）	购房，母女同住	小学、幼儿园	大女儿有1年在武汉市就读经历
GDS - S - X - H	高中	父亲在浙江与同乡组成技术工人团队（非固定受雇）	购买小公寓，母子同住（大儿子在私立校读书，未同住）	高中、小学	小儿子有3年随迁、1年留守经历
CDM - Z - X - Z	初中	2019年前全家在广东经营沙县小吃店，2019—2020年父亲一个人在广东，2021年后到沙区经营	购房，同住（2020年之前父亲未同住）	初中、小学	1年流动、1年留守经历（小儿子）
CDM - S - X - Z	初中	母亲在沙区经营肉摊，父亲负责运送屠宰	购房，父亲属于城乡往返	小学	父母先进城务工（大儿子已大学毕业并成家）
CDS - S - X - W	初中	父亲在上海经营小吃店	购房，母女同住	四孩家庭，大女儿、二女儿在小学阶段	大女儿有3年留守经历（第一年到沙区因无学位，按随迁政策安排到3公里以外的学校就读）
GFM - S - X - G	高中	匝钢厂合伙人	租住（父亲没有共同居住）	初中、小学	因女儿读书进城
CSS - Z - C - Z	初中	经营小吃店（父亲偶尔在工地兼工）	租住	高中、初中	早年父亲外出打工，母亲在镇上租住照顾小孩，后一并外出

续表

编号*	父母最高学历	父母工作	居住情况	子女就读学段	备注
GXM－Z－C－L	高中	父亲为滴滴车司机，母亲在厂区内经营小卖店	购买厂区内房子	初中（中专）	
CDM－Z－X－L	初中	父亲从事笋干生意	购房，母子同住，父亲闲时同住	初中、小学	根据笋干制作、销售需要选择居住地
ZDM－S－C－C	大专	父亲在广东务工	住在母亲的父母家中	初中、小学	父亲为专科，母亲为中专肄业。受访者为母亲

* 受访家庭编号规则为：第一个字母表示家庭最高学历，第二个字母为原户籍地，第三个字母为现家庭户籍/居住地（M 为沙区北部，S 为沙区南部），第四个字母为经济收入类型，第五个字母为子女学段（多子女的以在义务教育阶段的长子/长女的学段编号，学段信息根据访谈时候的情况为准），第六个字母为受访者姓氏。如 CDM－Z－X－Z 表示家庭最高学历为初中及以下、原户籍地为大田县、现户籍/居住地为沙区北部、家庭主要经济收入为个体经营、子女现读小学、受访家长为 Z 姓。

　　研究的访谈对象基本上涉及了前述乡城迁移家庭的主要类型，有以父母就业为主导的家庭，如 CDM－S－X－Z，也有以家庭居住（子女教育）为主导的家庭，如 CDM－S－X－W；有流动转迁移的家庭，如 GXM－Z－C－L，也有回流转迁移的家庭，如 GDS－S－X－H；有核心家庭共同居住的，如 CDM－Z－X－Z，也有核心家庭未共同居住的，如 ZDM－S－C－C。在这些受访对象中，一次性迁移的家庭较少。这是因为对于乡村家庭来说，要实现一次性迁移，要么有足够丰厚的农业生产收入，要么是因为拆迁等获得一大笔补偿款，但是这样的家庭往往会选择生活条件、教育条件更好的邻近的东部沿海城市。同样，沙区乃至沙市很难形成对于其他城市人口的吸引力，异地城镇化家庭也并不多。需要说明的是，受访家庭中父母接受过高等教育的较少，这一方面是因为父母接受过高等教育的家庭，其与城市生产生活的联系更为紧密，也能很好地适应城市教育的要求，他们所形成的家庭教育期望与城市原住家庭的差异并不大，中小学老师较少进行推荐；另一方面是因为在一个家庭中，教育程度更高的一方往往能够获得的经济收入也更高，因此负责家庭经济收入来源的多为教育程度较高者，教育程度较低的一方（多为母亲）则负责照顾子女的学习和起居，家庭内部的这种责任划分，在无形中也会影响家庭教育期望的表达与代际传递。

第二节　家庭教育期望的维度与意涵

家庭教育期望是父母对于子女未来教育的预期。"对教育的高期望的成因是多方面的，有社会经济及科学技术发展的需求，有个人对提高社会声望与社会地位的需求，或是更好地服务于社会的需求。"❶ 事实上，学界对于家庭教育期望的关注首先源于家庭社会经济地位的代际传递。威斯康星学派将教育期望视为影响青少年教育成就的重要中介因素，从而对布劳—邓肯的地位获得模型（status attainment model）进行了补充和修正。家庭教育期望的阶层分化能够转化为青少年的自我教育期望差异和教育成就差异，构成完整的教育再生产链条和教育获得不平等机制。这一理论构型的前提是，在现代社会中个人的教育成就与社会地位呈现出紧密的正向关系。家庭的社会地位能够借助父母对子女教育成就的支持而实现代际传递，在这个意义上，家庭教育期望直接指向子女的教育获得和教育成就，间接指向的则是子女的职业成就和社会地位。

一、家庭教育期望的维度

随着社会化生产和工业秩序的逐步确立，个人的教育成就与职业成就的关系也愈发紧密。当然，个人社会地位的获得还有其他因素的存在，但

---

❶ 顾明远. 教育大词典 [M]. 上海：上海教育出版社，1998：768.

这些往往也蕴含在家庭教育期望之中。家庭教育期望也因之表现出多种维度，这也体现在相关的已有研究之中。此外，在中国文化语境中，迁移有着独特的意涵。一方面，中华传统文化根植于农耕文明，农耕文明的重要特征之一是安土重迁，迁移者往往被赋予"外乡人"的身份符号。另一方面，基于户籍制度形成的城乡二元结构虽然有所松动，但仍然深刻地影响着社会心态，由乡村到城市的迁移者依旧带有"乡下人"的身份色彩。因此，我国学者在对家庭教育期望进行维度划分时，往往也会关注社会适应、社会融入的层面（见表1-3）。

表1-3　相关研究对家庭教育期望的维度划分

研究者	维度	文献名
俞家庆	接受高等教育	要研究引导社会教育期望［J］. 教育研究，2000（4）.
李春（2007）	学习、社会性、生活自理、身体素质、特长优势、价值观及行为、未来学习层次、职业发展	父母对3—7岁儿童的期望及影响因素分析［D］. 广州：华南师范大学硕士论文，2007.
周皓（2013）	学习成绩和心理状况	家庭社会经济地位、教育期望、亲子交流与儿童发展［J］. 青年研究，2013（3）.
王甫勤等（2014）	是否愿意上大学	家庭背景、教育期望与大学教育获得基于上海市调查数据的实证研究［J］. 社会，2014（1）.
吴晓愈等（2016）	学历程度	基础教育中的学校阶层分割与学生教育期望［J］. 中国社会科学，2016（4）.
周敏（2019）	阶层流动、社会融入、职业规划、最终在主流社会立足	中国新移民的教育期望及其面临的挑战、制度限制和社会支持——以美国和新加坡为例［J］. 华侨华人历史研究，2019（4）：1-9.
王春凯等（2024）	至少达到的学历水平	三孩政策下家庭教育期望及其生育效应［J］. 人口与经济，2024（1）.
胡荣等（2025）	未来获得最高教育水平的希望和期待	家长教育期望的阶层差异及其对教养方式的影响［J］. 河南师范大学学报（哲学社会科学版），2025（1）.

基于上述维度划分，我们可以说家庭教育期望在很大程度上是以子女的教育成就为中心，以未来成就为目标，并有着对文化适应、心理健康等方面的期望。不过，在现代教育体系下，教育成就需要通过学校教育获得，但文化适应、心理健康还有在学校教育之外的学习机会。"有人把读了小学和初中考不上高中，看作读书无用；有人把读了中小学考不上大学，看作读书无用。这是从间接的经济效益考量的。有人把考上和读了大学不能就业，就了业找不到好工作，挣不了大钱，不能立即和明显改善经济状况，看作读书无用。"❶ 从"读书无用论"的角度出发，家庭教育期望的关键依旧在于学业表现与教育成就。当然，这并非意味着子女教育成长过程中的其他维度就不重要，只不过教育成就在家庭教育期望中比重更大。

随着教育资源的下沉，尤其是高等教育进入普及化阶段，家庭教育期望不仅体现着家庭对子女最高教育程度的预期，事实上也反映出家庭对子女教育程度的要求。受儒家文化的影响，东亚文化圈家庭更相信学业成功能够通过努力来获得。❷ 而且在现实中，中国家庭往往会表达出"只要孩子肯学、愿学，无论学到何种程度都可以"的期望。随着社会发展对学历的普遍要求，几乎没有家庭会希望自己的孩子早早地离开学校。因此，家庭教育期望内在地蕴含着"要求"，这种要求也会转化为父母对自身的要求，即对自身能够给子女提供何种教育资源的要求。

诚然，在家庭教育期望诸多维度中，不同家庭有着不同的理解，这与家庭能够提供的教育资源有关，具体的需求和要求也不尽相同，具体表现为"既有就业目的，也有提高素质、丰富知识、享受生活、改变身份等的需要"❸。子女未来的发展是父母关注的核心，"父母之爱子，则为之计深远"，即便如"惟愿吾儿愚且鲁"，也有着"无灾无难到公卿"的期望。❹

---

❶ 郝文武. 新读书无用论的根源及其消除 [J]. 中国教育学刊, 2009（9）：34 - 36.

❷ Stigler J W , Stevenson H W . The Learning Gap：Why our Schools are Failing and What We can Learn from Japeneses and Chinese Education [M]. Simon & Schuster, 1992.

❸ 郝文武. 新读书无用论的根源及其消除 [J]. 中国教育学刊, 2009（9）：34 - 36.

❹ 引自苏轼的《洗儿戏作》：人皆养子望聪明，我被聪明误一生。惟愿孩儿愚且鲁，无灾无难到公卿。

对于大部分乡城迁移家庭来说，子女能够获得的教育学历，以及此种教育学历所支撑的家庭发展，是家庭教育期望的意涵所在。

二、指向教育学历的教育期望

家庭教育期望的衡量标准是对最高教育程度的预期，通俗来讲，就是对学历的预期。尽管不同学者对于学历成为一种社会现象有着不同的理解，但对于乡城迁移家庭来说，学历的直接意义在于提升收入和社会地位。尽管通过读书直接改变命运的终究只是个例，但在现代社会中，"短程社会流动的机会可能还在增长。短程的社会流动缺乏新闻价值，但是对社会结构的改变是实实在在的"。[1] 在乡城迁移家庭中，父母仍高度认同教育程度之于个人参与社会化生产的积极意义，教育学历与个人的生产力水平，以及个人在现代生产关系中的位置仍然有着直接联系。

（一）学历关乎生产能力

民众对于读书有用还是无用的判断，依据的是时下颇为流行的"结果导向"。考高中、考大学最终还是要与学历、文凭联系在一起，而学历和文凭最终要转化为现实的生产能力。但反过来说，评价一个人具备何种程度的生产能力，往往又是以个人的学历程度作为直接评价标准。这是现代教育制度的资格化功能。因此，在乡城迁移家庭的理解中，学历首先关联生产能力。

从哲学层面来说，生产劳动是人的本质规定性，而对于乡城迁移家庭来说，生产劳动也是人的生活状态。因此，生产方式可视为人的生活方式、生产能力可视为人的生活能力。尽管近年来，大学生的就业压力明显加大，年年都出现"史上最难就业季"，但媒体实际上忽略了一个事实：那些没有高等教育学历的青年更难谋生。因此，无论学历在何种意义上"贬值"，在生产能力的意义上终究还是优于不具备相应教育学历的群体，

---

[1] 熊易寒. 精细分层社会与中产焦虑症 [J]. 文化纵横，2020（5）：112–120，159.

前者的劳动能够产生更多的附加值。这也是建设教育强国的意义之一。

　　一方面，"大学生"仍然受到乡城迁移家庭的追捧。在他们看来，高等教育的普及化意味着高等教育学历的普遍化，高等教育学历已经成为进入城市的现代分工系统的基本门槛。高等教育学历仍可等同于一定的社会生产能力。

　　"（读大学）对社会交往能力，还有对工作各方面都非常有帮助。像没读书的话，就（会）像他们简单的现在没有文化。毕竟现在都是高科技。"（ZDM－S－C－C）

　　另一方面，"大学生"作为一种文化符号甚至是一种消费符号，对乡城迁移家庭具有着很大的吸引力，这种吸引力明显体现在子女升学的次属效应（second effect）中。虽然乡城迁移家庭对比城市中的优势家庭在教育竞争中，特别是"中考精英化"的压力下处于一定的劣势，但这并不意味着他们缺乏为子女提供进一步教育机会的决心。近年来，私立初中、私立高中、三本院校中"农家子弟"占比的提高就充分证明了这一点。

　　"（私立）学校学费都交掉三万多，一年学费都三万多了，那其他的费用加一下要三四万。三年下来差不多可以付个首付。"（CCS－C－C－L）

　　"我女儿考了个民办二本，那学费要 2 万，生活费怎么说保底要个 2 万吧。平平淡淡的要 4 万，而且还要生活蛮省的才够，是吧？那她报了一个还读五年，五年保底 4 万（每年），是不是要 20 万？……钱反正还能再挣，有个本科读就可以了。"（M 校 C 生的家长）❶

（二）学历关乎生产关系

　　教育作为一种人的再生产过程，也在现代化的进程中不断凸显出职业技能的重要性。它不仅关乎人的生产能力，还关乎人在生产关系中的位

---

　　❶　C 生的家长在 C 生读小学一年级时到厦门市经营手机维修店，但至今仍在厦门租房居住。C 生也在二年级时来到厦门就读，但一开始进的是私立小学，直到四年级附近的公立学校有学位了。由于是省内户籍，所以高考时并未受到限制。C 生的家长表示等孩子读完书会选择回老家，并且已经在老家的县城买了房子。但 C 生表示自己并不打算回到老家的县城工作生活，她认为自己更喜欢大城市的生活方式。

置。"唯物主义科学的兴起有效地使生产过程（在前现代时期被恰当地称为'手艺'与'技艺'）非神秘化了，并展现了把社会从自然所强加的匮乏和更加压抑的方面之必然性中解放出来的能力。"❶ 例如技术分工的揭示、符号暴力的揭示等。教育的核心意涵之一是将潜在的劳动力转变为现实的劳动力，而现实的劳动力应当是参与现代化生产当中的劳动力、是融入现代生产关系之中的劳动力。"劳动力必须（在不同的方面）是合格的，并因此要以这种要求的得到再生产。所谓'在不同的方面'，是根据劳动的社会—技术分工的要求，对于不同的'岗位'和'职业'来说的。""有的教育是为了培养工人，有的是为了培养技术人员，有的培养工程师，还有的培养高级管理人员，等等。"❷ 尽管立场不尽相同，但阿尔都塞也揭示了这种再生产的内部差异，并指出生产关系之于生产力的优先性。❸ "新农人"等概念的出现也强调了现代劳动技能的重要性。如果说家庭发展的压力曾经是乡城迁移家庭中的父母进入城市的动力，那么如今它也就转化为乡城迁移家庭提出并实现教育期望的动力。即便是务工务农，也应当基于一技之长，而非风吹日晒的务工务农。

乡城迁移家庭中的父母基于自身成长经历所形成的经验，对职业教育的接受度其实并不太低。乡城迁移家庭既试图提升教育期望的实现可能性，也试图通过家庭的努力来延迟子女较早进入密集型劳动力职业中。事实上，与沿海地区经济发展相关的一些特色产业，如石雕、木雕、制鞋、制茶等行业的技术工人的职业收入并不低，只不过由于工作环境较差而越来越难以获得年轻一代的认可。❹

"（读中专）专业好的我也会支持，会支持他去，因为现在目前这种状

---

❶ 戴维·哈维. 后现代的状况：对文化变迁之缘起的探究 [M]. 阎嘉，译. 北京：商务印书馆，2013：147.

❷ 路易·阿尔都塞. 论再生产 [M]. 吴子枫，译. 西安：西北大学出版社，2019：126 - 127.

❸ 柯林斯在《文凭社会》中对于"文凭贬值"有着另外的解释，但同样指明了文凭（教育学历）对于个人在生产关系结构中的意义。

❹ 近年来，国家越来越重视制造业的发展。产业工人的薪酬收入甚至不低于普通白领。同时，随着新业态的崛起和定制产品的流行，手工艺人的收入也有明显提升。"蓝领中产"已经成为媒体术语之一。

况去读职业教育的那种，就是成绩会稍微差一些的孩子去嘛。那我觉得还是会支持他去，要不然他能怎么样呢？现在小孩这么小，一下子就学坏了，又不像我们以前家里要急着出去打工。到中专里面跟着师父学手艺，至少以后能养老婆孩子吧。"（GXM－Z－C－L）

随着乡城迁移家庭对城市生产结构和生产关系理解的加深，他们对于教育期望及相应的教育行动也形成更为完整的理解。一方面，他们认识到教育期望的实现与家庭自身的教育行动直接相关，若家庭没有作出足够的改变，就只能困于所谓的"黑箱"之中。另一方面，他们也更能接纳教育期望未能实现的后果，即承认考试升学具有淘汰性质，如果自己的孩子确实不是"读书的料"，那么也能接受考学失利的事实，但同样希望子女继续留在教育系统而非直接进入低层次的社会分工。也可以说，要接受人的再生产的社会分工，首先要进入分工体系之中，唯有身处其中，才不至于走父母的老路，而这也使得普遍的家庭教育期望更具有现实意义。

三、指向家庭发展的教育期望

乡城迁移家庭的教育期望还指向家庭的持续发展。基于中国特殊的家庭伦理文化，子女的教育成就与家庭发展往往高度相关，子女的教育成就越高、个人社会成就越高，对家庭的持续发展的积极作用越大。反过来说，当子女教育与家庭发展的联系性并不紧密时，家庭的教育期望就会明显下降，更遑论家庭的教育参与。近代以来数次出现的"读书无用论"便是体现。[1] 随着人的出身被逐渐淡化，教育对家庭持续发展的影响作用也进一步显现出来，成为"把学上好"的内涵之一。"家庭必须永远被看作是时间性的和在流动中的，同时又总在追求持续、稳定和生长。"[2] 而在现代社会，这种流动性还有着空间的因素。

---

[1] 杨卫安. "读书无用论"何以会产生？——晚清以来出现的四次"读书无用论"评述 [J]. 河北师范大学学报（教育科学版），2018（4）：45－49.

[2] 罗思文. 反对个人主义：儒家对道德、政治、家庭和宗教基础的重新思考 [M]. 王珏，王晨光，译. 西安：西北大学出版社，2021：217.

（一）教育关乎家庭发展的持续

教育是提升个体社会化发展的重要途径，从某种意义上来说，家庭教育期望指向的就是个体的社会化发展水平。最高教育程度意味着个体离开学校教育系统时的次级社会化水平，它不仅极大地影响着个体进入劳动力市场时的起点，也影响着此后家庭的社会经济地位。随着社会发展进入新阶段，社会变化的速度较以往有了明显加快，吉登斯所认为的社会化大生产所追求秩序在稳定性上大大减弱。生产者"被迫加倍努力在他人身上创造新的需要，因此强调要培植想象性的欲望和幻想、怪想与狂想的作用"。❶ 在现代社会，创新成为发展的动力来源，而乡城迁移家庭在进入城市后深刻地感受到教育程度不足带来的发展乏力。"持续创新的结果如果不是使过去的发明与劳动技巧毁灭，也要使他们贬值。"❷

客观地说，乡城迁移家庭已经获得了一定的发展，他们已走出乡村，进入城市。但正如父母们所感受到，他们在城市中是一种流动的状态，而且是被动的流动状态。造成这一问题的直接原因是他们的生产劳动不稳定，更深层次的原因是他们缺乏足够的教育学历以及相应的职业技能。换言之，如果缺少足够的教育，那么个人发展的持续性将大大降低，个人对于家庭持续发展的支持能力也会大大降低。"人类的社会历史是在特定的空间里展开的，也在同时建构了人类的空间，并受制于这个被给予的和人类主动建构的空间。"❸ 乡城迁移重塑了家庭的教育资源空间，也在重新塑造着家庭的教育期望。

在中国文化视野中，教育是"上所施，下所效"。家庭发展既是家庭教育期望的出发点，也是家庭教育期望的落脚点。对于乡城迁移家庭来说，"养儿防老"不仅是观念问题，更是现实问题。父母对子女的教育期

❶ 寇浩宁. 现代主义、后现代主义与马克思主义——戴维·哈维论后现代文化的根源 [J]. 华北电力大学学报（社会科学版），2012（1）：86-92.

❷ 路易·阿尔都塞. 论再生产 [M]. 吴子枫，译. 西安：西北大学出版社，2019：142-143.

❸ 鲁西奇. 中国历史的空间结构 [M]. 桂林：广西师范大学出版社，2014：6.

望，同时是希望自己年老时能够得到相应的孝养。家庭发展的持续性和家庭的生生不息也在此得到进一步确证。子孙后代的教育成长源于父母的投入程度，父母年老之后能够获得何种孝养又是源于子孙后代的生活条件。"利他主义证明：动态家庭的人们实际上有无限的生命的假设是有道理的。"❶ 因此，这是一种双向恩荫的过程，家庭教育期望既凝聚了人的社会生产成果，也凝聚了人的家庭再生产成果。

"我们是说，我们会去跟他说，你要好好读书，如果你能考上好学校、大学，那你出来工作稳定，那你至少不会说像我们这样（需要流动）的。"（CDM－Z－X－Z）

"现在什么都发展得很快，不跟上就会被淘汰。科技这些也要发展，那以后电工、水电这些也要有文化才会做。……乡下当然也有变化，不能说没有变化，但都是比较慢。"（CXS－Z－C－L）

"肯定要回沙市、回老家，但是现在我们有经济压力，（还要在外边打工）。我们还是比较传统的，还是喜欢落叶归根，老了要靠小孩的。孩子以后有本事了，我们也跟着过得好。"（CDS－Z－X－X）

（二）教育关乎家庭发展的方向

乡城迁移家庭的教育期望同时还蕴含着将城市作为家庭发展方向的考量。城乡之间的推拉不仅彰显着教育对于家庭发展的支持作用，更凸显着城市教育对于家庭发展的支持作用。所以，对于乡城迁移家庭来说，教育既是手段，也是目的。当乡村生活空间被打开之后，乡村难以维持其之于子女教育和家庭发展的中心位置。城市作为一定区域内的中心，集聚了该区域范围内的大量财富和人口，具有明显的资源优势。按这个理解，越是靠近中心，就越能与中心的优势资源产生更紧密的互动关系，亦即通过物理空间的扩大，实现教育空间的拓展，进而获得更多的教育机会。

---

❶ 加里·斯坦利·贝克尔. 家庭论［M］. 王献生，王宇，译. 北京：商务印书馆，2014：212.

事实上，乡城迁移家庭并非盲目追求教育资源的优质，而是根据其生活的空间共同体的中心位置，并通过向中心的教育流动而努力缩小与中心的距离。高等教育的普及化同时也分出"211""985""双一流"等名目，而教育资源的优势在考学过程中具有明显的累积效应，这种累积效应可以看作对确定性的追求，因为以往的教育期望也带有明显的农业生产似的不确定性。现代教育制度的分科教学本身是根据工业化生产的精细化需求设置的，"教育不是为乡村学生讲述本土故事，而是训练其掌握进入另一种叙事的知识、思维和观念"❶。城市教育之所以成为教育期望的手段与目的，是因为乡村无法提供其实现个人价值和社会价值的基本条件。城市中心的发展导向使乡村共同体的约束和支持能力进一步弱化。在这个意义上，子女无论是否接受城市教育，接受教育后总是要将城市作为发展空间的，并以此来进一步促进家庭的发展。对于乡城迁移家庭来说，"读书"是真切的家庭期望。教育不仅意味着子女成长的未来方向，还意味着家庭发展的未来方向。

"城里面还是找活更容易。（在乡下）就是说你单纯去带孩子，那就是等于送小鬼上学、等他放学，一点什么事情都没有。如果是说想赚点钱可以贴补家用什么的，就没有地方。"（CSS－Z－C－Z）

"到了城里面大家都默认对方的小孩要读书了，不会像乡下那样子，觉得反正都没有那种读书的要求和读书的氛围。"（CDS－S－X－W）

在城镇化的进程中，一些进入城市的群体也会以自我解嘲的方式回应，如"城市套路深，我要回农村"之类。然而，乡村教育环境、乡村教育资源对于实现教育期望的阻碍，以及城市教育的积极作用，所谓的"回农村"并不会真正地付诸行动。如果说，生产领域中缺乏足够的教育学历会导致个人发展前景受限，那么再生产则意味着缺乏足够的教育学历也会使家庭的发展持续性受限。乡城迁移家庭的迁移真实地展现了"教育离

---

❶ 王乐，张乐. 为什么上大学——乡村学生"离土"选择的教育发生考察［J］. 教育研究，2021（11）：107－118.

农"，而作为家庭发展的教育期望实则有着两层指向，一是离开农业劳动，二是离开乡村环境。离开农业劳动的教育离农一直是我国传统教育文化中的一部分，劳心与劳力之分是通过教育实现社会分工的重要体现。

当乡村不被视为一个空间共同体，而是被置于城乡二元结构的框架内时，离开农业劳动自然也就意味着离开乡村环境。当人们被束缚于有限的农业劳动上时，"辛苦劳动的产物几乎在劳动的同时就被迅即消耗掉了"❶，无法实现从阿伦特所谓"劳动"向"工作"的转变。乡村家庭能否不通过乡城迁移而付诸行动、乃至实现家庭教育期望的答案不在于乡村家庭，甚至不在于乡村教育，而取决于农业与农村自身的现代化。对于乡村家庭来说，教育的意义就在于使人能够摆脱这种"非生产性劳动"，进而为家庭再生产提供物质基础，而这在当前的乡村教育环境中难以实现。可以说，蕴含家庭发展方向的教育期望是乡城迁移家庭积极投入子女教育的主观动力之一。

乡城迁移家庭的教育期望折射出来的实则是城市中心的家庭发展取向。正如列斐伏尔所指出的那样，"都市现象和都市空间并不仅仅是社会关系的一种投射，而且还是社会关系的场所与区域……它们并不是目的或目标，而是行动的手段和工具"❷。稳定地获得城市教育，是克服家庭教育期望户籍差异的重要手段，这能够有效避免子女遭受社会排斥，从而保证家庭教育期望的顺利展开。换言之，乡城迁移家庭将子女作为家庭发展的中心、将城市作为家庭发展的中心，而教育期望恰恰指向这两个"中心"的结合点。推动更多农业人口进城，促进更多进城家庭实现市民化势必成为我国城乡一体化发展的重大任务。❸ 城乡一体化的发展方向拓宽了乡城迁移家庭的生活空间，也拓展了乡城迁移家庭的教育空间。在此，家庭教育期望代表了一种内在的发展力量。在现代社会中，这就是需要关注乡城迁移家庭的教育期望的原因。

---

❶ 汉娜·阿伦特. 人的境况［M］. 王寅丽，译. 上海：上海人民出版社，2017：64.

❷ 亨利·列斐伏尔. 都市革命［M］. 杨生平，强乃社，译. 北京：首都师范大学出版社，2018：98.

❸ 吴业苗. 人的城镇化研究［M］. 北京：社会科学文献出版社. 2021：15.

第三节　迁移前后的家庭状态与教育期望
——以 H 一家为例

乡城迁移的实现往往不是一蹴而就的，家庭需要为乡城迁移的实现进行相应物质积累，而在此之前，家庭中的子女往往要经历留守、流动、回流中的一种或数种。为了更好地说明乡城迁移家庭的迁移经历与教育期望，本书尝试对具体的个案——H 一家（GDS－S－X－H）的经历进行说明。固然，"个案说到底只是研究者用来窥探其自身与个案都安放于其中的那个世界的一个窗口而已"。❶ 不过，由于个案经历的完整性而在一定程度上具备了某种典型性，所以也需要"容忍个案研究具有反映面小、推广性差等不足"❷。

一、家庭的留守状态与教育期望

H 一家自孩子出生至完成迁移，经历了留守、流动、回流、迁移、单亲留守等多种状态。此外，H 家还具有中国传统农村家庭的亲友结构，而这往往是将家庭窄化为"户"的概念时难以兼顾的。在展开论述之前，有必要先对 H 的家庭状况做一些基本说明：

H 是沙市大田县人，"80 后"，高中学历；H 的妻子也是大田县人，中专学历。2021 年，H 在杭州务工，妻子带着读小学的二儿子在沙区生活，大儿子则在沙市 X 区的私立初中读初二。早些年，H 在镇上购置了一处房

---

❶ 吴康宁. 个案究竟是什么——兼谈个案研究不能承受之重 [J]. 教育研究，2020（11）：4－10.

❷ 风笑天. 个案的力量：论个案研究的方法论意义及其应用 [J]. 社会科学，2022（5）：140－149.

子❶，与妻子的娘家相邻近，以便彼此有个照应。2021 年，H 变卖了乡下的房子，并转让了集体经济的部分权益，在沙区购置了一套小公寓，一家人的户籍也由大田县的乡下迁入沙区。

H 的父亲早逝，母亲也在几年前去世。H 还有一个弟弟，目前在某"双一流"的医科大学任教。由于弟弟早已在南京安家，较少回到沙市，兄弟二人的来往并不多。但弟弟的"教育成功"无疑让 H 对教育抱有更多的期望。H 的妻子还有两兄弟，且父母尚在。H 妻子的哥哥原先一直在乡下从事农业种植，并承包了其他外出打工家庭的田地，直至二儿子读初二后（也在 X 区的私立初中就读），他也南下广东打工。H 妻子的弟弟则一直在外经营小吃店，两个孩子几乎从周岁起就留守在家，由爷爷奶奶照料。这构成了 H 一家的基本家庭结构与生活状态。

H 的高考成绩不理想，由于弟弟学业成绩更好，他也打消了复读的念头，而是想着打工赚钱供弟弟完成学业。父母同样没有强烈的要求 H 考上大学的期望。高中毕业后，H 便跟着同乡外出江浙一带务工，同时学习涂料技术。H 的求学经历在乡村多子女家庭中具有一定的代表性。一方面，当乡村家庭有多个子女的时候，一般会选择让更有"上大学"希望的子女继续学业，这不仅成为亲子之间的默契，也是兄弟姐妹之间的默契。根据恰亚诺夫的"劳动—消费均衡论"，H 从家庭的消费者转变为家庭的生产者之后，家庭的经济条件显然会显著改善，并足以支持弟弟不断求学。另一方面，在我国大力发展劳动密集型产业期间，体力劳动者的经济收入并不低于脑力劳动者，甚至于产生对"脑体倒挂"的争论。尽管从事的都是苦活、累活、脏活，但相当的经济收入至少在客观上给了乡村民众以离开教育体系的信心和勇气。到了谈婚论嫁的年龄，家里就给 H 安排了相亲，并组建了新的家庭。

H 的妻子是幼师中专毕业。2007 年结婚后，H 并没有回到沙市，而是

---

❶ 乡镇的住房一般不是套式住宅，而是类似自建房。近年来，乡镇在新农村建设的过程中，往往会多规划一些房子，以便向本镇的村民出售。不少情况下，还有可能是小产权房。

继续在外务工，妻子也跟随 H 来到杭州，直至孩子即将出生。2008 年，H的大儿子出生，H 的妻子便顺理成章地留在了大田县照顾孩子，并在当年入职了一所民办幼儿园。固然，"结婚生子这样的生命事件促使新生代农民工改变对打工的看法"❶，但这种改变又有其内在的矛盾：一者是当其有了属于自己的小家庭之后，出于维系小家庭情感生活的需要，他应该留在大田县务工；二者是当其有了属于自己的小家庭之后，特别是孩子出生之后，新的"生产—消费"均衡被构建起来，又要求他继续在外务工以维持、增加家庭的收入。这一内在的矛盾不仅影响着中国"80 后"农民工的生命周期，还颇具"黑色幽默"般的意味。流动被视为现代性的重要特征，然而最具流动特质的是被视为传统乃至边缘的农民工群体。2011 年，H 的二儿子出生，其妻子也从幼儿园辞职。由于没有长辈帮忙照料，2012年前后，H 曾经短暂地返回 M 省的 Q 市务工。Q 市邻近大田县，不仅便于照顾家庭，语言也有一定的相通，但是家庭收入大幅降低。不得已，H 还是选择回到浙江务工，第一次回迁的尝试以失败告终。H 的孩子也继续处于单亲留守的生活状态——尽管在统计上不被认为是留守儿童。

城市向乡村家庭展现了更为现代化的生活方式和教育图景。2011 年国务院发展研究中心的一项调查指出："在双向流动情况下，有一半以上的农民工已在城镇有稳定工作，他们不会因经济波动的周期影响离城返乡；即便不放开户口，80% 的农民工也将在城镇就业居住；能够自主选择的话，90% 的农民工将在城镇定居，多数农民工对居住地的选择与务工地重合。随着条件的放松，越来越多的农民工选择进城定居。"❷

在 H 外出务工、母子留守在家的状态下，H 一家有着简单质朴的教育期望，并且对自身的教育能力也有一定的信心。这一时期，H 夫妻主要是希望两个孩子能够健康成长，具备较好的身体和心理素质。当然，H 一家

---

❶ 张世勇. 新生代农民工逆城市化流动：转变的发生 [J]. 南京农业大学学报（社会科学版），2014（1）：9 - 19.
❷ 国务院发展研究中心课题组. 农民工市民化进程的总体态势与战略取向 [J]. 改革，2011（5）：5 - 29.

对于孩子今后考取大学、拥有稳定的工作，并进而真正在城市扎下根来也有着很强的期望。由于城市空间具有政治内涵，安居与乐业也产生了内在的辩证关系，不只有"安居才能乐业"，同样有着"乐业才能安居"。这与H 的务工经历，尤其是在小家庭组建之后仍继续在外务工的经历不无关联。

"2007 年 8 月 8 日，老大在天上历时 26 个小时，千挑万选，终于决定选择了我做他的妈妈，随着那悦耳的啼哭声，我升级为妈妈了。接下来的日子，我从一开始的手忙脚乱，到后来的轻车熟路，我的宝贝一天长大。2011 年 5 月 9 日，上帝再次眷顾我，给我送来老二，又一个聪明活泼的小男孩。这时更让我坚定了我要做一个合格的妈妈，为了我的两个宝贝，再苦再累都值得。"

"大宝上小学一年级了，二宝也上幼儿园了，庆幸我的俩宝没有爷爷奶奶的宠溺。没有爸爸的日日陪伴在，俩宝也非常的乖巧懂事，大宝一年级报名的时候我带着去了，因为入学考试有各种的资料需要填写，以后的各学期报名，大宝都是自己拿着成绩报告单和假期作业，自己去报到。老二是个人精，特别讨喜，在幼儿园里，老师们特别喜欢他，说他课堂气氛特别好，基本上能知道老师接下来要上什么了，老师们说，如果你家宝没来上课，气氛都不对了。看来我的俩宝不用我太操心了。"

二、家庭的流动状态与教育期望

2001 年《国务院关于基础教育改革与发展的决定》和 2003 年教育部、中央编办等六部委《关于进一步做好进城务工就业农民子女义务教育工作的意见》的颁布实施，拉开了 21 世纪初我国义务教育资源结构调整的序幕。一方面，"两为主"❶政策确立后，进城家庭子女义务教育阶段"有学上"的问题在政策上基本得到比较明确的回应。❷另一方面，在"打工经

---

❶ "两为主"政策最早见于 2001 年《国务院关于基础教育改革与发展的决定》。其中提到"要重视解决流动人口子女接受义务教育问题，以流入地政府管理为主，以全日制公办中小学为主，采取多种形式，依法保障流动人口子女接受义务教育的权利"。

❷ 汪明. 农民工子女就学问题与对策 [J]. 教育研究，2004 (2)：75 - 79.

济"的推动下，进城务工家庭的经济收入有了明显提升，对城市生活和城市教育有了直观的感受，更对城乡教育差异有了直观感受和理解。

2018 年，因大儿子进入青春期，H 的妻子觉得自己可能无法应对，便再次提出要将孩子一起带到杭州。在这之前，H 的妻子也提过多次将孩子一起带去务工地就学的想法。但是，H 并不是稳定地在杭州务工，而是跟随工程队在不同的地方工作。换言之，其务工地是根据当年工程队接下的项目所在地而决定的。结婚后，H 先后在杭州、湖州、丽水等地待过，在每个地方一待就是一年半载。随迁意味着更大的生活成本，所以对于乡村家庭来说，随迁也不是一个容易作出的决定。由于 H 没有相对稳定地在杭州居住并缴纳医保社保，而且两个儿子都是中途入学，两个孩子分别被统筹到两所不同的学校就读六年级和二年级，其中二儿子还被统筹到一所私立学校。

"也是一样的，也要那些证。当时去杭州的时候，老公在那个地方待蛮久了，才可以转过去，孩子才可以转过去。就是读私立也是要有那些证的，反正都跟我们出来沙市差不多，都是要那些手续的，只是户口没有迁出去。"

在 H 夫妻看来，流动家庭子女要进入城市学校就读，手续烦琐、成本较高。更重要的是，流动本身就是一种"逐水草而居"的状态。家庭从乡村到城市的流动是对农耕文明下的定居方式的某种反叛，如果乡村的家还是自己的"根"的话，那么城市就只是提供经济来源的"水草"，但这种"根"的意义在现代社会的文化转型过程中也面临着越来越多的挑战。在 H 的两个孩子看来，一年的杭州学习生活是很快乐的。而在 H 夫妻看来，这一年间也让他们亲历了城乡教育的差距。城市教育的教师资源、课程资源都是乡村教育所不具备的，而在强调全面发展、综合素质的当下，城市教育在促进儿童发展、提升学业成就方面具有更明显的优势。

根据 H 的回忆，在 2020 年开春回到杭州时，夫妻俩便四处打听孩子留在杭州读初中的可能性。显然，H 对于子女的教育期望已经有所具体化，但这一可能性最后还是被他自己否决了。首先，H 的工作不具有空间上的稳定性，而这不仅影响他的城市融入心态，也直接影响他的医保社保等公共服务的参与和享受。孩子可能因为父母未缴纳足够的医保社保而最终被统筹到教育资源较为薄弱的公立学校或者费用更多的私立学校。同时，一旦 H 离开杭州，前往新的务工地，那么儿子留在杭州读书的积极意义就会大幅削弱。在此期间，H 咨询了弟弟的建议，并尝试从弟弟那里获取一些社会资本，然而，弟弟能够提供的帮助和建议都很有限。对 H 而言，自己连社会公共服务都参与不进去，更不必谈社会融入和获取社会资本了。

现代社会虽然是流动性很强的社会，但并不意味着现代社会就是一个无根的社会。教育在某种意义上是帮助个体寻找、树立一个精神的根、一个具有时间意义的根，而这样一种时间意义的根无法完全地脱离空间而存在。杜威在强调地理和历史的重要性时，指出："随着我们把自己的行动在时间和空间上联系起来的能力的增长，我们的行动获得了有意义的内容。我们发现我们所居住的空间方面的景象和我们所继承和延续的时间方面的努力的继续不断的表现，我们认识到，我们并不是平庸的城市公民。因此，我们的日常经验不再是瞬间的事情，它获得了持久的实质。"❶ 那么，对于一个流动家庭来说，"根"的寻找与树立很可能就割裂了时间与空间之间的关系。中国人在批判城乡差异时常说："往上翻三代，大家都是农民。"但这种时间意义上的论断显然缺乏空间意义上的现实性，至少城市并不会因为与 H 具有时间意义上的同源性，就赋予其空间意义上的同源性。换言之，城市并不会因与 H 共享时间，就与其共享空间。这成为现代社会文化变迁的一个注脚。频繁的流动显示出来的是，像 H 这样农民工与他们所工作的城市之间的联结依然松散。尽管外面的城市有拉力，但是这样的拉力是有限的——因为它还不能承载家庭发展、子女教育的需求。新型城镇化建设为家乡附近的城市提供了新的拉力。数据显示，近年来越来越多的农民工选择在本省就业。2019—2021 年，全国农民工总量由

---

❶ 杜威. 民主主义与教育［M］. 王承绪，译. 北京：人民教育出版社，2001：225.

29 077 万人增加至 29 251 万人，但其中跨省流动农民工从 7508 万人降至 7130 万人，占全国农民工的比例降至 2021 年的 24.38%。❶

经过一番努力，H 最终还是决定让妻子带着两个孩子回沙市上学。面对家庭的完整与学校教育的完整不可兼顾的情况，H 夫妻舍"家庭"而取"学校教育"。流动人口进入城市之后，父母的教育观念、方法、内容、行为等方面往往会明显受到城市的影响，"他们会自觉地、无意识地向城市家长学习，从而促进其家庭教育观念的转变、方法的改进和内容的更新"❷。一年的城市教育经历，让 H 对城市教育和城乡教育差距有了直观的体验。因此，尽管不能留在杭州读初中，但 H 夫妻也不愿意孩子回到大田县的乡镇学校就读。特别是同年，H 妻子的大哥的大女儿中考成绩并不理想，而当地的普通高中录取名额少，只去了当地一所民办高中，他的小儿子当年也要读初中。H 一家与 H 妻子的大哥一家商量之后，决定把孩子们送到 X 区的私立初中，这样可以在不转户籍的情况下同时报考沙区和 D 区的高中，选择更多。

在流动家庭的状态下，H 需要考虑家庭的空间存在形式，延伸到教育期望，也同样可以看到其对教育资源的空间存在的期望与要求。由于切身感受到城乡教育资源差异、感受到城市家庭的教育方式，H 对于让孩子继续回到乡村读书是排斥的，对于让孩子跟着自己流动也是排斥的。他不仅期望孩子能够取得比较好的学习成绩，也期望孩子能够在比较好的教育环境中继续学习。相比之前，现在的家庭教育期望虽然未必在量化数据上得到提升，但其期望显然更为具体，所考虑的内容也更多。

---

❶ 数据来源参见《2019 年农民工监测调查报告》（《建筑》2020 年第 11 期，第 28 – 31 页）、《2020 年农民工监测调查报告》（《中国信息报》2021 年 5 月 7 日）、《2021 年农民工监测调查报告》（《中国信息报》2022 年 5 月 6 日）。

❷ 许传新. 家庭教育："流动家庭"与"留守家庭"的比较分析［J］. 中国青年研究，2012 (5)：59 – 62，19.

三、家庭的回流状态与教育期望

中考的分流机制使初中的学业学习情况对于能否获得进一步的教育发展至关重要，也凸显了初中阶段学校教育质量的差距。如果说子女在小学阶段，家庭教育期望更多的还只是朦胧的期望，并且有较强的自由度的话，那么到了初中阶段，这种期望就逐渐清晰了，家庭的教育行动也主要围绕中考进行。《全国教育事业发展统计公报》显示，2020 年全国义务教育阶段进城务工人员随迁子女中，小学阶段就读人数为 1034.86 万人，初中阶段就读人数仅为 394.88 万人。❶ 平均来看，小学阶段每年级人数为172.48 万人，初中阶段每年级人数为 131.63 万人。初中和小学阶段的学生人数差异，意味着有相当数量的适龄儿童要回流。而同样依据教育部的统计数据，相较于 2019 年，在 2020 年的初中招生人数中，城区学生数继续保持上涨，乡村学生数继续下降。❷ 这意味着回流的适龄儿童不一定是回到乡村。

回流是一种特殊的教育生活状态，有研究将"具有留守—流动经历的儿童视为双重弱势儿童"。随着社会的发展，在城市中面临的实际教育问题，特别是考学问题会逐渐增多。H 的妻子带着孩子回到大田县后，并非就能无缝衔接到过往的生活。其一，H 的大儿子已经去私立学校就读。学校原本是每两周放一次假，但由于 X 区和大田县的路途比较遥远，他和同校的表弟是一个月回家一次。尽管如此，家庭对此的接受度还是比较高的，毕竟在大田县一些乡镇小学从一年级就要求学生住宿。其二，H 的二儿子回到原来的乡镇小学之后，反而表现出一定的不适应。有研究发现，

---

❶ 教育部. 2020 年全国教育事业发展统计公报 ［EB/OL］. （2021 - 08 - 27）［2024 - 05 - 30］. http：//www. moe. gov. cn/jyb_sjzl/sjzl_fztjgb/202108/t20210827_555004. html.

❷ 根据教育部统计数据，2019 年城区初中入学人数为 6239960 人，乡村初中入学人数为2163771 人；2020 年城区初中入学人数为 6452629 人，乡村初中入学人数为 2063666 人。数据来源参看《2019 年教育统计数据》，http：//www. moe. gov. cn/jyb_sjzl/moe_560/jytjsj_2019/qg/202006/t20200611_464845. html；《2020 年教育统计数据》，http：//www. moe. gov. cn/jyb_sjzl/moe_560/2020/quanguo/202109/t20210902_557984. html.

"与非回流儿童相比，回流儿童的生活适应度较差，学业成绩较好但教育满意度较低，心理认同感较低等情况"❶。对于 H 的孩子来说，杭州和大田县的教育环境落差带来的影响是现实存在的。随着城市与乡村的相互开放、互联网等现代媒介的传播，乡村儿童对于城市总能够形成自我认知，那么在社会化水平还比较低的时候，这种自我认知势必会影响儿童对于城市教育或乡村教育的认同感，甚至会延伸出对于城市或乡村的认同感。从另一角度来说，城市与乡村的差距越大，这种认同感的撕裂也会越大。

"学校的设施，现在我觉得基本上都差不多，该有的设施我觉得基本上是全国统一，基本上都差不多。我记之前早几年在杭州读的时候，因为我最早之前是在建设，是在乡下小学，然后我转到杭州去的时候，我觉得差别比较大，（杭州那边）就是注重素质教育，它是全方位发展的。当时我在乡下读的时候，学校就抓主科，副科基本上是没怎么上，放弃掉的。然后到了杭州是不一样的，他们当时像那些科学课都有做实验，然后很重视这个体育方面，每天作业就是跳绳打卡、打球，就是每天必备的作业。我就觉得他们那个杭州教育真的会更好一些，后面对比起来我觉得差距还是挺大。"

对于大儿子的教育，H 一家也有了新的烦恼。自 2010 年起，沙市将普通高中学校招生录取分为"统招生、定向生、自主招生"三类进行。早前，由于定向生的降分录取幅度并不大，不少定向生的招生名额仍然是"统筹"到统招生的录取当中，且定向生名额分配方式也不甚合理，导致社会上对于定向生政策的了解较少，大多数家庭还停留在"凭分录取"的认识上。随着"普职分流""指标到校"等一系列教育话语变成大众话题，普通家庭对于相关教育政策开始有了更多的关注，并形成一些模糊的认知，当然，与此同时"教育焦虑"也成为大众关注的话题之一。X 区的私立中学并不具备定向生名额的分配资格。同时，由于儿子到 X 区就读，便

❶ 赵雅乐，赵薇，朱政肖文，阎彬. 全面推进乡村振兴背景下"回流儿童"的发展困境及破解 [J]. 少年儿童研究，2022（3）：18－25，17.

失去了在大田县的定向生资格。❶ 换言之，H 的大儿子只能通过统招生途径争取进入市区内的优质高中就读，这使得 H 夫妻有了新的教育焦虑。这意味着，如果二儿子也通过这样的方式来考取城区高中的话，他们就同样享受不到政策福利。这成为 H 一家决定迁移到沙区的关键因素。

随着大儿子进入初中，H 一家的教育期望不仅更加现实而理性，也更深地和升学考试绑定在一起，即考上一个好的高中。在大部分普通家庭看来，只有考上好高中，才有展开下一步期望的可能，而考上一个好的高中，不仅需要获得较好的城市教育资源，还需要充分适应当前的招生录取制度要求。此外，因大儿子进入寄宿制学校，家庭推动教育期望的实现更多是依靠家庭教育投入——特别是经济投入，而非教育参与。而且，为了维持这种教育投入，H 家庭自身的完整性也受到了明显的削弱。

四、家庭的迁移状态与教育期望

在经历多种教育状态之后，H 一家开始思考如何稳定地获得城市教育资源。在大城市，对于 H 这样的务工人员来说是个"循环论证"的问题：他们想安家落户需要取得购房资格，而要取得购房资格就要有相对稳定的工作来缴纳医保社保。而一个更为现实的问题是，既然他们是"流动的"务工人员，那么流动就是他们的内在属性。当他们在一个城市的收入低于心理预期、难以积攒下足够的钱财、"养不了家"的时候，就可能换个城市务工。尽管经过这些年的改革，城市居民大多不再视其为"门口的陌生人"，但难以融入城市生活始终是低学历的进城务工人员的隐痛。不过，这种难以融入也给予了他们进一步流动的自由，即他们与务工的城市之间

---

❶　根据沙市 2022 年的《高中阶段学校招生录取办法的通知》规定，享有"定向生"资格的考生必须是在报考学校读满 3 年且具有报考学校学籍的应届初中毕业生，或符合教育行政部门有关规定进行转学的应届初中毕业生。在后续的跟踪回访（2022 年 8 月）得知，H 的大儿子最终考上了沙市第九中学。这对于 H 一家来说虽然不是不可接受的结果，但与其所期望的考入第一中学还是有很大的差距。H 的外甥则考回到大田县一个较为普通的高中。这一结果增强了 H 夫妻对于将户口迁出的认同。

可能只存在经济关系，而很少存在社会关系——这既是流动务工群体缺乏城市社会资本的原因，也是他们缺乏城市社会资本的结果。

流动与迁移的区分有着现实意义。迁移意味着稳定地进入一个物理空间和社会空间，意味着社会关系的分解与重建。"人类的缓慢成熟导致对家庭、房屋、栖居、邻里关系与都市现象的依赖，这暗含着可教育性以及随之而来的令人吃惊的可塑性。"❶ 换言之，迁移有着不同于流动的教育内涵。从表象看，迁移首先保证了稳定的城市教育的获得，这是 H 一家所需要的。于是 H 一家在城区买了一套套内面积 60 平方米左右的小房子，从居住舒适性来说，这与其在乡下的房子相去甚远；但从房子本身所承载的公共服务和公共产品来说，其价值远远大于其在乡下的房子。在 H 的妻子看来，家庭成员的长期分离也是一种"生活的苦"。有研究指出，"相对于拆分型家庭，完整性家庭因素——如配偶同住、小孩同住等因素——对民工入户决策有显著影响"❷。这当然是现代社会一种理想的家庭生活状态和家庭教育状态。但在现实中，由于公共资源城乡差异的现实存在，以及乡村家庭对公共资源的感受和需求不同，乡村家庭的迁移选择各具形态，但不可否认的是，当前的乡村家庭更多地是从家庭发展的角度进行考量，而子女教育恰恰是家庭发展的关键动力。换言之，乡村家庭期望子女有更多的教育机会、更多的教育获得、更多的教育发展。在罗尔斯看来，"期望就被定义为一个代表人能合理地期待的基本善的指标。如果一个人能够预期得到这些善的一种较好集合，他的前景就被改善了"❸。

"现在还没有给两个孩子灌输这个（以后要读到什么程度的）思想，现在我给他（们）灌输的一个就是，跟他聊的经常就是，说要考上一个好的中学，然后才有好的高中，好的高中考上了，才会有好的大学，才有机

---

❶ 亨利·列斐伏尔. 都市革命 [M]. 杨生平，强乃社，译. 北京：首都师范大学出版社，2018：77.

❷ 魏万青. 从拆分型家庭到完整性家庭：新型城镇化背景下民工入户选择研究 [J]. 兰州学刊，2016（8）：179 - 192.

❸ 约翰·罗尔斯. 正义论 [M]. 何怀宏，何包钢，廖申白，译. 北京：中国社会科学出版社，2014：96.

会，以后你的工作环境就会不一样，上了好的大学以后你就可以有更好的工作环境。这些我平常有的时候就会聊起来。"

乡城迁移家庭的教育期望涉及家庭生活的未来安排，蕴含着对于生活前景的设想，而不仅仅是教育获得本身。2021 年春，H 妻子的哥哥作出南下打工的决定，这也对 H 一家的教育期望产生较大影响。H 妻子的哥哥嫂子原先一直在乡下种地，前些年承包了较多田地后开始种植甘蔗，夫妻俩年收入 10 万以上，对于乡下人来说，这是典型的"吃苦"生活。在女儿升入普通的高中、儿子进入私立初中之后，夫妻俩开始意识到一个现实的问题：假如女儿的高考成绩不佳，那么就可能要去读"三本"，这将需一大笔钱；而儿子在私立初中的开销也不小，特别是受到城市家庭的影响后，给儿子报了一个乐器培训班。尽管目前的家庭收入能够维持家庭生活，但是很快家庭开支就会有明显增加，这要求父母必须提前去想办法增加家庭的收入，而对于乡村家庭来说，外出务工是直接且有效的办法。因为在城市中，劳动力本身就可以"货币化"。H 的妻子表示，她曾经劝哥哥再坚持一两年，或者至少一方留在大田县。但她的哥哥表示，那样子更难赚到钱，也更难省下钱。这个决定对他们的儿子影响颇大，其甚至在2021 年上半年刚开学的一个多月里以故意不读书、故意考低分来引起父母的重视。在某种意义上，他的孩子通过这种"个体表演"或"自我暴力"的方式，进行着"弱者的抗争"。❶

对于哥哥一家而言，一旦儿子顺利升入城区高中，相当一段时间内就不会再有对城市教育的需求。而对于 H 一家来说，他们正是处于有着比较强烈的城市教育需求的阶段，因此实现乡城迁移是更为理性的选择。如果说乡村教育对 H 和哥哥一家有着同样的"推力"，那么城市教育对于他们则有着不同的"拉力"。当然，新型城镇化为乡村家庭的迁移提供了政策环境，但最终能否实现不仅取决于家庭自身是否有迁移的意愿，也取决于

---

❶ 林仲轩. 底层弱者的"武器"：个体表演、例外话语和身体暴力［J］. 吉首大学学报（社会科学版），2018（6）：87-93.

家庭自身是否有迁移的能力——尤其是经济能力。这种经济能力直接体现为家庭的积累，即家庭的储蓄。在罗尔斯看来，储存意味着一种"代际正义"，"每一代不仅必须保持文化和文明的成果，完整地维持已建立的正义制度，而且也必须在每一代的时间里，储备适当数量的实际资金积累。这种储存可能采取各种不同的形式，包括从对机器和其他生产资料的纯投资到学习和教育方面的投资，等等"❶。我们可以推测的是，哥哥一家可能缺乏足够的储蓄，以至于不得不在儿子读初二时外出务工；而 H 一家由于一直在外务工而有了一定的储蓄，进而能够为乡城迁移提供物质基础。这种储蓄是时间性的，而城乡资源差异则是空间性的。但是，如果我们进行时间足够长的追溯，也可以发现这种空间性的差异本身也是时间性积累的一种体现。

"行动者的观点会随着其在客观的社会空间中所占据的位置的不同而发生根本的变化。"❷ 随着乡城迁移的实现，H 一家的教育期望也发生了相应的变化。H 妻子常常挂在嘴边的一句话是："我们做了这么多，孩子不能把学上好都对不起我们。"这样的家庭教育期望表达方式与表达心理，似乎并不符合当代城市化的家庭教育理论对于父母如何表达教育期望的要求，但其中仍然隐含着乡城迁移家庭对于子女的教育期望与城市家庭相比较的潜在内涵。尽管这种比较凸显了乡城迁移家庭所面临的"再社会化"问题，但是，至少在 H 一家看来，由于乡城迁移而获得的社会公共资源分配，使家庭教育期望有了更多的实现可能。"这种期望指示着从他们的社会地位所展望的生活前景。一般来说，这些代表人的期望依赖于整个基本结构对权利和义务的分配。当这种分配改变时，期望也就改变了。"❸ 如果前述的积累或储存越是由家庭本身完成的，那么教育的私人性就越强；随

---

❶ 约翰·罗尔斯. 正义论 [M]. 何怀宏，何包钢，廖申白，译. 北京：中国社会科学出版社，2014：286.

❷ 布尔迪厄，华康德. 反思社会学导引 [M]. 李猛，李康，译. 北京：商务印书馆，2015：10.

❸ 约翰·罗尔斯. 正义论 [M]. 何怀宏，何包钢，廖申白，译. 北京：中国社会科学出版社，2014：64.

着积累或储存的继续，旧的差异在弥合的过程中，又会产生新的差异。由此观之，乡村家庭作为个体所进行的乡城迁移，能够产生的教育价值溢出是有限的——除非一种新的分配能够改变这种积累。

在城市化进程中，越来越多的乡村家庭迁移到城市生活，以便为家庭教育期望的实现提供更好的外部教育环境。家庭的乡城迁移意味着一种新的生活状态，城市与乡村之间的文化差异会对乡城迁移家庭提出"再社会化"的要求，并影响家庭教育期望的形成与实现。H 一家是一户平凡的家庭，他们的经历却是当代众多乡村家庭在留守、流动、回流、迁移等状态中"闪转腾挪"的真实写照。乡城迁移家庭在在流动到迁移的转向过程中，切身体验到乡村教育与城市教育的差异，同时也自觉地意识到乡村家庭与城市家庭在子女教育上的差异。这种差异不仅驱动乡城迁移家庭追求城市教育、城市生活，而且也更多地将自身与城市家庭相比较。

"当一个人'蓄意'改变自己的物质环境或社会环境时——为了改变人的行为而改变环境时——他通常扮演了两个角色：一个是控制者，即一种控制性文化的设计者；另一个是被控制者，即一种文化的产物。"[1] 随着乡城迁移作为一个家庭教育行动的逐步展开，家庭教育期望也有了"新的起点"。

---

[1] 斯金纳. 超越自由与尊严［M］. 方红，译. 北京：中国人民大学出版社，2018：222.

第二章

乡城迁移家庭对于"把学上好"的期望

基于"对最高教育程度的预期"的定义，乡城迁移家庭普遍怀有较高的教育期望。乡城迁移家庭的教育期望不仅影响着其对自身教育行动的指导，也影响着对乡村家庭就近城镇化的引导。乡城迁移家庭的大规模出现与我国城乡结构调整密切相关。同样，乡城迁移家庭对城市教育的追求也与我国城乡教育结构变化密切相关。2012 年国家叫停乡村中小学"撤点并校"后，并未改变乡村生源向城镇、城市流动的现实局面。以初中在校生为例，2015 年全国城区初中生 14 410 106 人、镇区初中生 21 684 430 人、乡村初中生 7 024 964 人；到 2020 年则分别为 19 029 366 人、23 733 472 人和 6 378 055 人。❶ 在这其中，乡村中小学学生人数下降明显，而城区中小学学生人数上涨明显。一降一升之间，可以看出越来越多的乡村家庭进入城市、追求城市教育。如果说，在"撤点并校"阶段乡村家庭对子女在政策倒逼下向城流动还有被动与抗拒，那么在现阶段乡村家庭对于城市教育的追求则从被动变为主动。❷ 这种主动追求既是乡城迁移家庭形成教育期望的基础，又是他们实现教育期望的途径。之所以说进入城市只是新的起点，是因为"把学上好"还意味着教育竞争的普遍性，子女能否实现"把学上好"很大程度上是通过教育竞争来体现的，这不仅蕴含着乡村与城市在教育上的推力和拉力，也蕴含着乡城迁移家庭追求城市教育资源的意义和价值。

第一节　基于教育分流的 "把学上好"

2012 年以后，我国先后颁布实施了《国务院关于统筹推进县域内城乡义务教育一体化改革发展的若干意见》《中共中央 国务院关于深化教育教学改革全面提高义务教育质量的意见》等一系列重要文件。这些政策文件从宏观

---

❶ 数据来源：教育部《2015 年教育统计数据》《2020 年教育统计数据》。
❷ 安永军. 生源流动、教育资源重组与城乡义务教育失衡——基于甘肃宁县的案例研究 [J]. 北京工业大学学报（社会科学版），2021（5）：43 - 51.

上优化教育资源配置，推进城乡教育一体化建设，以满足更多家庭"有学上"和"上好学"的期盼。在家庭教育期望的视野下，宏观的资源配置与微观的个体行动之间似乎存在着某种错位，或者说国家政策与家庭期望的关注点存在较大的差异。对于具体的单个家庭来说，他们不仅有着对义务教育阶段"有学上""上好学"的要求，而且对于子女初中后的教育同样有着这样的期望，而从个体角度来看，"把学上好"是后者得以展开的基本前提。

一、"先考上高中再说"的教育期望表达

中考是横亘在义务教育与初中后教育之间的重要分水岭，亦是制度化教育重要的学轨分流机制。严格来说，这种学轨分流早已有之。1985 年，《中共中央关于教育体制改革的决定》中就提出："根据大力发展职业技术教育的要求，我国广大青少年一般应从中学阶段开始分流：初中毕业生一部分升入普通高中，一部分接受高中阶段的职业技术教育；高中毕业生一部分升入普通大学，一部分接受高等职业技术教育。"学轨分流执行多年，对于农村家庭来说并不是特别重要的事情。"大多数农村孩子要么不上高中，要么就上重点高中。"[1] 上高中、考大学有其活法，不上高中、不考大学也有其活法。然而，随着高等教育进入普及化阶段，不考大学、不上大学反而成了一个问题，倒推回来，考不上高中也成了一个问题。特别是"高中阶段教育职普比大体相当"被媒体简化成"普职分流"后，不少家长"将职业教育视为'差生教育'，将'分流'等同于'淘汰'"[2]，引起父母对于子女考高中的焦虑。

（一）考高中的优先性

子女考高中在乡城迁移家庭的教育期望与生活安排中有着明显的优先

---

[1] 吴愈晓. 教育分流体制与中国的教育分层（1978—2008）[J]. 社会学研究，2013（4）：179 – 202，245 – 246.

[2] 刘学东，魏亚. 从"分流"到"协调"："普职比大体相当"的价值意蕴与实践要求[J]. 教育与职业，2022（23）：5 – 12.

地位。不考虑普通高中的等级，沙区第二实验小学的样本表明，子女考取普通高中几乎是所有家庭共同的教育期望。H一家的迁移经历也说明，考高中对于该不该迁移、向哪迁移、何时迁移都有着明显的影响。

一方面，在乡城迁移家庭的教育期望中，考取普通高中是首选项，能否考上高中直接关系到此后的教育期望是否还有展开的基础。相对而言，中专这一选项与之几乎没有可比性。从问卷数据来看，当子女还在小学阶段时，乡城迁移家庭的父母要求子女至少考上高中的比例高达99%；子女进入初中阶段后，这一比例仍然超过95%。这不仅体现在父母的教育期望表达上，也体现在子女的切身体验上。在考高中问题上，子女不具备"议价能力"，他们既是被期望的，也是被要求的。

"小时候父母对我很好，吃穿住都很好，也没有什么目标，只是希望我能平平安安的就可以了，可长大后父母对我的目标越来越多，比如：考个好高中，上个好大学……"

"他们不许我锁门，也不许我玩手机，不许我出去玩。一天到晚只认为小孩就应该每时每刻都在读书，说实话他们把我手机摔了三部了，没收了二部。每当我锁门，他们总是先压一下把手，然后敲一下或往门上踢一脚。之所以他们不让我玩手机是因为我有个哥哥因为玩手机进了职高，他们永远都不知道，当我在写作业的时候有一个人突然闯进来跟我说道理有多可怕！"

另一方面，在子女考高中的问题上，乡城迁移家庭的父母也不具备"议价能力"，他们同样需要将子女考高中置于家庭生活安排中的优先地位。家庭是流动还是迁移，这与之直接相关；母亲要不要到迁移地"陪读"，这也与之直接相关。家庭的生计安排、居住安排需要为此做出必要的让步。从某种程度上来说，家庭教育期望不仅是对子女的要求，也是父母对于自己的要求。

"其实我觉得陪伴孩子比上班重要多了，我认为的是这样。因为我身边有很多家长，去上班，然后直接把手机给孩子，这样子孩子就会受到影响。那我宁可把孩子至少照顾到初中毕业以后，她能考上一个好的高中，那基本上没我什么事了。"（GFM－S－X－G）

"学生的时间比较宝贵，就会以她为主嘛。（把）她送到大学去了，再来以这个小的为主嘛。"（CSS－Z－C－Z）

（二）期望"上大学"的普遍性

考高中的优先性是因为高中与大学之间有着高度关联。"上大学"是一件具有文化符号意义的事情，在"万般皆下品，惟有读书高"的价值视阈下，教育期望既是对最高教育程度的预期或要求，更是通过教育实现的向上流动的动力。对于乡城迁移家庭中的父母来说，在他们的受教育阶段，高等教育资源仍然相对稀缺，这种稀缺在一定程度上决定了阶层跃迁的实现程度。与之相对的是，高等教育的稀缺并不影响乡村民众普遍期望子女"上大学"。如果在这些父母还是学生时，以同样的问题去问他们的父母，恐怕也会有大约90%的家长期望自己的孩子能够考上大学，而不是期望自己的孩子初中毕业之后就出来谋生。

"学历肯定是很重要的。我就是跟小孩来打比方嘛，说你看我没有学历，我就只能在家带带你们，是不是？那如果说真的去打工的话，你看太阳那么大，那只能去打去工地上了。那我就说我妹妹了嘛，我说你姨姨有文化，她可以到处去看，然后坐在办公室里面上班。我说这就是对比。"（CDM－S－C－C）

"我们读书的时候，老师都会说不好好读书以后就是穿草鞋、修地球。现在虽然不用修地球，其实我们做的也不轻松。网络上面说那些，不吃学习的苦就要吃生活的苦，是有道理的。"（CPL－S－C－D）

期望子女尽量久地留在学校教育体系内、获得尽量高的教育程度是乡城迁移家庭乃至中国家庭的共同而朴素的教育期望，不仅与父母的教育程度无关，甚至与家庭经济情况无关。经济收入较低的家庭教育支出压力过大，固然说明"教育成本分担机制失衡、个人教育费用投入过高、弱势群体教育成本补偿不够和优质教育资源分配不均"等问题❶，

---

❶ 张国强．因教致贫的社会学分析［J］．高等教育研究，2007（3）：41－45，51．

但同时也说明中国家庭对于子女接受高等教育抱有普遍期望。家庭对于子女的教育期望恐怕并非基于计算与选择而作出的，而是已经深入日常生活的教育文化观念。近年来，考研大军的日益庞大也成为教育期望普遍性的另一个时代的注脚。

（三）不是"选项"的选项

高中阶段的教育是我国分轨制教育体系的关键节点。对于教育体系和家庭而言，二者都面临着一个重要的选择。"与其它人生驿站相比，高中注定是一个需要小心把握和认真抉择的十字路口，无论家长还是学子，都普遍将其视为实现纵向社会流动的人生跳板和成功通道。……正因如此，高中注定了与筛选、甄别、竞争、淘汰、分流为伍。"❶ 随着高等教育进入普及化阶段，普通高中与考大学、上大学的关系无疑变得更加紧密，这进一步凸显出考取高中的重要性。从某种程度上来说，教育资源的增多也提升了家庭的选择机会和选择可能性，但对于乡城迁移家庭的父母来说，要求子女考上高中其实是一个没有选择的选择。

一方面，考上高中不仅是首选项，更是近乎唯一的选项。作出选择的前提条件是各个选项之间具有相近的价值，但对于父母来说，"考高中"之外的其他选项在价值上与它存在断层。读中专或者直接进入劳动力市场是无奈的应对之策，而不是父母对于子女教育的主动选择。在这个意义上，"先考上高中再说"一则表现出乡城迁移家庭在教育期望上的相对务实，即意识到子女考取普通高中是获得更高教育程度的必要前提与基础。子女没有考上高中的话，父母提再多的期望与要求也都是空话，因此当子女还在义务教育阶段时，不必有太多的表达和过高的期望；再则是又一次强调了考取高中的优先性，至于子女有什么兴趣爱好也应当为考上高中而让路。或许正因为乡城迁移家庭及乡村家庭很少将考高中与其他选项放在一起进行比较和选择，其教育期望更显现出普遍性。

---

❶ 阮成武. 高中教育对于高中生究竟意味着什么 [J]. 教育发展研究，2015（4）：3.

"我们家里商量了，还是决定多花点钱送孩子（大儿子）去私立的高中读书。高中可以考大学，但是中专不行。小孩要是太早出来混不好，现在社会不是我们以前那样。"（CXS－Z－C－L）

"父母一般会期望我们考上一中，考上好大学，他们总是对我们说：'学习是你们唯一的出路。'"（来自学生的书面访谈）

另一方面，对于父母来说，子女的高中阶段教育很大程度上并非选择的结果。进而言之，考取普通高中不是要不要的问题，而是能不能的问题。尽管作为一个选项，99%的家长期望自己的子女能够考入普通高中，但事实上"普职分流"决定了至少有一小半的家庭并不能实现其教育期望。而且，考上高中并非由父母的教育期望就能够实现的事情。"读书的料"的叙说方式更像是教育选择了他们，而非他们选择了教育，用更为乡土的话来说，子女会读书乃是"祖宗福荫"。虽然考高中是一个不是选项的"选项"，但父母仍然为之付出努力，特别是为子女提供相应的义务教育资源。

家庭教育期望的主要内容是父母对于子女的最高教育程度的预期，而能否获得相应的教育之所以存在不确定性，原因在于这种教育本身是充满竞争的。因此，子女在义务教育阶段的"有学上"和"上好学"最终应转化为"把学上好"。按照现行的职业教育政策，考入中专同样有机会考大学、上大学，但乡城迁移家庭的父母们对这一政策了解得并不多，甚至他们对于"普职分流"的了解也并不多。与其说"读书改变命运"是一种教育期望，毋宁说它是一种教育信仰。基于此，乡城迁移家庭的父母们要求自己为子女提供教育资源，同时期望子女能够把学上好，好好地考一个高中、考一个大学。这是一种朴素而普遍的家庭教育期望。

二、乡村教育的现实阻力

对于乡城迁移家庭来说，迁移更多的是一种主动的行为。如果从推拉理论来看，迁移是在来自城市拉力和来自乡村推力的共同作用下发生的：城市和城市教育更能够支撑教育期望的实现，对家庭具有拉力；而乡村和乡村教育则可能阻碍教育期望的实现，对家庭具有推力。事实上，随着户籍制度的松动，国内学者对于城乡户籍差异带来的"推拉"效果看法不一，既有认为"引入户籍制度的推拉理论能够有效解释当代中国的城乡人口流动"[1]；也有认为"城乡户籍相对价值发生逆向变化……推拉理论不能充分发挥解释作用"[2]。这恰恰表明，随着城乡格局的变化，特别是中小城市的户籍能够产生的附加值是有限的。因此在分析城市的拉力之前，有必要先说明乡村的推力，而这也正是乡村教育对于实现家庭教育期望的阻力因素。

（一）乡村教育环境的限制

教育环境之于人的发展既可能起到促进作用，也可能起到限制作用。可以借用"承载力"的概念来描述教育环境之于人的促进或限制作用。"区域承载力作为衡量区域可持续发展的重要标志，是由资源承载力和环境承载力演化而来的。"[3] 其内在地包括了"约束力"，"城市综合承载力是指在一定的经济、社会和技术水平条件下，以及在一定的资源和环境约束下，某一城市的土地资源所能承载的人口数量及人类各种活动的规模和强度的阈值。"[4] 换而言之，当教育环境的承载力大于教育活动需求时，能够起到促进作用；当教育环境的承载力小于教育活动需求时，就可能起到限制作用。在这个意义上，乡城迁移家庭认为乡村教育环境的承载力已经明显小于其教育期望，从而对子女的教育成长产生了限制作用，因此需要通过迁移来改善。

随着城乡教育一体化等倾斜政策的实施，乡村校园建设、师资供给都

---

[1]　刘庆乐. 推拉理论、户籍制度与中国城乡人口流动 [J]. 江苏行政学院学报，2015（6）：70 – 75.

[2]　黄少安，孙涛. 中国的"逆城市化"现象："非转农"——基于城乡户籍相对价值变化和推拉理论的分析 [J]. 江海学刊，2012（3）：90 – 96，238.

[3]　毛汉英，余丹林. 区域承载力定量研究方法探讨 [J]. 地球科学进展，2001（4）：549 – 555.

[4]　石忆邵，尹昌应，王贺封，等. 城市综合承载力的研究进展及展望 [J]. 地理研究，2013（1）：133 – 145.

已有明显的改善。不少乡村家庭也认可乡村学校的硬件资源与城区学校的差距并不大，但乡村教学设施和师资配比的改善并不等于能够形成对实现家庭教育期望的支持。乡村教育环境的限制更突出地体现在整个文化环境的凋敝。由于乡村缺乏足够的产业基础，导致乡村家庭有着较强的流动性，乡村儿童也随着父母流动，这削弱了乡村教育的直接效益。从城市的发展历史来看，无论城乡二元结构是否存在，人口在城乡之间流动与集中是不可避免的。而我国乡村教育的迅速"凋敝"与之前被长期抑制的人口流动密切相关。越来越多的乡村父母意识到，子女的教育成长不仅仅取决于子女自身"会不会读书"，也在于父母能不能为其创造教育的资源环境。

"他要是干脆不会读书也就算了，初中毕业了就去打工，总是在中等边缘。不支持他读吧，做父母的肯定说不过去。可是要支持他读，不送他去城里读初中就压根不行。"（CLB－Z－C－Z）

诚然，中华传统文化根植于农耕文明，但将其凝练为思想体系的却是城市中的知识分子，在乡村社会中建构起来的往往是融合了不同价值观念的民间信仰体系与民俗文化。贾谊有言："此五学者既成于上，则百姓黎民化辑于下。"❶ 所谓"教立于上，俗成于下"❷。近代以来，城市文化的衰退与乡村文化的凋敝几乎同步。在应对文化冲击方面，乡村缺乏特别的文化屏障，乡村教育也难以建构起此种文化屏障。城市与城市教育才是此种文化屏障的所在。

文化需要在一定的环境中才能发挥作用，一如"资本"需要在一定的"场域"中才能发挥作用。《大学》有言："有德此有人，有人此有土，有土此有财，有财此有用。"❸ 乡土文化本应是乡村教育的核心，但当乡村社会只剩下一些"无所事事"的年轻人和"六一九九"部队（留守儿童和空巢老人的戏称）时，这种文化的生命力是值得商榷的。随着乡村人口的流失，留在乡村生活的群体无法维系起乡村原有的教育文化，而乡村教育

---

❶ 班固. 汉书 [M]. 北京：中华书局，1962：2248.

❷ 司马光，等. 资治通鉴 [M]. 北京：中华书局，1956：2173.

❸ 朱熹. 四书章句集注 [M]. 北京：中华书局，1983：11.

环境、教育氛围也在此过程中日益稀薄。在沙区的乡城迁移家庭的教育感受、教育认知中,乡村教育环境对于儿童成长的积极意义越来越弱。更进一步说,乡村教育环境即便真的具有什么"差异优势",也很容易被城乡差异所抵消,反而发挥着某种限制作用。

(二) 乡村教育资源的劣势

乡村学校作为乡村教育的支柱,其标准化建设必然能够在一定程度上改善乡村教育的物质资源条件。但物质资源并不等于学校教育资源,甚至不是学校教育资源的核心;与之同时,学校教育资源也不等于整体教育资源,乡村教育的资源劣势仍然存在。

"现在我们就是(有)一个现象,就是基本上都往城里面走了,像我们那边中学,基本上你成绩好一些的都往外面走了,(留下来的)基本上是中下水平的。家长反正觉得成绩也不是非常好,然后如果家里条件差一点,也没必要拼命往城里面挤。所以说可能就是一个学习氛围会差一些的。"(ZDM - S - C - C)

"(乡下)很多都当老师的,他们都往城里面考,我就觉得优秀的老师都往城里面走,城里面的教育肯定会更好一些,所以说我就还是要给小孩弄出来(到城市)。"(GDS - S - X - H)

从这些描述中可以看到,乡村教育失去了两类重要的"人"的资源——学生和老师,尤其是优秀的学生和老师。这极大地削弱了乡村教育自身的可持续发展能力,进而削弱了其对于儿童教育成长和家庭教育期望的承载力。至少在已经离开乡村的乡城迁移家庭看来,乡村教育环境无法支持家庭教育期望的实现,如此一来,家庭教育期望的提出也就失去了现实意义。尽管一些研究强调乡村教育具有某种"差异优势",但因果倒置的论证可能存在漏洞,因为这种推导方式并没有给出确定性,而对于确定性的追求又恰恰是当代家庭教育期望的内涵之一。或者说,能够感受并发挥这种"差异优势"的家庭是有限的,正如能获得精英大学的学习经历对于绝大多数人来说都不能构成其人生故事。而大部分乡城迁移家庭所能够感受到的是"差异劣势"，H 一家的教育经历也一定程度上揭示了"差异劣势"的真实存在。"城乡之间巨大的差距，凸显农村承载力的问题更加严重，农村更加不堪重负。"❶

学生资源是教育资源合理配置的核心，办学资源与教师资源应当围绕学生资源来进行合理配置。"办学资源和教师资源都是因为有了学生资源才有其存在的教育性意义。"❷ 乡城迁移家庭的教育行动体现了城镇化与教育城镇化的关联。有研究认为，教育城镇化的原则应当是与城镇化进程相协调，"即农村学龄人口的城镇化与农村劳动力的城镇化协调一致，既不能过快，也不能过慢"，并且划定了三条底线："一是城镇不能排斥或变相排斥进城务工人员随迁子女在流入地上学；二是县域教育发展要均衡，不能长期放纵县域教育发展不均衡诱致乡村学龄人口进城读书；三是县域内要就近入学，不能通过撤并学校或变相撤并学校让乡村学龄人口不得不到县镇读书。"❸ 然而，在乡村家庭的教育行动层面上，由于第一条底线最为宏观却是最容易被突破的，因此后两条底线的存在意义就要打上问号。一些研究仍将后两条"底线"作为立论依据，并认为"教育城镇化水平远高于人口城镇化水平的不协调现象"是"过度教育城镇化"。❹ 这种叙事方式实际上忽略了一个基本事实：就是作为家长的乡村劳动力即便不在本地的城区或者县城谋生，也大概率地不在乡村谋生。当家庭作为社会基本单位时，它并没有抗拒这种城镇化趋势的能力，在探讨乡城迁移家庭是融入或者被甩出这一进程时，不能忽视他们进入城市的前提性存在。

科学主义一直在寻找某种确定性，以在两个事物之间构建关联，建构在科学基础上的家庭教育期望亦属于此例。"对固定可靠的某物的需要，

❶ 徐远. 人、地、城［M］. 北京：北京大学出版社，2016：202.

❷ 周兴国，江珊. 非权力性资源配置与乡村学校发展困境：一种理论解释［J］. 安徽师范大学学报（人文社会科学版），2021（1）：136－146.

❸ 秦玉友. 教育城镇化的异化样态反思及积极建设思路［J］. 教育发展研究，2017（6）：1－7.

❹ 齐燕. 过度教育城镇化：形成机制与实践后果——基于中西部工业欠发达县域的分析［J］. 北京社会科学，2020（3）：59－69.

以排除在思维有限的规定的范围内,并在这种方法下去证明一切事物的可能性。"❶ 家庭的乡城迁移作为一种具体的教育行动,是被对象化的客观行为,它能够增强乡城迁移家庭对于教育成长可能性的期望与信念。其中隐含着某种经验主义倾向,即从现实经验出发,人们认为"考上高中"与"在城里读书"具有内在的必然性;相对而言,则是"考不上高中"与"在乡下读书"也建构起内在的关联。此外这种经验主义也在不同层面得到了证实,否则,"寒门贵子"式的叙事模式便不会得到社会的广泛关注和讨论。即便家庭通过打拼已经从经济上摆脱了"寒门"形象,但在经验上仍不免认为当前的乡村教育环境对青少年发展似乎起到了限制而不是促进作用。"学校教育在青少年学业成就发展中发挥重要作用"❷,这种作用有可能是正向的,也有可能是负向的。从乡城迁移家庭的迁移行为和期望来看,父母们更倾向于认为,若子女继续在乡村接受教育且家庭没有为此提供支持,可能会导致子女错失学习能力进一步发展的机会。

三、城市教育的支撑力量

教育期望意味着一种可能性,相较于乡村教育环境对教育期望的限制作用,城市教育环境具有更明显的支撑作用,能够有效提高教育期望的实现可能性。具体来说,就是在城市就读更有助于子女考上高中。此外,城市教育还有许多乡村不具备的优势和助益。在乡城迁移家庭看来,乡城迁移这一教育行动能够弥补家庭在教育资源上的"先天不足"。教育资源优势一直是吸引乡村家庭的重要因素,而这也被乡城迁移家庭视为能够改善教育资源短缺的主要途径。在学校、家庭、社会协同育人的时代背景下,城市教育资源的丰富性正发挥着越来越大的作用。

---

❶ 黑格尔.小逻辑(一)[M] 黄昀,常培育,译.北京:中国社会科学出版社,2009:139.
❷ 张启睿,边玉芳,王烨晖,等.学校教育环境与资源对青少年学业成就的影响[J].教育研究,2012(8):32-40.

（一）城市学校教育资源的支撑

在乡城迁移家庭看来，城市学校不仅重视学业成绩，也注重培养青少年的生活习惯和学习习惯，并且通过课程或活动的方式使学校教学设施的效用最大化。此外，除了明显的设施资源优势外，城市教育中的教师竞争也是学校重要的教育资源。在乡村教育环境中，由于教师的教学成效缺乏内部竞争与比较，乡村教师持续改进、提升的压力与动力不大，而这又反过来限制了学生通过教师获取教育资源的可能性。用沙区一位有过乡村学校交流经验的老师的话来说："乡村学校教得好、教得不好就他一个人。城里学校一个年级这么多老师，排在最后的面子上不好看，钱包也要受影响。"在县区或者市级举办的学生竞赛等活动中，乡村学校虽然能分配到参赛名额，但不少教师因在乡村教育的组织环境中缺乏相应的"心理资本"❶，已经先入为主地认为自己无法指导学生获奖，故而不会主动为学生寻找相应的教学资源或进行额外的指导。相反，城市的教师之间由于形成某种竞争关系，进而将此种竞争转化为丰富教学资源、提升教学质量，并在学生的相关成就上予以体现。

同时，城市学校教育的资源优势还进一步体现在高中教育的获得机会上。乡城迁移家庭在把迁移视为一种教育投入和教育参与，同时也将其理解为教育期望实现可能性的提高，具体而言就是通过乡城迁移提高子女的教育获得机会，即获得进一步教育的入学机会。❷ 对于这部分家庭来说，首先是子女升入普通高中的机会。有研究指出："高中教育日益成为农村孩子最难跨越的、获得高等教育机会的最大瓶颈。……因为高考的城乡差距早在初中阶段就拉开了。这是农村学生向往到城镇读书的最强劲的动力。"❸ 因此，尽管乡城迁移家庭有着关于最高教育程度的期望，但是他们

---

❶ 毛晋平，谢颖. 中小学教师心理资本及其与工作投入关系的实证研究 [J]. 教师教育研究，2013 (5)：23 - 29.

❷ 苟人民. 从城乡入学机会看高等教育公平 [J]. 教育发展研究，2006 (9)：29 - 31.

❸ 胡俊生. 农村教育城镇化：动因、目标及策略探讨 [J]. 教育研究，2010 (2)：89 - 94.

的教育行动则是具体而现实的，即主要是围绕高中教育机会展开的。

"所以我就一直跟孩子讲，环境很重要。接下来就需要靠自己的努力去一个更好的环境学习，先考上高中，然后再考上一个好一点点的大学。"（GFM‒S‒X‒G）

诚然，随着"指标到校"政策的实施，乡村学校获得了相对以往更多的考录名额，但是乡村学校的小规模化又在一定程度上抵消了政策优惠：因为一个初中能够有多少个普通高中"定向生"录取名额，通常是依据初中应届考生人数来确定的。也就是说，如果乡村小规模校的初中考生很少，那么其获得的"定向生"名额也很少，甚至"指标到校"前后乡村初中的中考录取人数并没有多大改变。2020、2021年沙区都出现了乡镇初中的定向生切线高于城区初中的现象，相反，一些城区非重点校因为学生基数大而分配到了更多的定向生名额，这也在无形中巩固了乡城迁移家庭关于"城市孩子更容易上高中的印象"。●

"我们以前没有听说过什么五五分流。以前都是能读就读，不能读就拉倒。现在不一样了，这么多钱花进去，肯定希望孩子争气点。"（CDM‒Z‒X‒L）

城市教育的集聚效应对于乡城迁移家庭实现教育期望的积极作用在这里得到了充分体现。虽然不是每个人都能够成为优秀者中的少数，但城区初中有着更为庞大的中等生群体，而且在这部分群体中存在"努力就可以上高中，不努力就上不了高中"的正向激励。虽然乡镇初中报考职业学校有着丰厚的政策优惠，也提升了乡镇初中的升学机会❷，但事实上对于乡村家庭的激励作用并不显著。在某种意义上，中等生群体的扩大也成为城

---

❶　由于"定向生"政策并没有直接提高乡村初中考取高中的人数（比例或许有提高，但是因为基数太小，无法在录取人数上得到足够的体现），所以乡村家庭对于这一政策的了解程度相当有限。前文H一家的经历业已说明了这个问题。与之相应的，在调研中，一些城市家庭可能在不同的学区都有住房，那么他们甚至会根据不同学校可能获得的"定向生"名额来选择让子女去哪一所初中报名入学。这或许既不是布迪厄说的"初级客观化"，也不是"次级客观化"，而是二元结构在一段时间内的继续。

❷　杨娟，赵心慧. 机会和成本对农村学生接受更多教育的影响［J］. 北京大学教育评论，2020（4）：103‒128，187‒188.

区初中持续发展的基石。教育机会的分配既在宏观上关乎社会公平正义，避免教育成为社会再生产的"黑箱"；也在微观上关乎乡村家庭持续发展，避免子女在教育上遭遇与父母同样的"玻璃天花板"。现行的"定向生"名额分配方式由于需要将学校的学生人数考虑进去，使乡镇初中的实际考录名额增加有限，还是延续了乡村家庭传统认知中"城市孩子更容易上高中"的教育观念。当然，乡镇初中的定向生切线分高于城区初中很可能与沙区相对特殊的城乡教育结构相关，但也反映出政策在执行过程中无法兼顾区域间的具体差异——就如同一些教育政策在执行过程中无法兼顾家庭间的具体差异。

（二）城市社会教育资源的拉力

城市良好的教育环境不仅体现在学校教育层面，更体现在社会教育层面。由于城市经济社会发展具有集聚性，在社会层面也积累、形成与学校教育相匹配的公共文化环境。乡城迁移家庭比较重视利用"两馆一宫"、博物馆等公共文化服务，因为这正是其所理解的城市教育环境的组成内容。对于那些更有意愿且更加主动地融入城市教育环境、并"再嵌入"城市社会关系中的乡城迁移家庭来说，充分地利用社会公共文化资源能带来很好的生活体验和教育体验。相对而言，乡村由于缺乏类似的社会公共文化服务，难以形成相应的社会教育环境，家庭也较难从社会环境中获得教育资源支持。在这个意义上，乡城迁移家庭只有通过空间上的迁移，才能与城市社会教育环境形成良性的互动关系。

"我说哪里有活动，那我会去参加一下。比如图书馆嘛，市图书馆有家庭教育的一些活动，比如怎么做个好爸爸，还有怎么让孩子戒掉手机、怎么跟孩子沟通，感觉这类似于亲子教育。有空的话我可以带他们去走走绿道。"（CDM－M－X－Z）

"之前疫情不是很严重的情况下，他们都是自己坐公交车去图书馆、博物馆，城里面有公交车比较方便，（孩子）会自己去自己回。"（CDS－S－X－W）

"我们暑假回老家的时候没地方去，一般都是在家里看看电视、玩玩手机，乡下也没有几个小孩子一起，所以我都不喜欢回去。但是我弟弟比较喜欢暑假回老家，这样玩手机没人管。"（CSS－Z－C－Z 的大女儿）

（三）城市家庭教育资源的拉力

城市家庭对子女教育的普遍重视也成为城市教育环境的优势之一。在乡城迁移家庭的理解中，城市教育氛围不仅包括了学校对教育的重视，还包括了家庭对教育的重视。由于学校与家庭对教育的理解有更多的共通之处，家校协同育人能够形成良性互动关系，形成教育合力，从而更好地促进青少年的成长。儿童在学校与家庭之间的空间穿梭更容易衔接起来，也更容易形成"学习的自觉"。对于乡城迁移家庭来说，城市家庭的教育参与既是塑造城市教育环境的力量之一，也为其提供了学习、模仿的对象，成为"别人家的家庭教育"的存在。尽管越来越多的乡村家庭也能通过媒体了解到相关信息，但这与真实地和城市家庭形成社会关系是完全不同的教育体验。

"比如说，像我这边这栋 18 楼，孩子的爷爷奶奶都是教师，双职工，所以他当然可以带孩子，因为本身就是退休教师。……像我要是回家的话，我儿子都是去跟他爷爷奶奶睡，我婆婆那手机就给他，让他在那沙发角落里面看手机，看到 11 点，我觉得我回去一趟，我觉得会生气一趟，回去一趟就生气。"（CDM－Z－X－L）

城市家庭作为城市的"细胞"，是城市教育的参与者，更是城市教育生态的营造者——暂且不论这一生态是合作型的还是竞争型的。"乡村教育的加强与家庭的教育的弱化同步展开，呈现出强烈的'反比'关系，一方愈强，则另一方愈弱。"❶ 相反的是，城市家庭一直有着积极的教育参与意愿和教育参与能力，而且协同"家校社"育人本身也是重塑基础教育生

---

❶　周兴国. 乡村教育的现代化困境与出路［J］. 教育研究与实验，2018（4）：3－8.

态的目标❶。因此,在这个意义上,城市家庭在为乡城迁移家庭提供教育示范的同时,还发挥着拉力作用。

推拉理论有时能够解释"为什么相同地区的不同个体,有的人迁移了,而另一些人却没有迁移"。❷ H 一家迁移了,而 H 妻子的哥哥一家没有迁移。但从子女教育来说,两个家庭所感受到的推力与拉力其实差距并不大,原因在于他们对于子女的教育期望没有显著的差异。中国家庭对于子女普遍抱有较高的教育期望,乡城迁移家庭也同样如此。

第二节　基于乡土经验的 "把学上好"

乡城迁移家庭对于子女普遍抱有较高的教育期望,这既是中国家庭的教育缩影,也是乡土经验的体现。有学者依据 2014 年的 CFPS 数据指出,城乡家庭对子女均具有较高的教育期望水平,家庭高等教育期望比例分别达到其 93.4% 和 78.4%。❸ 乡城迁移家庭对于子女接受高等教育的期望也普遍较高,然而,这种普遍的高等教育期望与不成比例的高等教育资源供给无疑会加剧家庭的教育负担与教育焦虑。而随着高等教育进入普及化阶段,这样的教育焦虑在中考的强制分流作用下已然前移。此外,由于中考的分流是强制的,不会因家庭的期望或选择而改变分流的比例。因此,尽管每个家庭都期望子女能够把学上好,但这也意味着有些人没办法"把学上好"。在面对高等教育普及化带来的"大学生"价值减弱,乡城迁移家庭对于把学上好的教育期望更有着基于乡土经验的成分,而这也是在教育资源受限的情况下,他们仍然会有较高教育期望的原因之一。

---

❶ 马陆亭,郑雪文."双减":旨在重塑学生健康成长的教育生态 [J]. 新疆师范大学学报(哲学社会科学版),2022 (1):79 - 90.

❷ 李强,刘精明,郑路. 城镇化与国内移民:理论与研究议题 [M]. 北京:社会科学文献出版社,2015:62 - 63.

❸ 刘保中. 我国城乡家庭教育投入状况的比较研究——基于 CFPS (2014) 数据的实证分析 [J]. 中国青年研究,2017 (12):45 - 52.

一、乡土意识中的教育价值

教育期望不仅是对教育程度的预期，也蕴含着对教育获得的价值判断，而价值判断的依据来源于人们所认同的某种文化。在分流的竞争压力下，教育期望的实现困难使乡城迁移家庭需要为其寻求相应的精神支柱。父母在乡村社会中的成长经历及其在初级社会化阶段形成的乡土意识，使乡城迁移家庭对于教育价值的认识仍具有乡土性。

(一)"大学生"的象征意义

在乡城迁移家庭中，父母的成长经历与我国教育规模的迅速扩张同步，这使他们亲历了"大学生"的价值减弱。随着高等教育规模的扩大以及中国经济发展进入"新常态"，从家长的直接经验来看，大学教育的"含金量"越来越低也是现实。无论是通过新闻舆论还是通过具身体验，他们对"大学生"与现代意义上的城市生产之间的弱联系深有感触。教育，尤其是高等教育，作为"通向幸福的阶梯"难以发挥作用。❶

"现在普通的大学生毕业了也找不到什么好工作，除非考上重点大学还有点用。"(GXM – Z – C – L)

"像我这一代的同学，当初在班上排名都很靠前，他们大学毕业出来全部去做小吃，对不对？你这文凭拿的也都没有用，是不是这样也做小吃这些小吃赚钱？……还有我的一些同学就是以前在学校里面都是那种捣蛋的，成绩都很差的，他们出来后也去做了那些东西，他们也挺赚钱的呀。……你看人家小学没毕业的，送外卖一个月一万多两万多，硕士生你去送外卖也是一个月一万多，对不对？"(CDM – S – C – C)

高等教育规模的扩大使教育在实现个体社会流动上的作用已经明显弱化，这极大地动摇了乡城迁移家庭对于教育的想象与期望。时代变迁对于

---

❶ 欧阳鹏，胡弼成. 教育是通往幸福的阶梯——兼论"教育无用"的真相、原因及对策[J]. 现代大学教育，2018（4）：38 – 47.

他们而言，不仅意味着学历已经成为社会生活的"必需品"，更意味着学历无法直接带来社会身份的改变。或许，当家长不是依靠"大学生"这一身份符号，而是依据子女所读大学的文凭价值来判断读大学"有用"或"无用"❶，我们既可以说他们对高等教育有了更加全面的认识，也可以说连同"大学生"这样具有象征意义的教育符号和文化符号也变得模糊了。"我们是在可构想之物的框架内——一种象征主义视野内——感知到它们。而今，在我们的视野中，事物正在被还原为没有观念中介的知觉过程。也许，这就是一个祛魅的世界，如果具体些：一个去象征化的世界。"❷

不过，在乡土社会中和在乡城迁移家庭的朴素意识中，"大学生"仍有其象征意义。诚然，"由于社会流动感不足产生的消极心态"虽然会影响"乡村教育精英"的教育感受❸，但大部分乡城迁移家庭对于子女"考大学""上大学"仍有着很高的热情。当"大学生"作为社会流动的身份象征被"祛魅"之后，乡城迁移家庭尽管意识到教育所带来的身份转变可能性已大不如前，但在乡村语境中，"家里出了个大学生"仍然有着相对于"家里没出过大学生"的心理优越感。他们对教育仍然有着朴素的期望。父母在乡村中经历的初级社会化为他们提供了关于教育期望的价值支持，初级社会化"能在人们的追忆中保持特殊现实的地位。它就像一个'家的世界'（home world），不管后来人们跑到离家多远的异乡，'家的世界'永远在那儿"，❹ 更何况这种"家的世界"并不只存在于追忆之中。

（二）乡土意识中的"读书人"

当乡城迁移家庭对城市教育的不信任累积到一定程度后，就会产生对

---

❶ 刘焕然，朱新卓. 读大学"有用"还是"无用"——新时期农民高等教育价值观的扎根理论研究［J］. 高等教育研究，2021（10）：45－52.

❷ 耿占春. 失去象征的世界：诗歌、经验与修辞［M］. 北京：北京大学出版社，2008：3.

❸ 朱镕君. 走出乡土、文化脱域与城乡融合——农村教育精英的社会流动张力研究［J］. 教育研究与实验，2021（6）：11－19.

❹ 彼得·伯格，托马斯·卢克曼. 现实的社会建构：知识社会学论纲［M］. 吴肃然，译. 北京：北京大学出版社，2019：170.

城市"阶层化"的教育文化的不认同。他们对子女教育的普遍重视和普遍期望，事实上隐含着某种实践意识，此种行而不知、知而不言的实践意识更多地来源于乡土的文化积淀。在这里，教育不仅具有关于职业收入和社会地位的功利价值，也具有关于读书明理和回馈乡里的道德意蕴。在这个意义上，"文化资本"的薄弱固然可能阻碍教育期望的实现，然而却不会阻碍教育期望的生成。

由于未能真正实现想象中的城市身份的转换，乡城迁移家庭与"故土"仍保持着比较密切的联系。此外，在市场化、工业化、城市化的冲击下，乡土社会的人际关系和行动伦理也在乡土以外的范围进行复制和移植。❶ 而在乡村的教育文化语境中，学历的高低、文凭等级仍是衡量一个人有无知识、有无文化的身份标识。在乡村，仅接受过高中阶段教育的人是很难被称为读书人的，而一个小孩如果被称为"读书人"，事实上就体现了对其能够获得大学教育的期望，如"读书人"就要做读书人该做的事情，而不应与"没读过书的人"相提并论。那么，什么是"读书人"该做的事情？

其一，读书人应当是读书明理之人。乡土社会赋予教育"读书明理"的文化意义至今仍存。"中国文化体系中，教育即负起了其他民族所有宗教的责任。儒家教义，主要在教人如何为人。"❷ 所谓"读过书的人"，即指懂得了人之为人的道理的人。在这里，"我"没"文化"或缺乏"文化资本"并不意味着"我"只能对教育持有更低的价值判断和价值追求。接受过教育的人相较于未接受教育的人，最主要的区别在于能否更好地明晰自身的伦理角色、承担自身的伦理责任。在乡村生活中发挥某种道德作用，这本身也是传统"读书人"的社会功能。乡土社会中教育与学校教育不完全重合的文化经验，在某种意义上突破了"教育价值的单一性"❸。不

❶ 付伟. 家庭本位与村庄治理的底层逻辑 [J]. 中国社会科学评价，2021 (4)：27-38.
❷ 钱穆. 国史新论 [M]. 北京：生活·读书·新知三联书店，2001：197.
❸ 龙安邦. 教育价值选择的困境与对策——解读新"读书无用论"[J]. 河北师范大学学报（教育科学版），2009 (8)：24-28.

少乡城迁移家庭仍热衷于在特定时间节点回到乡村，并要求子女参与宗族的祠社、祭祖活动中。父母除了期望子女能够在此种以亲缘关系为组织的活动中感受传统的伦理道德，也想展示自己的孩子具备"光宗耀祖"的能力。

"我老公家三个兄弟，孙辈有九个，我们也回去，都在一起，所以人都挺多的。那小孩子会跟他的那些堂兄弟走得近，他们会知道这些哥哥、姐姐、弟弟。因为我老公家的人比较多，只算男孩子，我儿子排第十一。……我们那边的话就是七月半，然后大年初三都要去祠堂点灯嘛，就会带小孩子去。"（CDM－Z－X－L）

"老家祠堂里面有供奉那些祖先的画像，那我们也会给小孩说，这是古代在我们这里住的人。他们读了书、当了官了都有回来，所以我们就要来拜拜。"（CPL－S－C－D）

其二，读书人应是能够回馈乡里之人。随着对现代生产、生活理解的深入，即便是自己经营的乡城迁移家庭也不得不承认："同样是做小吃，有读书和没有读书还是不一样。"现代社会毕竟是建立在技术分工之上，无论是生产关系还是生产方式，都无法回到传统的、乡土的情境之中。"在对孩子教授科学的过程中，传授给孩子们的东西不仅是技术发现的具体内容，更重要的是培育出更一般的社会态度，它预示着对所有技术知识的尊重。"❶ 在这个意义上，或许不是"读书的料"，但不能不是"读书的人"。更多的学习，意味着可以回馈乡里更多的知识和技能。诚然，这一期望随着"学历贬值"的发生，越来越难以实现，但这种思想仍然深植于乡城迁移家庭的教育期望之中，未必会受到经济因素的影响。

在沙区乡城迁移家庭的来源地中，占比最小的是位于沙市西南部的宁县。宁县是"客家祖地"，其经济发展情况较为薄弱，在相当长一段时间内是国家级、省级重点贫困县，甚至是沙市最后一个通火车的县城（直到2021年才有第一个火车站）。但与之形成鲜明对比的是，宁县的教育质量

---

❶ 安东尼·吉登斯. 现代性的后果［M］. 田禾，译. 南京：译林出版社，2011：77.

在全省各县中一直名列前茅。这与当地特殊的传统文化环境息息相关，民众对于教育始终有着极高的热情，甚至是崇敬。

在历史上，诗书传家是衣冠南渡的客家人用以区分原地居民的重要依据，且在不断的融合过程中形成"崇文敬学"的地方文化传统。近年来，宁县的高考成绩在全省更是有目共睹，这也成为当地普遍较高的家庭教育期望的文化依托。在新型城镇化的推动下，宁县的乡镇初中生源已大量地集中到县城内，一些乡镇初中或被撤销，或成建制地并入县城初中。此外，当地政府也通过行政手段控制优质生源、优质师资流失，不仅有效避免了生源向沿海大城市的流失，也为更多家庭对学校教育保持信心和期望注入了强心剂。❶ 可见，公共教育文化的建构有时可能弥补公共教育资源的不足。

教育分流作为一项宏观政策固然有其合理性与必要性。但从微观层面来看，每个家庭除了希望自己的子女"上好学"之外，还同时寄希望于自己的子女能够"把学上好"。乡城迁移家庭的"迁移"，既是对上好学的追求，更是对把学上好的追求。诚如吉登斯对实践意识和话语意识的区分，"每一个社会行动者都对自己作为其中成员的社会的再生产条件知道良多"❷，但所使用的知识并不一致。在乡城迁移家庭面对教育分流带来的期望不确定这一情况下，乡土文化为其教育期望的形成与相应的教育行动提供着价值支持，使得普遍较高的教育期望不仅有着丰富意涵，也有着现实意义。

---

❶ 相比而言，宁县的乡村家庭也很少在沙市的城区购房而更多在宁县县城购房，尽管县城的房价与市区房价基本持平。当居住所在地与劳动所在地之间缺乏交集时，购房就更少考虑到劳动场所的因素，而更倾向于考虑与住房的关系更密切的学校教育问题。宁县的县级党委政府有一项不成文的规定，即政府部门领导干部的子女必须在宁县的学校就读。同时，由于宁县及邻近的一些山区县很早就被认定为中央苏区县，为支持这部分山区的教育发展，省政府也在2017年颁发文件规定沿海城市的中小学不得到内陆山区城市"挖人"。

❷ 安东尼·吉登斯. 社会理论的核心问题：社会分析中的行动、结构与矛盾 [M]. 郭忠华，徐法寅，译. 上海：上海译文出版社，2015：5.

（三）"还是要读书"的教育经验

父母的教育经验不仅关系到自身的社会化，同时也关系着他们对于教育的经验判断，进而影响家庭的教育期望。如前所述，在乡城迁移家庭中，大部分父母的教育程度并不高，其未能获得教育的经历及此后的生活经历，促使他们形成"还是要读书"的教育经验。

由于乡城迁移家庭的父母们早早离开了学校教育体系，他们所形成的教育经验更多是从反面提出的，其表达方式往往是"不接受教育会如何如何"：不接受教育就要"吃生活的苦"、不接受教育就难以有稳定的生活、不接受教育就可能再次面临家庭成员分离。而教育向他们展现了城市化的生产方式和生活方式，这是家庭摆脱"出卖体力"的生存状态，也是家庭争取实现"坐办公室"工作模式的主要途径。这或许解释了乡城迁移家庭不愿意将城市中的低学历家庭作为自身比较对象的原因。由于对"教育成功"的认知更多来自反向的经验，乡城迁移家庭大多认为可以通过改善教育环境，从而保证自身较高教育期望得以实现。

乡城迁移家庭的此种教育经验也有一定的积极价值，体现在乡城迁移家庭对于子女达到中专、大专教育程度其实有着较高的包容度。无论是小学阶段还是初中阶段，乡城迁移家庭都相对更能够接受子女在"中考失利"，即子女被分流到职业技术学校继续学业。根据沙区第二实验小学的调研数据，有近一半的城市原住家庭表示不能接受子女没有考上高中，而只有约20%的乡城迁移家庭表示不能接受。乡城迁移家庭根据自身的教育经验认为，即便"教育失败"未必就等同于"人生失败"。对于家庭自身来说，恰恰是因为掌握了某种一技之长，才为在城市中立足，乃至最终实现迁移提供了物质上的支撑。与乡城迁移家庭普遍较高的家庭教育期望相对应，可以说，其有着"就高期望"与"就低容忍"的特点。

在学者看来，"农业发展到一定阶段，产量满足生产者自身需求之外，也能够养活非生产者的时候，城市才会出现"●。而在乡城迁移家庭看来，城市更近乎是建立在教育基础上的。没有足够教育经历的个体即便处在城市之中，也未必能拥有城市生活。因此，他们往往通过观察城市家庭的教育生活，从而理解城市教育甚至教育本身的理想状态。也正由于乡城迁移家庭有着"还是要读书"的教育经验，那些已经通过教育走出乡村、实现迁移的亲友也更愿意给他们提供子女教育方面的帮助。如目前经营小吃店的 CSS－Z－C－Z 家庭，在最早进入城市的时候，既无稳定职业，也无稳定住所，而时任小学校领导的亲戚听说他们是因为子女教育问题来到城市时，就按照随迁子女政策给大女儿办理了入学手续。其母亲才开始在沙区"找事情做"，而其父亲也在数年后回到沙区。对于父母而言，进入城市是其次级社会化的开始；对于子女来说，获得城市教育资源则是其初级社会化的社会基础。不过，由于乡城迁移家庭的父母们对于教育价值和教育功能的认识更多地基于"未获得"的经验，这也使教育期望的表达与教育行动更容易出现矛盾的一面。

乡城迁移家庭的父母们在初级社会化过程中所内化的意识世界，使其仍然相信教育是有用的，也是值得追求的。城市教育或许不再具有明显而强烈的阶层提升作用，但对于子女未来成长和家庭未来发展仍有较大的价值。因而，在更宽泛的层面上，乡城迁移家庭虽然在城市教育竞争中处于相对弱势的位置，但并没有形成所谓的"反学校文化"，而是能够基于乡土文化经验感受到教育的价值，进而萌生"还是要读书"的教育期望。

二、家庭教育期望的生活意义

在沙区的乡城迁移家庭的理解中，"把学上好"的教育期望同时也是一种生活文化，父母的迁移与子女的教育是延续这种文化的重要实践方式。乡城迁移家庭较少形成"反学校文化"的原因也与此有关。教育不仅是一种学校文化，更是一种生活文化，因此，"反学校"在某种意义上就是"反生

● 韩茂莉. 中国历史地理十五讲［M］. 北京：北京大学出版社，2015：303.

活"。不过，这似乎是一个悖论：根植于乡村社会之中的生活文化需要通过离开乡村来实现。但这一悖论恰恰反映出乡土文化的现代遭遇，同时也体现了乡村迁移家庭面对教育从精英化走向普及化的心态转变。

（一）家庭教育期望的地域色彩

乡城迁移家庭的"迁移"行为使他们的教育期望有着复杂的地域色彩。这种源于生活经历的地域色彩，使他们的教育期望与城市家庭的教育期望有所差异。"差异性确实远比一种头脑简单的'人就是人'（men－are－men）式的人本主义所可以想见的要深刻得多，而相似性亦远较另一种头脑简单的'非我族类，其心必异'（other－beast，other－mores）式的相对主义所能否认的要重大得多。"❶ 教育与教育期望或许都算得上是一种常识，正如格尔茨所认为的那样："宗教立基于神圣的启示，科学立足于方法，意识形态倚仗道德热情，然而常识却归本于'它完全没有什么论据，简单地讲，它就是生活'这样的断言。现实世界就是它的权威。"❷ 在这个意义上，现实生活便成为家庭教育期望的直接意识来源。由于现实生活是在具体的地域环境中展开，所以家庭教育期望也相应地呈现出地域色彩。

一方面，乡城迁移家庭的教育期望往往具有地方文化意义上的地域色彩。所谓地方文化意义上的地域色彩，即乡城迁移家庭受到迁出地的地方教育文化的影响，从而体现出教育期望的独特风格。在沙区的乡城迁移家庭中，成员较少来自宁县，这并不是因为沙区与宁县的房价差距，相反宁县的房价一度高于沙区，而是在很大程度上因为宁县的教育资源已经集中在城区，乡镇几乎没有初中。宁县作为客家祖地，崇文敬学已经深入民间信仰习俗之中，民间俗语、童谣多有与劝学直接相关的，例如"养子唔（不）读书，唔当蓄条猪"，等等。❸ 民间社会对于教育的崇敬，不仅使普

---

❶ 克利福德·格尔茨. 地方知识［M］. 杨德睿，译. 北京：商务印书馆，2016：66.
❷ 克利福德·格尔茨. 地方知识［M］. 杨德睿，译. 北京：商务印书馆，2016：121.
❸ 钟晋兰. 客家民俗中的崇文重教观［J］. 福建论坛（人文社会科学版），2012（8）：118－122.

通家庭愿意对子女教育进行投入，而且使有所成就的本地人也会把兴资助学当作应然的善举。宁县第一所私立中学就是在外经商的客家人回乡兴办的，而这也促进了城区教育资源的丰富与开放。❶事实上，在 M 省沿海的一些县区，也有不少原先是私立学校的华侨中学、华侨小学，顾名思义这些学校就是华侨回乡兴办学校用以回馈桑梓的，其多为捐资性质，而鲜为产业性质。也可以说，乡土经验往往鼓励着普通家庭形成较高的教育期望。

当然，不同流出地的乡城迁移家庭在普遍具有较高的教育期望的同时，也会相应地呈现一定的差异。沙区不少中小学的教师就认为，即便都是乡城迁移家庭，来自 Y 县、宁县与来自大田县的家庭在子女教育上自然有着不同的倾向，甚至对于教师的态度也明显不同。来自 Y 县、宁县的乡城迁移家庭基于地方教育文化传统，更尊敬老师；而来自大田县的乡城迁移家庭则更容易产生"购买"教育资源的心理。由于乡城迁移家庭教育期望有着地方文化意义上的地域色彩，要对其有更好的理解，就不能忽视迁出地的教育文化传统。

另一方面，乡城迁移家庭的教育期望还具有文化融入意义上的地域色彩。所谓文化融入意义上的地域色彩，是指乡城迁移家庭由于受到迁入地的地域教育文化的影响，其文化融入程度会相应地体现在家庭教育期望上。沙区作为"三线建设"时期的新建城市，其城区的地方文化色彩较为薄弱。例如，在城区生活几乎不会使用到方言，且"S 话"也不是一个严格的方言概念。有研究指出："农民工永久迁移决策更多地受到社会文化因素的影响，方言作为地域文化载体发挥着重要作用。"❷迁出地与迁入地之间的方言距离会阻碍乡城迁移家庭在流入地区的社会参与、文化适应和身份认同。也有研究认为："普通话是流动儿童进行流入地身份认同和社

---

❶ 该校创办于 2005 年，是宁县第一所民办中学，且办学质量很快就位居当地前列。在 2018年，该校接受政府收购，改设为公办学校。

❷ 刘金凤，魏后凯. 方言距离如何影响农民工的永久迁移意愿——基于社会融入的视角[J]. 中国农村观察，2022（1）：34 – 52.

会融入的重要工具，城市方言在城市心理接纳、社会层次融合等方面的作用更明显。"❶ 方言是地方文化的重要载体，城市方言的低存在感在一定程度上能够降低乡城迁移家庭的迁移成本和融入成本。

但没有城市方言并不代表没有城市文化，相反，城市从建设起来之时起，就会很快地生成与乡村文化不同的城市文化，特别是当这种城乡文化差异被长时间的城乡二元结构固化之后。与此同时，城市内部也被进一步细分出诸多具有不同文化特质的区域，一如列斐伏尔的空间政治学所指出的那样，"城市是各种积累的滥觞"❷，"空间和空间政治'表现'了社会关系，但也反过来影响了它们"❸。在沙区抽样的几个中学，明显有着核心区、商业新区、工业区、非核心区、城乡接合部的区域差异，而乡城迁移家庭在教育期望上的表现也在相当程度上反映了家庭自身与所在城市区域的文化融入情况。乡城迁移虽然在一定程度上克服了城乡地域差异，但显然乡城迁移家庭的生活并非完整意义上的城市家庭的生活——所谓城市生活融入的前提便在于此，故而其仍然保持了部分自带的地域特征。

在沙区几个中学的调研表明了不同城市区域产生的融入差异。位于城乡接合部的沙区第十二中学的乡城迁移家庭与城区原住家庭在教育期望上显示出的差异较小，原因在于"在城乡接合部地区，农民工与当地居民的同质性相对较高，因此受到的排斥相对较小"❹。换言之，该地区乡城迁移家庭文化融入的水平也相对较高。而在沙区第十中学或第一实验学校，乡城迁移家庭与城区原住家庭在教育期望上仍有一定的差异。这是因为沙区第十中学原本是工矿子弟学校，学生家长多为 S 钢工人，他们对子女的教育期望有明显的两极分化，这种情况使乡城迁移家庭整体上的教育期望要

❶ 冀芳. 流动儿童家庭语言政策与城市融入——以西安市为例［J］. 少年儿童研究，2022（3）：5–17.

❷ 亨利·列斐伏尔. 都市革命［M］. 杨生平，强乃社，译. 北京：首都师范大学出版社，2018：28.

❸ 亨利·列斐伏尔. 都市革命［M］. 杨生平，强乃社，译. 北京：首都师范大学出版社，2018：17.

❹ 郎晓波. "乡—城"迁移视野下农民工城市融入的代际差异和社区支持［M］杭州：浙江大学出版社，2019：80.

高于城区原住家庭。❶ 与之相对的，第一实验学校位于开发新区，靠近行政中心和商业中心，在此就读的原城区家庭中，父母一般有着较高的教育程度，其家庭教育期望也整体高于乡城迁移家庭。不同区域在其发展过程中，会形成不同的文化，乡城迁移家庭则需要通过再社会化来更好地融入相应的城市文化。但是，由于城市扩张的速度快且规模大，大部分城市还没有足够的时间来消化城市中的多元文化。此外，普遍较高的家庭教育期望也使得乡城迁移家庭将更多的精力放在子女教育上，更少地关注生活方式、生活文化等方面的城市融入。

（二）"家贫子读书"的教育行动

中国家庭对子女普遍有着较高的教育期望，乡村家庭在传统文化的浸润下同样如此。梁漱溟先生曾言："前人要读书却极其容易；有非现在想像得到者：……那时一个人有心读书，丝毫不难。问题不在读书上，而在读了书以后，考中做官却不那样容易。一般说，其百分比极少极少。人家子弟所以宁愿走农工商各途者，就是怕读了书穷困一生'不发达'，而并非难于读书。所谓'寒士'、'穷书生'、'穷秀才'，正是那时极耳熟的名词。但却又说不定那个穷书生，因考中而发迹。"❷ 对于普通家庭来说，因读书而发迹实在充满诱惑，而且越是普通家庭越是难以在工商业领域"出人头地"，越是要依靠教育才能光耀门楣。

---

❶ 沙区第十中学虽然被划归地方教育行政部门管理，但办学场地仍然在钢铁厂内，或多或少仍受到企业的直接影响。例如沙区第十中学招生片区的地理范围很大，一些学生中午不能回家吃饭，沙区第十中学的师生就可以到钢铁厂的后勤部门办理饭卡，并在钢铁厂的职工食堂就餐。由于近年来的产业结构调整，该大型国企效益颇好，正式员工的职业收入得到大幅度提高。如果子女学业成绩不佳的话，不少职工家庭更愿意孩子在高中或大专后直接进入企业工作，而非盲目追求学历或教育程度。同时，企业还和一些大专联合办班，采取订单式培养，招收的也多为职工子弟。相比而言，同在沙区的一所普通本科高校，每年能够通过该企业招聘考核的人数并不多。作为"三线建设"时期创办的国企，在长期的发展过程中形成的企业文化特征，以及职工对"一技之长"，亦即劳动力技能化的重视，也在家庭教育期望上得到体现。在此情形下，乡城迁移家庭的教育期望看似比同校的城区原住家庭整体更高，但城区原住家庭的教育期望显然更为理性，而且实现可能性也更大。

❷ 梁漱溟．中国文化要义［M］．上海：上海人民出版社，2005：135 – 136．

　　"家贫子读书"是对乡土社会中普遍较高的教育期望的高度凝练。传统的教育文化都强调年青一代通过勤学苦读，进而克服家庭出身的不利影响。M省有许多关于个人如何通过教育而"鱼跃龙门"的民间艺术作品或民间故事，其中颇为著名的剧目《状元与乞丐》更是被改编成多个版本。这些戏曲作品和民间故事发挥着引导民众重教勤学的教化作用，强调人生理想、人生价值的期望与实现不由人的出身而决定，而是由人的后天努力决定的。这其中的反宿命意识更是蕴含了中华民族尝试突破自然限制的反抗精神，与沙市邻近的P市区还将"地瘦栽松柏，家贫子读书"作为全市范围内的集体家训。改革开放后的前二十年，尽管集体化在农村退出，"人民教育人民办，办好教育为人民"的号召仍使农村教育得到长足发展。❶乡村民众之所以愿意"办教育"，正是基于教育期望的文化实践。

　　时至今日，乡城迁移家庭的教育期望同样是对这种教育文化、生活文化的实践。但无论是传统的教育文化，还是现代的教育文化，教育的目标之一都是让人离开直接的土地劳动。正是这种通过教育离开土地的家庭教育期望的自我复制与自我强化，形成农村教育在外部支持有限的情况下的发展优势。只不过，随着城乡空间的演变，尤其是城乡二元结构的形成，教育被渲染上"逃离"的色彩。由于乡城迁移这一具体的教育行动，使教育普遍期望作为一种教育文化得到延续，但也不容忽视乡城迁移家庭在进入城市之后面临的经济压力。

　　"我们的处境是比较尴尬的，像你讲的，在城里又没有稳定的经济来源，他就变得很奔波了。他如果有稳定的经济来源，并且有计划性，他就会好一点。"（CDM－S－X－W）

　　固然，"处于弱势阶层的学生，由于其渴望通过学校改变命运的期望更高，因此对于学校教育更为依赖"，但在文化资本再生产的作用下"自我否定、自我设限，甚至自我淘汰"。❷之所以如此，并非教育与他们的生

---

❶ 亦言. 人民教育人民办的再思考 [J]. 当代教育科学, 2004 (17)：20－21.
❷ 高水红. 内卷化：学校教育过程的文化再生产 [J]. 教育研究与实验, 2020 (4)：13－18.

活之间产生了不兼容的张力，更多的是因为面向乡村的教育机会与教育上升空间没有得到适时的增长，更是长期以来的教育权利不公平造成的农村教育发展滞后，以及由此导致的社会群体合理流动的"断裂"。❶ 而且，这种权利不公平不仅体现在教育领域，还体现在乡村家庭在生存与发展过程中的诸多方面。"故土难离"，然而子女进城读书与父母进城务工共同构建起乡村家庭的进城发展取向。父母与子女一起努力、一起奋斗的教育行动，不仅在无形中表达了家庭教育期望，也让子女们切身感受到来自家庭的教育期望。

（三）教育期望重塑着家庭伦理

随着子女教育，尤其是子女接受学校教育重要性的提升，乡城迁移家庭的父母更加倾向于根据子女教育的需要来安排家庭生活。从"以长者为中心"到"以幼者为中心"的转变，不仅体现着乡城迁移家庭的教育期望，也在无形中重塑着乡城迁移家庭的生活伦理。

随着打工经济的兴起，"守着几亩薄田过日子"不再被视为安分守己、安贫乐道，而被视为"不求上进""没有本事"。一如美国社会学家费金在调研中所得出的，人们会认为"不够努力"是造成贫困的重要原因。❷ 然而在"二元劳动力市场"的解释框架中，中国的乡村劳动力转移呈现出与美国社会高度不一致的情况。在西方二元经济的设想与实践中，"关键的结构性需要是吸收农业经济中最边缘化的生产者，把经济中多余农业人口转移到都市工资经济中，在边缘化农业的永久贫困和过分拥挤的市场之外，或许有能让他们摆脱贫困的新机会"❸。这也是欧美和拉美国家存在城市"贫民窟"现象的主要原因之一。然而，在中国有迁移倾向的往往是乡村中的中等家庭，并非边缘家庭——因而，他们会把城市中等家庭作为教

---

❶ 邬志辉. 关于农村教育三个理论问题的探讨［J］. 理论月刊，2009（9）：5 - 10.

❷ J R Feagin. Poverty：We Still Believe That God Helps Those Who Help Themselves［J］. Psychology Today，1972：101 - 110.

❸ 丹尼尔·T. 罗杰斯. 大西洋的跨越：进步时代的社会政治［M］. 吴万伟，译. 南京：译林出版社，2011：467.

育的比较对象。在普遍缺少教育的乡村父母看来，既然已经认识到教育的重要性及城市教育的明显优势，那么让孩子仍然在乡下接受教育显然是一种不负责任的态度。

"像那种城里面的家长，他的很多家长是双职工，他的素质就会更高一些，然而像我们乡下很多孩子，基本上没有管这个孩子的，我只负责挣钱，我供你吃供你穿，把你送到托管去，其实出发点感觉好像就是为了让你学得更好，学得更多。其实那是不负责任的行为。你砸再多钱下去，托管一个月砸几千块钱下去，我觉得意义不大。"（GDS‑S‑X‑H）

"我那个时候从镇上出来，孩子他爸是在沿海那边打工，不符合什么随迁子女政策的。他爸爸有个表兄弟就在 X 中做副校长，然后帮忙联系了小学进去。"（CSS‑Z‑C‑Z）

通过乡城迁移的方式将教育期望付诸行动，这是家庭责任的延续和生活伦理的塑造，只不过这种伦理的存在场域有所改变。对于乡城迁移家庭而言，他们不仅仅是在融入城市文化，还相应地将城市文化带入乡村、将乡土文化带入城市。那些因孩子教育问题而将祖辈留在乡下生活的年轻家长，往往能够获得乡村社会广泛的同情和理解，人们不会指责他们把年迈的祖辈留在农村吃苦，反而会肯定他们能够承担家庭的生活伦理责任。家庭中的祖辈也普遍接受这样的生活安排，更有甚者，一些尚未年老的祖辈还主动外出务工，以便让孩子母亲安心"陪读"，并补贴因"陪读"而造成的经济收入减少，因为他们相信，有父母陪伴的小孩，能够取得更好的学业成就。

由此观之，家庭教育期望的家庭意义，通过其对家庭生活伦理的重塑而得以体现。当代乡村家庭对于子女"把学上好"的教育期望，大多不再是"克绍箕裘"，而是寄望子女能够通过教育过上不同的生活、更好的生活。固然，中国作为一个拥有五千年文明的大国，永远需要农业和农村，那么也就永远会有相对于城市教育而言的乡村教育的存在。但是乡村教育与城市教育的关系，并不等同于乡村与城市的区分。"现代教育体系的建立既是现代化的知识动力和人才资源的保障，也是作为现代社会'第一生产力'的科学技术的主要生长点和集散地，人的现代知识、能力、文化等素质装备更是现代化的根本标志和最终证明。"❶ 当乡村教育还没有发展到与城市教育大致相当的程度时，乡城迁移家庭通过迁移来支持家庭教育期望的实现就有其内在动力。

应当正视的是，"教育改变命运"这一观念有着深远的文化影响，但其从来都不是普罗大众的人生叙事。在这样的文化观念中，读书是为了具备一定的文化基础，不至于成为"睁眼瞎"，而不仅仅是为了接受更高一级的教育。如果只关注"命运的改变"，那么对于大多数家庭来说，教育就离生活太远了。由于城乡二元结构的长期影响，乡村家庭在城乡之间呈现出的状态是："循环流动的：年轻的不断出来，年纪大一些的就回家乡去了。因此，回家乡是多数农民工的一种生活预期。"❷ 那么，"把学上好"在一定程度上意味着突破这样的生活预期，也意味着通过教育赋予生活新的意义。乡村家庭从流动到迁移的转向，意味着家庭教育投资和家庭教育参与的转向，也意味着家庭教育期望的行动方式的转向。在这里，教育期望是一种新的生活文化的生成，是两代人乃至几代人共同奋斗的写照。

"把学上好"是乡城迁移家庭乃至更多的中国普通家庭对教育期望的表达方式。教育期望直接表达为对子女最高教育程度的预期或者要求，是父母对于子女通过教育分流的期望。随着高等教育进入普及化阶段，"读书改变命运"的可能性恐怕并不足以支撑普遍的家庭教育期望，但在乡土经验的支持下，乡城迁移家庭仍然对教育有着较高的价值判断。乡城迁移家庭的大量出现"并非农村城镇化的必然结果，而恰恰是推动城市化的重要手段，是追求以经济增长为核心的发展主义的战略安排"❸。也可以说，乡城迁移家庭是"扩大中等收入群体"的重要对象，同样也是中小城市推进城镇化的重要主体。但是，之所以这样的战略安排能够奏效，也在于乡

❶ 万俊人. 现代性的多元镜鉴 [J]. 中国社会科学, 2022 (7): 4 – 20.

❷ 李强. 影响中国城乡流动人口的推力与拉力因素分析 [J]. 中国社会科学, 2003 (1): 125 – 136, 207.

❸ 叶敬忠. 作为治理术的中国农村教育 [J]. 开放时代, 2017 (3): 163 – 179.

城迁移家庭对城市生活、城市教育有一定的接触和认知，并且对子女有着较高的教育期望。"他们对城市生活充满向往，再加上对下一代教育的重视进一步增强了进城的动力。"❶ 在中国传统的家庭文化和生活伦理的影响下，父母们认为自己应当对子女的教育投入有所付出、有所行动，而这反过来进一步促进了乡城迁移家庭中父母普遍较高的教育期望的形成。

---

❶ 班涛．成家不易，守家更难：城市化进程中新生代农民家庭转型"陷阱"与风险——以青年男性的处境为切入［J］．社会科学研究，2022（1）：120－128．

第三章

乡城迁移家庭教育期望的城市化跟随

　　进城定居标志着乡村家庭生活面向未来安排的城市化。[1] 在中国文化环境中，子女教育被视为家庭未来安排的重要内容，家庭教育期望可视为家庭对于未来生活面向的主观意愿。迁移理论指出，迁入地与迁出地之间存在的差异是引起迁移的重要原因。而乡城迁移家庭中父母们通过城乡流动经历和城市生活经历，直接感受到城乡之间的差异，并成为其理解城市教育的经验来源。

　　家庭在流动、迁移的经历中，对城市与乡村教育的差异及其机制有了更直观的感知。差异是人类社会中的客观存在，由于户籍制度等外部约束条件的存在，城乡差异成为影响家庭教育期望的重要因素之一。城乡差异不仅体现在经济部门的二元结构上，也体现在深层次的文化层面上。二者体现为家庭经济地位和教育价值观念，从而影响家庭教育期望。"随着社会经济和教育事业的发展，不同家庭的教育期望已经出现了明显的差异。"[2] 人在拓展生活空间的过程中，不断发现自己与他人之间的差异。不过，差异同时也揭示了乡城迁移家庭进入城市之后的努力方向。一方面，城乡之间的教育差异以及在推动教育期望实现上的环境差异，构成了城市的拉力与乡村的推力，使得由流动引起的教育问题分化出"由教育引起的流动问题"。另一方面，正是父母们在城乡之间的流动、迁移，使得这种差异从"幕后"走到"台前"，让他们能够发现差异、正视差异，才有可能弥合教育期望的现实差异。"人口迁徙就像物质分散原理一样——迁徙让不同的群体渐渐趋同，而且最终变得相同。"[3] 趋同或许是一个漫长的过程，这一过程首先表现为迁徙者通过跟随、模仿的方式而逐步消除差异的存在。家庭教育期望的城市化跟随也表达着乡城迁移家庭弥合这种差异的努力。

---

[1]　陈文琼. 半城市化：农民进城策略研究［M］. 北京：社会科学文献出版社，2018：28.

[2]　陆一. 从家庭教育期望入手认识教育治理问题［J］. 全球教育展望，2021（11）：45 - 58.

[3]　彼得·图尔钦. 超级社会：一万年来人类的竞争与合作之路［M］. 张守进，译. 太原：山西人民出版社，2020：116.

第一节　在城市化迁移中提高家庭教育期望

迁移来源于城乡之间的差异，而城乡之间最初的差异在于劳动分工的差异。事实上，进入城市的家庭极少有继续以农业作为家庭主要收入来源的。无论是进城务工，还是"一家三制"，都说明了这样一个事实：依靠农业收入是很难实现城市生活的稳定，更遑论融入城市生活。而往前追溯，可以发现这部分家庭在成为"迁移家庭"之前，还普遍有着从乡村到城市的流动经历，也就是作为农业转移人口的一部分来到城市务工。正是基于对社会分工现实差异的感知，乡城迁移家庭中的父母们形成对城市教育的向往以及对城市家庭的跟随。

一、城市生产方式催生教育期望

当代乡城迁移家庭中的父辈多出生于 20 世纪八九十年代，他们大都具备初中学历，并有离开农村进入城市务工或从事个体经营的人生经历。相应地，他们务农经验更少，普遍没有系统完整的务农经历。❶ 这意味着当前乡城迁移家庭的父辈具有基本的学习能力，并且在生产方式上也更早接触到现代城市分工。但九年义务教育所积淀的知识能力显然不足以应付科技迅速发展背景下的城市生产，他们大多从事一些简单的、偏重于体力的劳动，或者初级的生产经营活动，处于城市生产体系的中下游。

（一）"吃了没文化的苦"

乡城迁移家庭的父母普遍有"进城打工"的人生经历。以生产方式来说，在比照以现代技术知识为基础构建起来的城市分工体系时，他们

---

❶ 刘传江. 新生代农民工的特点、挑战与市民化 [J]. 人口研究，2010（2）：34 – 39，55 – 56.

有较强的失落感。无论家庭主要经济来源是务工还是个体经营，这些家庭都或多或少地表现出对现有生产方式的不满，这种不满的主要根源在于"人力资本"的匮乏。这种经历成为家庭教育期望的经验基础，父母们希望子女能够通过教育改变生产方式，避免"低技术含量"工作的代际传递。

"有没有读书的差别主要是一个工作方面，我也感觉工作方面是受到很大的影响。我们是会去跟孩子说，要好好读书，如果你能考上好学校、考上大学，那出来工作就稳定，那至少不会说像我们这样。……城市里面做什么都要有文化，我和我爱人都是初中学历，只能做这个（小吃）。"（CDM－Z－X－Z）

"一开始先是到沿海那边工厂打工，做冲床。就在工厂里面学的，也不要什么技能，就是很辛苦，一天要站在机器旁边十几个小时，机器压好了就要拿出来。夏天的时候就更受不住了，也不敢多喝水。靠这个也是赚口饭吃。后面看别人做这个二手设备的，就跟着学，从几十块钱的小马达开始做起，把几个组装成一个。"（CXS－Z－C－L）

"我们这一代人应该也都会想做点小生意吧，农村出来的也没有其他技能，做工又赚不到钱，开小吃店来钱更快，更辛苦就是了，但那来钱更快。"（GDS－Z－X－D）

"一直就是在工厂里，不会做别的。一开始就是做零工，收入也很低。这几年好一点，我和我爱人都在厂里，一直做这一行的话，也成熟练工了嘛，收入也还好现在。孩子嘛，当然想他读好一点，多读一点，这样以后不用像我们这么辛苦，就希望他能选择自己想过的生活吧，也不想什么大富大贵。"（CCS－C－C－L）

一方面，乡城迁移家庭认识到通过学校教育习得的专业技术知识和获得的学历文凭对现代城市职业分工的重要性，在现代社会中，公共教育已经成为满足整个经济的生产前提。而缺乏足够的公共教育经历的人就可能被排除在现代经济生产体系之外，或者说被限定在社会分工的底层。越在产业链的下游，其劳动的附加值就越低，为了可能的储蓄目标，他们不仅需要投入更多的时间，还更不敢轻易放弃现有的劳动机会。另一方面，在他们看来更高的教育学历意味着更多的生产和生活方式的选择机会。尽管现代学校教育制度并不是要培养通才，但在他们的观念里，高学历与高能力在一定程度上是成正比的，劳动的附加值能得到明显提升，更重要的是具备"选择自己想过的生活"的能力。由于缺乏学历而只能从简单、底层工作做起的人生经历，使他们坚信丧失选择权是真正意义上的"吃了没文化的苦"，这种劳动"出自一种强大的紧迫性"❶。因而，当人力资本作为一种生产要素被确立后，掌握现代的生产能力成为乡城迁移家庭教育期望的重要内容与出发点。

（二）城市教育是"有文化"的捷径

"吃了没文化的苦"的另一层含义是：如果有文化，就不用吃这么多苦了。如果说教育是农家子弟走出大山、摆脱出身束缚的捷径，那么在乡城迁移家庭看来，城市教育就是他们实现教育获得的捷径，是实现"有文化"的捷径。能够凭借自己的打拼在城里定居下来，这部分家长在乡村语境中显然属于"机灵""有出息"的一群人。但进入城市之后的经历大多无法强化他们对自身"有出息"的认同，反而是凸显了"没文化"的劣势。

尽管"80后"的教育机会增长很快，但增长的部分也并未平等地分配到城市与乡村。城乡义务教育资源不仅存在巨大差距，而且新增的高中教育机会更多的是向城市家庭倾斜。过去很长一段时间，沙市、P市都以

---

❶ 汉娜·阿伦特. 人的境况［M］. 王寅丽，译. 上海：上海人民出版社，2017：64.

"择校费"的方式执行着双重录取线。❶ 当时高中阶段的双重录取线等政策使"机会分配的不平等相当突出，城乡之间的教育鸿沟较深"❷。这一现象在当时被形象地称为"教育拼爹"。

如果要说"内卷"，那时或许才是乡村教育真正的"内卷"时期，是耕耘了却不知道能不能有收成的年代。就像打工可以实现农业"去内卷化"一样，更早地将进入劳动市场作为目标，也是那个时候实现乡村教育"去内卷化"的有效途径。这段难以言说的教育经历，在乡城迁移家庭的家长看来，并不是自己学习不努力，而在于缺乏城市教育资源。如果在当时获取比较公平的教育机会的话，他们就可以通过学校教育获得更适应城市的专业技术知识，从而转变自己的生产方式，并获得不一样的职业成就。由于生产方式的改变，进入城市后他们也对教育所蕴含的专业技术知识给予了更多的关注。教育，以及由教育带来的学历，能够提升人在劳动或工作上的自主性，进而改变人的物质条件与精神状态。调查显示，"尽管高等教育已大众化，但大学生对自己依旧抱有强烈的中产期望"❸。那么，乡城迁移家庭无疑将这种"中产期望"投射到子女身上。这种曾经可能实现、却又未能实现的教育经历，形成对教育、对学历的"想象力"，进而转化为对子女的较强的教育期望，即希望子女能够通过接受城市学校教育，提升职业地位，进而更好地融入城市文化之中，以此避免家庭不利

---

❶　高中"择校费"对应的是高中"择校生"，即通过缴纳一定数额的择校费可以"弥补"中考成绩与该高中最低录取分数线之间的差距。普通高中"择校费"究竟从何时开始，已难以考证，但从教育部 2003 年发布的《关于公办普通高中严格执行招收择校生"三限"政策的通知》可知，这一问题由来已久。笔者 2002 年读高一时，全班 69 人，正考生 42 人、择校生 27 人；2003 年分入文科班后，全班 70 人，正考生 23 人、择校生 47 人。2007 年全国"两会"开幕前夕，全国人大代表郭泽深痛指"择校费是破坏教育公平原则的最直接体现，违背了《教育法》"。迟至 2012 年教育部下发《关于 2012 年上半年规范教育收费专项治理工作进展情况通报》，提出要在 3 年内取消公办普通高中招收择校生。这一政策随后得到了各省的执行，普通高中"择校费"和"择校生"从政策上成为历史。但"公参民办"现象又使"双重录取线"仍然隐蔽地存在。2019 年教育部再次下发《关于严格规范大中小学招生秩序的紧急通知》对此问题进行治理。相应的，一段时间内高等教育"自主招生"也演化为"教育拼爹"而饱受诟病。

❷　李春玲. "80 后"的教育经历与机会不平等——兼评《无声的革命》［J］. 中国社会科学，2014（4）：66 - 77，205.

❸　勾金华. 高等教育大众化与大学生的中产梦［J］. 社会观察，2014（5）：13 - 15.

地位的代际传递。进城定居无疑是获得城市教育资源的有效且稳定的途径。

> "工作这方面，至少我也希望我们的孩子，就像以前我的爸爸妈妈肯定也是希望我们能成绩好，然后出去工作，上比较轻松的班嘛，我觉得父母应该都（是）会这样的思想。"（CDM－S－X－W）

需要指出的是，不少乡城迁移家庭之所以有可能实现从流动到迁移的转变，除了得益于中小城市购房政策的松动，主要依靠先前在其他城市务工或个体经营的积蓄。购房与子女教育无形中增加了家庭的经济压力，导致家长中的一方（主要是父亲）甚至双方往往需要继续留在大城市打拼，以保证家庭收入的稳定，而另一方（主要是母亲）则承担日常照顾、陪伴学习的责任，这与其说是理性的育儿分工，毋宁说是新型的家庭离散。"两为主"的政策并不确保接纳全部的流动儿童入学，中考、高考的制度设计也要求流动中的家长尽快将子女的学校教育安顿好，中小城市母亲"陪读"现象的产生与此不无关系。可以说，乡城迁移家庭中的家长在其进入城市之初流动的生产劳动经历，催生了他们对子女获得稳定的生产劳动能力的教育期望。

二、城市教育资源提升教育期望

在乡村家庭流动的过程中，城市与乡村在教育再生产上的差异及其机制得以显现，进而塑造了其追求城市优质教育资源的教育需求。从某种意义上来说，这种教育资源需求是乡城迁移家庭教育期望的心理基础。一般而言，目前乡城迁移家庭中的父母大多属于"农二代"或"新生代农民工"：与第一代农民工相比，他们在成长过程中感受到的贫困压力似乎更少；但事实上，他们体验到的生活压力，尤其是如何弥合城乡差异带来的压力则更大。城市教育资源是通过乡城迁移获取的，这需要付出可观的成本；而相比于农村家庭，既然为子女教育付出较高成本，那么就期望子女有相对较好的教育表现。城市教育资源获取的困难程度也在无形之中抬高了乡城迁移家庭的教育期望，从而进一步呈现城市化跟随的特征。

（一）城市教育资源获得的困难

城市教育资源获得机会的适度开放，使乡城迁移家庭努力去争取这样的机会，以便为子女创造更好的生活条件和教育条件。反过来，由于为子女提供了更好的教育条件，其也在一定程度上抬高了教育期望。乡城迁移家庭在此过程中付出的努力越多，教育期望的提升幅度也越大。子女作为家庭教育期望的对象，从另一个角度揭示了乡城迁移对于教育期望的提升作用。在年龄稍长的子女看来，父母因迁移而产生的生活压力是家庭教育期望的主要来源之一。

"父母的期望是对我们未来的美好生活考虑的，希望我们能更好的发展和生活，父母自身经历过没有文化的困苦，下地种田，洗衣做饭，甚至是服侍别人家的老人，使父母原来该有的风华正茂，变得提前进入老龄期，那繁密的纹理爬上了父母的双手，岁月的风毫不留情地吹进了父母的发丝，将它染白。父母对我说：'你看看外面的高楼大厦，坐在办公室轻轻松松拿到工资的人，再看我们自己，为什么呢？为什么会有这么大的差别？是文化程度的不同。所以，要想以后能生活幸福，就要努力读书，走出这偏僻的小山村。'"

"父母对我们的期望或多或少都有想让自己的孩子上个好点的大学，可以进入大公司多赚一点钱，不用像自己一样辛苦。而且父母自己已经体验过了不上大学，以前没有认真地读书带来的后果，所以对我们的期望就大多是让我们好好学习，能考上一所好大学。"

"父母希望我考上一个好的大学，找到一个好的工作，能有一个光明的前途，因为我的爷爷是农民，我爸爸是工人，我妈妈也是农民，因为他们小时候读不起书，所以没什么文化，但是他们辛苦供我读书，是为了我将来不像他们一样过苦日子，能过上好的生活。"

"我爸爸就外出打工来支持一个家的支出。在我的成长路上，我算是放养，爸爸在外很少管我，但一回来就说不停。妈妈有时会去找点事做，比如打临时工，常不在家。"

　　"我的父母是想让我在中考的时候考个好成绩考上一中，父母会对我有这样的期望我也是知道的，他们不想让我去吃像他们一样的苦，想让我出人头地。"

　　"记得有一年，爸爸生意失败，亏损了家里的钱，一家人心情烦闷，我对妈妈说："妈妈，不然我今天就不去补课了吧。"母亲没有犹豫，立马拒绝了我，对我说：'生活再苦，你们姐妹也要好好学习，将来才能过上幸福的生活，我们辛勤赚钱就是为了你们能好好读书。'"

　　早期的"农民工"经历，催生了乡城迁移家庭的教育期望，他们深刻感受到贫困导致的教育缺乏，也深切体会到缺乏教育而带来的贫困，因此迫切希望通过教育阻断贫困的代际传递。事实上，这些家庭已经通过外出务工的方式积极地改善家庭经济条件，但教育无疑是家庭改善可持续的重要保障。在这个意义上，西方学者提出的"贫困文化"概念并不符合中国的文化传统。或者说，乡城迁移家庭之所以离开乡村并不同于哈灵顿所描述的"贫困文化"那样"一个穷人由于技术进步而被迫离开土地，不过是脱离了贫困文化的这一部分而加入到贫困文化的另一个部分"❶。对于乡城迁移家庭，乃至更早以前的农民工家庭而言，他们离开土地有着一定的主动性，其中蕴含着在城市中获得更高的经济收入的期许。更为关键的是，这些经济收入往往又转化为家庭的教育支出，进而成为家庭教育期望的基石。

　　尽管城乡户籍的二元存在也造成"制度性排斥"，但一些学者引用刘易斯、哈灵顿、布迪厄等人提出的"贫困文化"理论来解释流动人口的教育贫困问题，确实有失偏颇。改革开放以后，在中国城市边缘出现的棚户区（甚至包括北京的"浙江村"）并非西方意义上城市边缘的贫民窟，相反它们孕育着市场经济的活力。有学者对于早期北京"浙江村"的研究指出，在这些流动人口的意识里，原来城乡接合部家庭甚至一些城区的原住家庭是"因为我们他们才富裕起来"❷。在这个意义上，他们对于自身的劳

---

❶　迈克尔·哈灵顿. 另一个美国 [M]. 郑飞北，译. 北京：中国青年出版社，2012：128.
❷　张鹏. 城市里的陌生人：中国流动人口的空间、权力与社会网络的重构 [M]. 南京：江苏人民出版社，2019：78.

动有着一定的自豪感，尽管他们并不希望下一代继续从事这种"没有文化"的劳动。这也在一定程度上印证了前文提出的观点，乡城迁移家庭更倾向于将社会经济地位处于中等的城市家庭作为自己的比较对象。

"任何一个社会都有个体的失败，个人的努力无疑是获得财富的必要条件，但是并非充分条件。贫困个体责任和贫困文化论忽视了制度和结构在财富、资产、教育和机会等方面存在巨大差异条件下对贫困的决定性影响。这一理论同时弱化了我们追求一个平等社会所应肩负的神圣责任，转移了我们推动制度变革的注意力。"❶ 虽然乡城迁移家庭很少向子女诉说生活的艰辛，但子女仍然可以从实际生活中感受到父母对"没有文化"的遗憾，以及"不吃没文化的苦"的期望。但这也给乡城迁移家庭的子女带来了明显的心理压力，相比之下，这些孩子更容易陷入觉得自己不够争气、辜负了父母的自我否定情绪中。

（二）相比乡村家庭的"面子"

由于迁移需要付出一定的社会成本和经济成本，乡城迁移家庭在紧紧跟随城市家庭的同时，也会不自觉地与那些让子女在乡村接受教育的家庭进行比较。尽管中国有着浓厚的"安土重迁"的文化传统，但从古至今农民的自发迁移现象并不少见。其中较大规模的自发迁移，如客家南迁、走西口、闯关东，甚或已经成为一种精神符号。易劳凯认为，农民之所以愿意背井离乡前往另外一个相对陌生的环境（特别是城市），一个很重要的原因是与那些仍留在乡下的亲友相比，自己的家庭处境可能更好，从而缓解了迁移带来的种种不适。迁移之前的乡土环境对乡城迁移家庭教育期望的形成及相应的教育行动产生着一定的影响。换言之，乡城迁移家庭也需要通过与乡村家庭的比较，来自我确认这种迁移的价值。

"（父母）对我提出这么高的要求，也不是毫无原因的。在村子里别人家的孩子都很有出息，在数不尽对比中，人也是要面子的呀，所以要求渐

---

❶ 李小云. 贫困的终结［M］. 北京：中信出版集团，2021：26.

渐地也高了上去，如同射出去的箭一样，一发不可收拾。"

"对于成绩，我爸妈抱着'只要能考上，其他不重要'的心态，反正过年不丢脸就好。"

"我妈妈每天都把这个期望，挂在'嘴边'，你要好好努力不要让我失望，一定要加油，不能输别人……"

费孝通先生指出，中国社会有着十分强烈的人情观念，讲究社会关系。同样，翟学伟等学者的研究也指出，中国社会是一个重视关系的社会，是一个熟人社会。由于重视人情、重视关系，"面子"问题随之产生。在关系社会中，社会关系就成了稀缺资源。面子虽然是别人给的，但归根结底是自己"挣来的"。换言之，面子源于比较与竞争。"村落熟人社会的主要特点，是熟人之间信息对称，相互了解相互熟知，促使相互之间既讲究面子情谊，又相互比较和竞争。"❶ 在乡城迁移家庭的教育期望中，这种比较和竞争随处可见，而子女们也能感受到自己的教育成就和学业表现对家庭在乡村中的"面子"问题有着重要影响。也可以说，若通过乡城迁移而获得的城市教育资源无法转化为比仍在乡村学校接受教育的亲友子女更高的学业表现，子女就可能遭到父母的责备。

尽管学者们对乡土社会和中国传统文化中的"面子"问题及其背后错综复杂的人情世故提出诸多批评，但城市社会和西方现代文化同样也存在人情关系问题，只不过在教育领域，这种人情关系被以更为中性的"社会资源"或"代际闭合"所替代而已。"在现代社会中，我们不会以相同的方式如此特别地与作为'整体'的陌生人打交道。尤其是在许多城市情境中，我们不断地与之不同程度互动的，是那些我们或者知之甚少或者从未见过的人，而这种互动所采取的是转瞬即逝的交往形式。"❷ 但显而易见的是，吉登斯笔下的"陌生人"与齐格蒙特笔下的"陌生人"并非同一个概念。所以，即便乡城迁移家庭可能受到来自城市的"制度排斥"和"文化

❶ 杨华. 陌生的熟人：理解 21 世纪乡土中国［M］. 桂林：广西师范大学出版社，2021：142.
❷ 安东尼·吉登斯. 现代性的后果［M］. 田禾，译. 南京：译林出版社，2011：70.

排斥",却并不影响其在教育期望上的城市化跟随。乡城迁移家庭之于城市家庭来说,仍然是"陌生人"的身份;但对于仍在乡村的家庭来说,则是"熟人"的身份。城市展现了社会资源的拉力,然而没有派生出社会关系的拉力,这为乡城迁移家庭的教育期望波动埋下伏笔。

(三) 以教育期望确证迁移的合理性

当高流动性社会背景成为教育资源配置的现实前提时,会出现两种资源配置方式——权力性资源配置与非权力性资源配置。❶ 尽管,非权力性资源配置并非总是跟随权力性资源配置,它们之间存在的较大差异及所导致的矛盾和冲突,还造成权力性资源配置的扭曲与失灵。不过,权力性资源配置能在很大程度上发挥导向作用。对于乡城迁移家庭来说,迁移事实上带动了生源的流动,这是家庭层面的"非权力性资源配置"实践。通过从乡村到城市的家庭迁移,"非权力性资源配置"与"权力性资源配置"实现了某种统一,而这种统一也会促使乡城迁移家庭通过抬升教育期望,从而确证迁移的合理性。

流动社会与社会流动是两个完全不同的概念。在20世纪后半期,全球流动水平(global mobility)普遍上升,"步入21世纪,中国没有继续改革开放之初的小城镇发展逻辑,反而出现了高速城市化、大城市相继崛起和以超级大城市带动城市圈发展的局面。城乡流动、城城流动,甚至是近年来由物流高速发展带来的城域内流动,都将中国引向了一个超级流动社会。流动也改变着人们对时间、空间和社会的认知,身在何处、家在何方、明天是否会更好等成为流动的个体时常要面对的问题"❷。

流动社会首先是地理意义上、空间意义上的,而乡城迁移家庭首先体现了家庭自身从乡村到城市的空间流动。进一步来说,我国城镇化的快速

❶ 周兴国,江珊.非权力性资源配置与乡村学校发展困境:一种理论解释[J].安徽师范大学学报(人文社会科学版),2021(1):136-146.
❷ 陈咏媛,谢天,杨宜音.流动社会的流动之心:社会心理学视角下的流动性研究[M]//杨宜音,编.中国社会心理学评论(第20辑).北京:社会科学文献出版社,2021:17.

增长正是依托于人的空间流动，尤其是从乡村到城市的空间流动。而在教育研究领域，社会流动往往是对应社会分层而言，是"个人或群体在社会分层中地位的升迁或降落"❶。许多相关研究指出：我国正在日益趋向形成一个流动社会，而我国的社会流动有明显的减缓趋势，尤其是教育之于社会分层与社会流动的功能有所弱化。换言之，尽管城乡二元结构仍然存在，但是由乡至城的迁移并不直接意味着社会流动。这种空间再生产意义上的矛盾也体现在教育的"层类交错"之中。❷随着高等教育的普及，高等教育进一步分化出"普通教育"与"职业教育"的类型区分、"双一流大学"与"双非大学"的层次区分，等等。这些区分既是现代性所要求的专业化、精细化的体现，也是城乡之间与城市内部双重二元结构在教育领域的一种移植，有学者将此种现象称为"教育生态"与"教育心态"的矛盾。❸

根据历史唯物论的观点，教育生态的变化必然引发教育心态的变化，而教育心态的变化是对教育生态变化的能动反应。教育期望是教育心态的重要组成部分，乡城迁移家庭对于教育期望的理解，其实也蕴含了对"教育生态"变化的理解。进而言之，从乡村到城市的家庭迁移不正是其对教育生态变化的主动应对？严格来说，问题的关键不在于家庭教育期望，而在于如何通过家庭的教育行动来推动教育期望的实现。我们恰恰是从性善论的角度认为，家庭在提出期望的同时，也会积极推动其家庭教育期望的实现。如果脱离了这一人性论基础，那么关于教育期望的讨论也就失去了现实意义，而乡城迁移就是他们实现家庭教育期望的一种具体途径与方式。

乡村家庭由"向城市流动"到"向城市迁移"的转变，既是对教育城

---

❶ 周作宇. 教育、社会分层与社会流动 [J]. 北京师范大学学报（人文社会科学版），2001（5）：85 - 91.

❷ 陈先哲，卢晓中. 层类交错：迈向普及化时代的中国高等教育体系构建 [J]. 教育研究，2018（7）：61 - 66.

❸ 余秀兰. 我国高等教育普及化进程中的民众教育心态 [J]. 高等教育研究，2021（11）：39 - 48.

镇化的自觉反应，又在客观上进一步促成了教育城镇化。由于城乡二元结构的长期影响，乡村与城市在其地理差异的基础上还存在教育环境、教育资源、教育机会的差异。因此，迁移也是家庭通过主动的空间迁移来克服教育资源配置差异的举措：既可以说是乡城迁移提升了家庭教育期望，也可以说较强的家庭教育期望促发了乡城迁移。在不少研究中，从乡村来到城市接受教育被视为文化上的从"乡野"到"庙堂"，这样的观点虽然未必能够获得沙区乡城迁移家庭的普遍认同，但在一定程度上说明，就乡城迁移家庭的价值来说，大部分需要通过子女教育成就而得到体现。这无疑提升了乡城迁移家庭的教育期望，且呈现出对于城市家庭的跟随。

三、城市教养方式强化教育期望

城乡生活体验给乡城迁移家庭带来城市生活更先进、更现代，也更文明的印象，乡村的生活方式与生产方式被一概打上了"落后"的标签。家庭教养方式亦是如此，城市化的家庭教养方式成为"别人家的教养方式"进而受到乡城迁移家庭的推崇与模仿。"模仿是适应性的。如果你模仿了一个成功个体的行为特征，你或许就能理解是什么使其获得了成功。"❶ 跟随的主要行为表现就是模仿。城市中心的教育模式不仅影响着乡村教育，还同样影响着进入城市后的乡城迁移家庭中父母对子女教育的认知。乡城迁移家庭中父母普遍学历较低，并不能简单地归结为其自身的教育失败，而是与当时教育领域"分步走的非均衡发展"❷ 的政策背景高度相关，因此，可以说这部分群体存在教育上的"先天不足"。此种"先天不足"并没有演化为"反学校教育"的文化习性，反而在外出务工之后，进一步增强了其对城市生活的向往及对城市教育的想象，并且将这种想象从学校教育迁移到家庭教养方式上。

---

❶ 彼得·图尔钦. 超级社会：一万年来人类的竞争与合作之路［M］. 张守进，译. 太原：山西人民出版社，2020：118.

❷ 阮成武. 基础教育改革顶层设计的进路与反思：1980—2020［J］. 南京师大学报（社会科学版），2021（1）：14－23.

（一）对子女留守和随迁的排斥

乡城迁移家庭普遍排斥子女在乡村留守。虽然不少家庭曾有过子女在农村留守的经历，但这段经历无论是对于家长还是对于子女，都算不上是值得回味的记忆。特别是当留守变成乡村教育的一部分时，这种排斥感会更加强烈。

"自己的孩子怎么会不想？不是生活所迫，谁会不把自己的孩子带在身边？""我以前开店的时候会跟老公去嘛，孩子也放给婆婆带了几年，然后还是觉得自己带着可能会做得更好，后面我就专门回来带孩子了，不希望她做留守儿童。"（CDS – S – X – W）

"乡下学生还是很多的，但基本上都是留守儿童，然后就是说学习环境可能没有像城里面的比较好一些。那小孩子没人管，就什么脏话一大堆。"（GDS – S – X – H）

"我们乡下人讲'做给儿孙'，赚多少都是要给小孩的。要是小孩子在乡下学坏了，那赚再多都没有用，带在身边放心点。"（CDM – Z – X – Z）

虽不应当对留守儿童"污名化"[1]，但是乡村学校教育资源和文化资源的流失是不争的事实。在大部分尚未发展出现代农业的乡村，除了留守的老人、儿童，其余大多是乡村语境中不务正业和游手好闲的成年人，这意味着此地缺乏良好的学校教育环境，也没有很好的生活环境。尽管一些研究认为，"留守儿童在社会文化的熏陶、亲子关系的感知、学校与社区重要他人的替代中，形成了基于自身视角的亲代在位的认知图式"，这能够支持留守儿童的学习和成长，"为他们取得高学业成就带来精神力量"[2]。但对于更多成年后没有走入精英大学，甚至走入工厂的留守儿童来说，这些认知图式有时候是不堪回首的记忆。

---

[1] 周昆，袁丹. 破解儿童留守问题的复杂性思维范式转向［J］. 西南大学学报（社会科学版），2020（6）：114 – 121.

[2] 吴重涵，戚务念. 留守儿童家庭结构中的亲代在位［J］. 华东师范大学学报（教育科学版），2020（6）：86 – 101.

出于对子女成长的现实考量，以及有关留守子女的负面报道带来的忧虑，越来越多的流动家庭选择把孩子带在父母身边抚养、照料。但是，一旦孩子进入学龄阶段，在何处受教育就成了不得不考虑的问题。对于不少在大城市务工的乡村家庭而言，"两为主"的政策并不等于确保他们的子女能够进入公立学校就读，而更关键的是，既然乡村家庭是"流动"到这一城市，那么其难免还会"流动"到另一城市，一旦出现二次流动，那么子女的入学问题将更为棘手。所以，他们也表现出了对随迁的排斥心理。

"之前在浙江那边，老大要读书的时候，摇号摇到私立了。他们那边是这样，私立也要积分，就是比公立低一些。那一年学费三四万咬咬牙才交上。后来小的也要读书了，一年赚的还不够孩子读书。我给老婆商量，还是回来读算了。"（CDM－Z－X－Z）

"我们经常这边待一两年、那边待一两年，哪里赚得多就去哪里。小孩跟着的话要经常转学，很麻烦，对小孩也不好。现在那种做小生意的，一个地方也就做个几年嘛，如果生意好的话就坚持一下，生意不好就得换地方。那孩子读书读不了，所以说也带不走。我们村出来的很多，其实随迁的是很少的，真的很少。"（CDM－S－X－W）

诚然，大城市赚钱的机会更多、能够赚到的钱也更多，但在大城市务工或者个体经营并不是一种稳定的生活状态。从另一面来说，大城市真正想要吸引或者留住的劳动力是高层次人才。职业的不稳定性和居住的不稳定性，不仅增加了其子女在务工城市受教育的不稳定性，还可能导致儿童社会化过程的突然中断。❶ 因此，在子女要接受学校教育之时，出于对子女频繁转变学习环境带来的生活不适和学业成绩下降的担忧，他们也会选择终止孩子的流动状态。虽无法在务工的城市真正安定下来，但希望给子女提供一个安定的教育环境，这也成为不少乡村家庭选择成为乡城迁移家庭的重要原因。乡村家庭"一家三制"现象以及"陪读妈妈"的大量出现，是对这种既排斥留守、又排斥随迁状况的一种自觉应对。

---

❶ 李伟梁. 流动人口子女家庭教育问题研究［D］. 华中师范大学，2003.

留守儿童也罢，流动儿童也好，所映射的都是城镇化进程中乡村家庭的一种不安定的教养方式。无法在务工的城市真正意义上地安定下来，但又希望给子女一个安定的教育环境，这表明其家庭教育期望并不完全是内生的，也就是说不是完全根据家庭的生活状态而提出的。"陪在孩子身边"成为乡城迁移家庭模仿城市教养方式的第一步。

"我爸妈当时想着说区里面初中好一些，就让我去学校里面寄宿。但是同班同学都会排斥我，比如课间一群人聚在一起说话，我一进来，他们就不讲话了。类似的时候很多，体育课的时候最可怕了，这种表现更明显，有时候需要有搭档，没有人和我搭档。然后男生会多出一个，就让我和他搭档。有几次班上有个男生请假，我就是一个人，然后体育老师说，那你看着找一组，最后还是自己一个人。……老师看到？我不知道。老师可能从来都没看到过吧，老师怎么会去管这种事呢？就自己心里难受，也不知道要做什么。……现在已经没法回想起当时的心情了。……我记得第一个寒假回去的时候，我奶奶说，怎么好好一个女孩子出去，回来变成这样了。"（M 校 Z 生）❶

Z 生读初二时（2014），Z 的母亲因为 Z 的精神状态不佳，特地回家陪读，并在学校附近购买了房子，但是此后，Z 的弟弟妹妹都未到该校读书，房子也近乎闲置。因为 Z 的经历，她的母亲就专职在老家陪读，弟弟妹妹也是在乡镇初中读书。通过 Z 的叙述，可以看出父母对于乡城迁移、对于子女留守问题的某种反思。子女的单独迁移无异于造成新的留守，因此需要父母"陪在身边"。

"现代教育无论从动力、组织条件、内在结构，还是从运行方式、评价标准、精神气质上都是竞争的。"❷ 在中考的推动下，学校、家庭、学生都在不同层面展开竞争。如果将"迁移"视为一种为获得城市教育资源而

---

❶ M 校是 M 省 Q 市的一所民办本科学校。由于 Z 谈及这段经历表现得很痛苦，所以没有继续追问其留守经历。

❷ 高德胜. 竞争的德性及其在教育中的扩张［J］. 华东师范大学学报（教育科学版），2016（1）：14−23，110.

作出的家庭教育投入，并以此表达家庭教育期望，那么显然乡城迁移家庭的教育投入相当可观，而且这种投入还需要融入新的社会结构、社会文化之中，并自觉抵御可能出现的风险，因为在小学阶段还有退回乡村的可能，而到了初中阶段则几乎失去了这一选项。"陪读妈妈"的大量出现，说明越来越多的乡城迁移家庭更为关注"在场"❶的教育参与。而"在场"的教育参与除了养育，主要是陪伴孩子以及尽可能地辅导孩子的学业。

（二）对城市教养方式的推崇

城市之所以被常人认为是现代的、先进的，很大程度上是由于城市文化中所蕴含的"科学性"。其科学性体现在，不仅现代城市生产是建立在专业技术知识和科层制的科学分工之上，现代城市生活也被认为是在科学指导下展开的，家庭教养方式亦不例外。在乡村语境下，"城里的孩子"是素质教育的代名词。随着电视媒体，尤其是移动互联网的兴起，各种心理科学、学习理论等相关知识和"成功家庭"的育儿经验，通过各种媒体渠道渗透日常生活，以教导父母们该如何城市化、科学化地教育孩子。

乡村迁移家庭中的母亲们对此种科学育儿理念颇为相信，经常在"朋友圈"转发、分享科学育儿的文章、口号，如"没有教不好的孩子，只有不会教的父母""'双减'就是要减去不重视教育的家长"等。正如阎云翔观察到的那样，女性更容易被城市的中产阶级价值观念所吸引❷，

❶　所谓"在场"，主要是指人作为命运相关者进入场内。关于"在场"和"不在场"的哲学争论还很多，这并不是本书讨论的内容。在教育学领域，"在场"或"不在场"的提出与现代技术有密切关联，也可以说，现代技术的出现为"不在场的参与"提供了可能。正如吉登斯在《现代性的后果》中所引的，"一个人正在与世界的另一边的一个人通电话，与同房间的一个人相比，他与远处的那个人的距离倒更近些"。国内学者张务农基于伯格曼现象学技术哲学则提出"没有不在场的参与，也没有不参与的在场"，所谓"不在场的参与"恰恰是现代技术在教育实践中所呈现的伦理危机。[参见张务农. 论"在场的参与"作为在线教学的伦理尺度——基于对伯格曼现象学技术哲学立场的审视 [J]. 中国远程教育，2018（2）.]此处所论的"在场"更多是空间意义上的，简而言之就是是否处于同一个日常生活空间之中。

❷　阎云翔. 私人生活的变革：一个村庄里的爱情、家庭与亲密关系（1949—1999）[M]. 龚小夏，译. 上海：上海人民出版社，2016：51.

而就教育来说，"这些价值观告诉人们，通过提高教育水平，可以得到更高薪酬的工作，更多的家庭能达到中产阶级生活水平，并改变生活方式"❶。除了更加重视子女的学业情况外，让子女参加象征城市素质教育的艺体类培训，也几乎成为此类家庭在推动教育期望实现过程中的"标配"。

"我就觉得城里面学的东西会多一点吧，不只是单纯的这种几科成绩很突出的。像城里面的那种锻炼机会可能也会多一些，没有像我们以前的时候讲死读书。"（CDM－S－X－W）

"城里面的家长素质也会更高一些吧，城里面的家长比较会规划。给孩子规划这一点我觉得也是我要学习的地方。我对于这个问题也是这一两年才看懂的。因为我就觉得，像当时我读书的时候，因为我爸爸妈妈是农民嘛，他不会给我规划就供我读，学习上也不会管我。"（CDS－S－X－W）

与"专业技术知识"指导下的家庭教养方式相对的，是对传统的、经验式的育儿方式的排斥。一个较为普遍的现象是，这类家庭中鲜见代际合作育儿，基本上是由母亲独自承担子女的日常照料。虽然她们也承认"有时候比如小孩子生病什么的，那就真的顾不过来了"，但大部分独自生活在城市中的母亲仍不希望公公婆婆参与子女抚育的过程中。距离较近的祖辈有时候会在周末来到城区看他们的孙辈，就像来城市"走亲戚"一般，而且不少祖辈也会尽量控制自己进城的频次和待在城里的时长，以免影响孙辈的学习。"受制于经济能力、知识结构等，迁入城市的农村父辈常不能提供子女足够的教育支持，但若迁移改善了父辈的教育认知，随着迁移者适应能力、收入水平的提高，他们会自发地增加教育投入，优化家庭教育行为。"❷ 由于迁移而进一步完成家庭的核心化使小家庭在教育开支方面有更多的自主权，而且，在关系到教育支出的问题上，祖辈不仅鲜有干

---

❶ 杰里·比格纳. 亲子关系——家庭教育导论（第8版）[M]. 郑福明，冯夏婷，译. 北京：高等教育出版社，2012：16.

❷ 杨振宇，张程. 城乡迁移对农村籍父母教育观念与行为的影响 [J]. 清华大学教育研究，2016（4）：76－87.

涉，甚至会给予一定的经济支持。

中下层社会对中上层社会的生活方式、教养方式的模仿，古今中外概莫能免。在乡城迁移家庭模仿城市家庭教养方式的过程中，"劳动阶层容易忽略和否定其阶层家庭教育的经验与价值"❶的担忧固然不无道理，"寒门学子"的学业自信也确实需要引导，但这种模仿的背后与乡城迁移行为有着同样的逻辑：对当下处境的不甘。无论是拒绝子女留守、随迁，还是推崇科学育儿，都蕴含着一种好的、城市化的家庭教育能够促进子女获得更好人生发展和成就的教育期望。而且，模仿本身也在强化其家庭教育期望，因为这一行为的潜台词是对家庭教育能力的自信，即认为自己有能力培养出"城里的孩子"，而非"走乡下人的老路"。在此意义上，帮助乡城迁移家庭提升效仿城市家庭教养方式的能力和水平，比帮助乡城迁移家庭"认清阶层差异"更具现实价值，也更能为其所接受。

第二节　家庭校外教育选择的城市化倾向

乡城迁移家庭在模仿城市家庭教养方式的过程中，还派生出对校外教育的重视和选择。乡城迁移家庭对于城市教育环境、城市教育方式的追求，本身就是一种教育选择。家庭教育期望指向的是子女的最高教育程度，更确切地说，是在学校教育体系内的最高教育程度。随着乡城迁移家庭对城市家庭如何实现教育期望方式的理解的加深，他们发现促成城市家庭子女更好的学业表现、更高的教育成就的因素不只在于学校教育，校外教育同样是实现家庭教育期望的重要领域。也就是说，校外教育选择同样关系到"起跑线"的问题。校外教育原本是指在学校教学计划之

---

❶ 熊和妮. 家庭教育"中产阶层化"及其对劳动阶层的影响［J］. 教育理论与实践，2017（7）：30－34.

外，在课余时间开展的教育活动，其内容和形式具有多样化的特征。❶
从概念表述来说，校外教育显然是与学校教育相对的，在教育内容、组
织形式等方面与学校教育具有互补性。但随着升学考试竞争的日益加剧，
学科培训在校外教育的占比越来越大。"进城读书"体现的是一种经济
优势❷，而如何将经济优势转化为"教育优势"，则需要乡城迁移家庭不
仅关注学校教育的选择，还要关注校外教育的选择。从实践上来说，校
外教育更像是家庭的教育延伸，是家庭向社会、市场的进一步的教育购
买。家庭在校外教育方面拥有更多的选择权和自由度，也更能直接反映
家庭教育期望。

一、乡城迁移家庭的校外教育选择背景

家庭在校外教育选择和参与过程中，主观性更高、能动性也更强。知
识社会学认为，"个人在他的生活背景中的制度行为是离散的，但他的生
活背景是一个反思性的整体，其中的离散行为不会被当成孤立事件，而是
被视为隶属于一个主观意义的世界的事物"❸。也可以说，个人在其所经历
的孤立事件中形成自我的主观意义，这种主观意义可能与他人不一致，但
是他在日常生活中通过与他人的互动，整合形成一个既主观又客观的现实
世界。那么相应地，不同家庭对校外教育选择的差异，一方面是源于自身
的主观意义建构，包括亲身经历形成的经验与非亲身经历获得的认知；另
一方面则是源于与他人共同整合而产生的一个意义世界。鉴于此，可以通
过主客观的校外教育意义建构来理解不同家庭的选择，从而更好地理解乡
城迁移家庭的教育期望。

---

❶ 康丽颖. 校外教育的概念和理念 ［J］. 河北师范大学学报（教育科学版），2002（3）：
24 – 27.

❷ 陈时见，胡娜. 新时代乡村教育振兴的现实困境与路径选择 ［J］. 西南大学学报（社
会科学版），2019（3）：71 – 76，191 – 192.

❸ 彼得·伯格，托马斯·卢克曼. 现实的社会建构：知识社会学论纲 ［M］. 吴肃然，译.
北京：北京大学出版社，2019：84.

乡城迁移家庭进入城市后能够选择的校外教育资源更为丰富。然而随着城镇化进程的推进，城市内部也相应地发生着结构性变化。在城区规模扩张前，沙区主城区内的初中有 3 所，其中 1 所为市属、2 所为区属；位于非主城区的有城乡接合部初中 1 所（沙区第十二中学）、钢铁厂内设学校 2 所、职业中专改制初中 1 所，另有乡村初中 6 所（其中 1 所建制在沙区第三中学借读，保留牌子，并由第三中学校长兼任该初中校长）。中考改革之前市属初中进入第一中学、第二中学、第九中学的录取率在 80% 以上❶，另外 2 所城区初中的中考录取率也在 70% 以上。此外，市属初中与 2 所市属小学共同坐落在方圆不足一平方公里的区域内，这里成了沙区的教育核心区，不仅是沙区房价最早突破 1 万元/平方米、突破 2 万元/平方米的区域，一些老旧二手房的均价也大多在 1.5 万元/平方米以上，尽管如此，还是出现了人口的高度集中。在城区扩张后，2016—2021 年沙区先后新建了 4 所初中。此外，新建学校通常建在城市的新开发地带，规模更大、学生人数更多。

城市教育结构的变化直接体现在学区房上。城市在扩张的过程中，也不自觉地划分出若干区域，如核心区、开发区、城中村、城乡接合部等，不同的区域对应着不同的家庭群体，也对应着不同的教育资源。"沿着城市的等级系列观察，外来人落户小城镇容易，落户大城市就偏难"❷，而从城市内部的等级系列来看，乡城迁移家庭进入非核心区容易，进入核心区就偏难。

学校教育资源的获得压力与动力也促使他们尝试通过校外教育选择来放大迁移的积极意义。在沙区第二实验小学的抽样调查中，有 91% 的乡城迁移家庭给子女至少报名了一项校外教育活动。为了更好地说明乡城迁移

❶ 沙区的初中在籍学生目前可选择的普通高中有 5 所，其中公立高中 3 所、私立高中 2 所。两所私立高中里，一所为集团制办学，2016 年开始招生，教学质量高于第九中学，另一所私立中学的录取率则排在最末。这里只统计进入第一中学、第二中学、第九中学三所公立高中的录取率。由于第一中学、第二中学与第九中学之间存在断档式的差距，如 2020 年三所学校的统招分数线分别是 645 分、682 分、563 分，因而大部分家长更看重进入第一中学、第二中学的中考录取率。

❷ 周其仁. 城乡中国（修订版）[M]. 北京：中信出版集团，2017：101.

家庭在教育期望上的城市化跟随现象，在沙区第二实验小学的抽样基础上，本书从中分别选取了 6 户乡城迁移家庭（下文简称 C 类家庭）和 4 户原城区户籍高学历家庭（下文简称 A 类家庭）开展深度访谈。此外，本书还选取了子女在市属中小学就读的 4 户家庭（其中 2 户为小学、2 户为初中，下文简称 E 类家庭）作为对比样本，这 4 户家庭的共同特点是父母的学历较高，而且职业多为高校教师或事业单位工作人员。（见表 3 - 1）。通过对上述三类家庭在校外教育选择情况的大致梳理，能够看出乡城迁移家庭在教育期望上的城市化跟随及其跟随对象。❶

表 3 - 1　参与校外教育的受访家庭情况

家庭类别	受访家庭编号	父母最高学历	职业类型	子女就读学校类型	校外教育内容
E 类家庭（市属学校高学历家庭）	YSM - G - C - X	硕士	大学教师	市属初中	学科培训、乐器、书法、篮球
	YYM - G - C - L	本科	事业单位中层干部	市属初中	学科培训、乐器、书法、舞蹈等
	YJM - G - X - Y	硕士	大学教师	市属小学	学科培训、乐器、书法、绘画
	DYM - Q - X - W	大专	事业单位工作人员	市属小学	学科培训、奥数、钢琴、舞蹈、书法
A 类家庭（区属学校高学历家庭）	DSS - Q - X - F	本科	国企基层管理人员	区属小学*	学科培训、英语口语
	DSS - Q - X - S	大专	国企技工	区属小学	学科培训
	DDM - S - X - W	大专	快递公司技术主管	区属小学	学科培训、思维训练、英语
	DSS - J - X - W	本科	小学教师	区属小学	学科培训（奥数）

---

❶　这一部分内容的主要访谈时间为 2021 年 7—9 月。当时"双减"政策刚出台，许多配套措施还未具体落地。而借助家长对于"双减"政策的感知，能够更好地理解不同家庭在校外教育选择过程中展现出来的家庭教育期望。

家庭类别	受访家庭编号	父母最高学历	职业类型	子女就读学校类型	校外教育内容
C类家庭（乡城迁移家庭）	CDM – S – X – W	初中	小吃店经营者（外地经营）	区属小学	舞蹈、美术、英语
	GDS – S – X – H	高中	制造业私企技工	区属小学	写作、乐器
	CDM – S – X – Z	初中	个体工商户（本地经营）	区属小学	篮球
	CDM – S – X – D	初中	汽修店老板	区属小学	篮球、跆拳道
	GYS – S – X – B	高中	托管班合伙人	区属小学	舞蹈、美术
	GFM – S – X – G	高中	匝钢厂合伙人	区属小学	美术、音乐、英语

*注：访谈时（2021年），该家庭大儿子在沙区第三中学就读，小女儿在沙区第二实验小学就读。

二、学科类培训的校外教育选择

校外教育之所以成为当代教育治理的问题之一，在于它深刻地影响着学校教育，尤其影响着学校教育评价功能的发挥。而家庭教育期望的内核实际上指向的是学校教育的评价功能，因为教育评价不仅会导致教育分流，还决定着教育获得。因此，受城市家庭的影响，乡城迁移家庭也越来越重视校外教育，呈现出较为明显的城市化倾向。

（一）城市家庭的学科类校外教育选择

市属学校高学历家庭不仅子女就读的学校拥有较好的教育资源，其父母也有更优的社会经济地位和教育背景，换言之，E类家庭有着明显更高的教育学历和职业层次，在沙市这样的中小城市处于较为显著的优势地位。而且根据前文的分析，其对子女不仅有着更高的教育期望，还能够更好地进行教育投入和教育参与。在校外教育选择上可以发现，E类家庭为子女提供了更多的教育机会和更丰富的教育内容。

随着城市教育竞争的加剧，子女在市属学校就读也不能保证就能够顺利地升入普通高中。在这部分家庭看来，校外教育能够有效避免孩子无法升入普通高中。

"我有一个同事，小孩初一暑假的时候就找一对一的培训，把初中三年的知识都学完了。不去培训能行吗？这个市区稍微有点本事的都走了，留下来的都是我们这些有单位的，怎么肯让孩子去读职高？"（YSM - G - C - X）

而这一表述的潜台词是：如果子女进入职业高中，父母是难以接受的。至于这种难以接受的原因，显然与就读职业高中可能导致的家庭社会地位下降有关。相反，子女若在学业上有所成就，那么带来的社会阶层提升不仅显而易见，还具有很强的跨越性。

同时，在这部分家庭看来，校外教育选择与投入，不仅能引导子女对学习予以重视，也能够弥补教育过程中的一些短板。由于学校教育难以全面顾及每个学生的学习特点，那么校外教育就是一种有益的补充，可以帮助子女获得针对性的提升。

"我一开始也读得挺好的，读高中的时候有点吃力了。当时家里也不在意，觉得读成什么样就是什么样，要靠自己。但其实这些校外补习可以省很多事情，考试有些是有窍门的。"（DYM - Q - X - W）

不过，需要说明的是，这些家庭的校外教育并不只发生在学校教育之后，且不能直接推导出校外教育发挥着补充、延伸学校教育的主要功能❶。他们的校外教育（确切来说是培训班）更多地在学前阶段就开始了，且与义务教育阶段的校外教育有明显的延续性。在这个意义上，校外教育与其说是一种教育补充，毋宁说是教育提前。

A类家庭虽没有在城市的教育核心区内，但此类家庭作为城市原住群体，曾经享受过城乡二元结构下的资源倾斜。也正因如此，随着中小城市流动性的增强、城乡二元的松动，他们对社会压力也有很深的体会。这种

---

❶ 刘登珲. 我国校外教育功能定位流变及其现代转向 [J]. 湖南师范大学教育科学学报，2016（5）：114 - 119；侯怀银，雷月荣. "校外教育"解析 [J]. 教育科学研究，2017（5）：27 - 31.

社会压力明显转化为教育期望的动力，即希望子女在学业上能够有更好的表现，家庭的教育行动也更多体现为参与学科类的校外教育。在政策红利逐渐消失后，学历程度的作用得以充分的体现，因此在他们看来，如果子女不能在学业上有所成就，尤其是不能取得较高的学历水平，那么现在的生活状态很难得到改善甚至难以延续。

"我们能够进国企，还是跟当时的政策有关。但是乡下家庭能够来到城市的话一般都更拼，小孩读书也更拼，这让我们很有压力。"（DSS-Q-X-S）

与此同时，这些家庭发现，在其他大城市生活的亲友们及子女在市属学校就读的家长对校外教育的参与要远高于自己，这让他们觉得有必要提高对校外教育的重视和参与程度。W家长是沙区某小学的数学老师，她觉得在大城市生活的亲戚朋友的校外教育参与给她带来很大的触动。

"我姐姐是在福州，在公安还是在国安工作，然后她那个孩子以前小时候都学得挺好的。我是教数学的，我那时候还没生孩子，就带她儿子嘛，三年级就叫他暑假要把四年级的学完，四年级叫学五年级，然后每天回来还要检查。那时候就学周长面积，孩子就搞不懂，她就一直骂他这么笨。"

而说起她在厦门岛内的堂妹一家：

"她孩子是三年级的，她说有2/3还是多少，都在新东方那里培训数学，学奥数娃也太小了。因为她非常焦虑，孩子上三年级整天排名比较靠后，整天被老师批评。"（DSS-J-X-W）

鉴于此，W家长让孩子四年级开始学习奥数。之所以选择奥数，除了对提高数学成绩有帮助外，还在于她自己也能督促孩子学习，避免花冤枉钱。F家长也有类似的经历，他在福州的妹妹每年夏天都会把孩子送到沙区的哥哥家中，并负责出钱请家教老师，学习的主要是下一学期的课程内容。此外，在选择培训教师方面，这些家庭也缺乏足够的渠道，更多的是以培训教师的学历作为评判标准。这样的评判标准也隐隐地展现出家庭自身对于高学历的期望。

"（培训的内容）就是思维训练嘛，老大学了，一节课程80，老二也上了一半，但是效果不是很好。他那个老师是清华的硕士生，我觉得应该还可以吧。"（DDM－S－X－W）

区属小学中，具有较高教育程度的父母基于自身经历，以及与在大城市生活的亲友的交流互动中，认识到现在的学校教育并不像八九十年代那么按部就班，稍有懈怠就可能成为"陪跑者"。

"学区房买不起，这些培训班总还是上得起。好的学校里面学生都在学，如果自己不给孩子报班、请家教的话，长大后孩子会怨我们做父母的。"（DSS－Q－X－F）

这一点与缺少与城市家庭直接互动的乡城迁移家庭形成鲜明对比。其实，沙区存在明显的南北差异，北部是市治、区治所在地，南部则连接着大片乡村。在相当长的一段时间内，城区内部的教育竞争实是在不同层级展开的，南北片区各自有对口的高中，南北之间的流动性亦不显著，这种情况在固有的城市教育格局中长期共存。然而这种校外教育的教学内容和参与程度让家长们倍感压力，既感觉自己身上背负着教育压力，更感觉子女身上背负着教育压力，选择学科培训更像是无奈之举，而这样的局面也让他们产生了对往日城市教育资源富集的怀念。城区的人口、学校没有现在这么多，不仅父辈与子辈之间形成交往闭环，而且彼此也很少形成竞争关系，对教育的满意度和优越感都高于现在。尽管 A 类家庭更多是从在大城市生活的亲友的"赶学游戏"中感受到校外教育的重要性，但这种情绪更容易转化成对迁入城市的乡村家庭的排斥，甚至认为是后者破坏了原有的城市教育资源结构，进而带来了更大的教育竞争压力。

（二）乡城迁移家庭的学科类校外教育选择

乡城迁移家庭对于子女的校外教育持有一定的乐观心态，但这种乐观的教育期望是有限度的，他们仍然希望自己的子女能够继续留在教育体系内，从而获得更高的学业成就。事实上，这种"乐观"一定程度上还源于他们对社会阶层结构的认识与城市家庭不同。如前所述，能在沙区定居下来的乡城迁移家庭，大多是个体工商户，可以说，他们是游离于"科层主义"建构的"吐司式"社会分层之外。在这部分实现从"乡下人"到"城里人"身份转变的家庭看来，社会阶层结构可简化为精英群体、"城里人"和社会底层。不是"教育无用"，而是经由教育实现向精英阶层的流动并不现实。新兴职业和技能型职业的获得同样需要一定的教育基础，虽然家庭无法提供"子承父业"式的技能训练，但至少可以暂时从教育竞争中"解脱"出来。

随着迁移到城市、开始以"城里人"塑造自我认知之后，乡城迁移家庭自觉地意识到城市教育的竞争属性、意识到家庭在教育竞争中的重要性，然而，由于家长自身缺乏足够的应对考学竞争的信心，子女的"兴趣"很容易在校外教育选择中退位，仅成为"锦上添花"的元素。至少从家长的角度来看，非学科类培训与教育评价的直接相关性很弱，也就没有坚持下去的必要性。这一点从子女的感受中可以更清楚地得到体现。到了初中阶段，乡城迁移家庭对子女的教育期望进一步聚焦，小学阶段被视作"城市素质教育代表"的艺体类培训也需要暂时让位于升学考试。

"'时间要花在刀刃上，不能浪费一点儿学习的时间。''今天先读一个小时书，再写十分钟的硬笔，然后……'源源不断的知识向我们涌来，将心中的快乐淹没，留下心中麻木僵硬的微笑。那个神秘的'别人家孩子'我也想知道是谁，他在各项都将我压在身下，总是一副高人一等的姿态。"

"我本来想继续画的水彩，可因为父母说素描以后更有用，而去认真画（素描）了。依稀记得一个周末三四节补课的时候，这让我感到了疲惫，但也还是认真上课。"

"当时学校要求让一些学生周六上课，自愿报名，就当时学习压力也挺大，妈妈就一直要让我上，我那时不想上，很累。可她那强烈的态度不许我做选择。在我的那班级，有很多的校园欺凌者，班上的很多女孩都受到过，当然，包括我。那一段时间让我发现了自杀现象，很崩溃，这也是我不想去学校原因之一。那天我与妈妈说了很多，她一点没听进去，依旧是让我去，不去就别学画了，没用。"

"停止了5年的画画生涯。也许在别人眼里，就是一个补习而已，大可不必。当然好像我的事对他人并没有什么关系，也就把许多心事都埋藏在心底，也许是自己安慰自己，觉得也没什么事，就是补习而已。"（以上为同一份文本）

随着学校教育内容趋于同质化，校外教育一度被认为是满足儿童个性发展的主要途径，因为不同家庭在校外教育的选择上更具"因材施教"的可能性。但在考学压力下，乡城迁移家庭反而倾向于"抑制"子女的个性，要求子女先确保"考上一中"，在教育竞争中实现足够的教育获得，以此回应父母在乡城迁移过程中的付出。当然，对子女自身来说，兴趣爱好绝非与成长无关的"补习"而已。乡城迁移给父母带来的社会化问题明显大于给子女带来的社会化问题，这也使乡城迁移家庭更容易产生亲子之间的冲突。

（三）以学科培训提升考学竞争力

城市教育资源在城市规模扩大的过程中也发生了相应的分化。沙区在义务教育阶段尚无民办学校，因此学校教育资源主要分为区属学校和市属学校。学校教育资源的差异，也在客观上影响着家庭的校外教育选择。进而言之，乡城迁移家庭在通过校外教育来实现家庭教育期望的过程中，需要面对城市教育资源分化的现实问题，这导致乡城迁移家庭的跟随对象往往是相对普通的城市家庭，而非处于教育核心区之中的城市家庭。

家庭教育期望的直接表达是对最高教育程度的期待与要求，不同类型家庭的校外教育选择也在一定程度上反映了升学考试的压力，尤其是中考的压力。学校教育是国民教育系统的主干，对校外教育的规范化治理亦是使其回归"影子教育"的定位。用一个不甚恰当的比方来说，学校教育就如同柏拉图所谓的"帷幕"之后的事物，而校外教育则如同映照在洞穴墙壁上的"影子"。然则通过比较"影子"的异同，也可以窥探出本体的异同，上述不同家庭的校外教育选择其实是对沙区学校教育的不同感受。中小城市的教育资源供给由于人口结构和职业结构的改变而呈现出明显的

"优势绑定"。

就乡城迁移家庭具体的教育行动上来看，不能忽视中考的强筛选作用。从乡城迁移家庭的迁移选择来看，中考是一个重要的制度因素；从乡城迁移家庭的教育期望表达来看，不少家长强调"先考上高中再说"，因为这是获得高等教育的基础。那么，从不同家庭对于校外教育的选择中，也能够看出不同家庭在城区教育结构变化背景下的学校教育选择和中考应对。

无论是增幅比例还是增幅数量，义务教育阶段的规模扩张程度都要远远超过高中教育阶段。尤其是中考改革后，城区初中的中考录取率明显下滑，如市属初中 L 校的第二中学录取率从 60% 左右下降到 50%。在绩效主义的影响下，优质高中意味着好大学。中小城市普通高中教育资源的紧缺进一步加剧教育竞争压力，使教育选择被提前：进入普通高中、还是进入职业高中；进入头部高中，还是进入腰部高中。相较于沙市较高的高考录取率，"指标到校""普职分流"等政策带来的考学压力使教育竞争压力进一步向下传导，直接压缩原市区初中的录取比例，不仅没有改变"重点高中的精英主义倾向"❶，反而促使中考进一步趋向"精英化"。而在此过程中，不同家庭的"次属效应"也得到发挥和体现。

"考上一中、二中才有机会选择考什么大学。"（YSM－G－C－X）

那么如何才能考上第一中学、第二中学呢？简单地说，首先要进入一所足够好的初中，其次要在这个足够好的初中内部考到一个好位置。"剧场效应"常被用以解释教育内卷、教育竞争压力下沉的产生：一个人站起来之后，其他人也被迫不得不站起来。值得进一步深究的是："谁第一个站了起来，而其又带动哪些人站了起来？"已有不少研究者指出，高阶层家庭或出于社会地位下降回避、或出于学历下降回避，往往更有能力为子女教育投入较多的资本。❷ 而这些文化资本、经济资本都将通过课业成绩

---

❶ 刘精明. 教育公平与社会分层［M］. 北京：中国人民大学出版社，2015：146－147.

❷ 侯利明. 地位下降回避还是学历下降回避——教育不平等生成机制再探讨（1978—2006）［J］. 社会学研究，2015（2）：192－213，245－246.

而显示出来。但是从反面来看，正是传统观念中的优势家庭率先投身"教育增负"的"竞赛"之中，而其他更为弱势的家庭也必须有着相对应的教育投入增加。许多研究表明，社会经济地位更高的家庭对于子女升入高中阶段有着更强的期望，并且将此种期望转化为家长参与，以影响学生的教育获得。❶ 此外，这部分家庭为子女教育所做的积极规划、积极参与也时常被视为亲子教育的正面典型，进而引起更多家庭的效仿。

"我们学校里有好几个讲师、副教授，小孩读书那几年全身心陪着，也不搞科研，但是人家把孩子培养到 985 高校里面，大家看着都羡慕。"（YJM – G – X – Y）

为确保孩子能够顺利进入市属小学、初中，Y 家长先后在相应的片区内购买了两套商品房，以应对入学政策的可能改变。子女教育投资固然有其风险❷，但这恰恰是由教育的高回报所赋予的。

不仅高阶层家庭先"站"了起来，拥有优质教育资源的学校也先"站"了起来。两所市属小学作为重点校，拥有更为丰富的教师资源，也相应具备了更为丰富的课程资源。这两所学校在一年级就开设了英语课程，是目前沙区仅有的两所在一年级开设英语课程的学校。而在"小升初"考试的时期，六年级教授初中一年级的课程用于备考，曾是学校获得较高升学考试成绩的重要途径。事实上，处于头部的一些优势中小学为了巩固其身份，亦存在变相鼓励学生参与校外学科类和艺体类培训的现象，以至出现某种"共谋"。沙区主要的学科类、艺体类校外培训机构集中在这一区域，并非只是一种简单的巧合，它至少意味着在教育核心区内的家庭有着更高的校外教育投入意愿和能力。如果说城市的重要功能之一是辐射周边，那么优质教育资源的高度集中所造成的则是城市的"收缩"。这

---

❶ 刘保中，张月云，李建新. 家庭社会经济地位与青少年教育期望：父母参与的中介作用 [J]. 北京大学教育评论，2015（3）：158 – 176，192.

❷ 傅维利. 家庭教育资本的本质属性及投资风险管控 [J]. 教育学报，2021（6）：134 – 145.

里的城市"收缩"并非经济学意义上的城市人口减少或城区人口减少❶，而是指由于教育资源在城市核心区的高度集中，致使社会经济地位更高的家庭进一步向城市核心区集中。这不仅使核心区以外的城市区域缺乏足够的经济密度，还导致核心区与非核心区在教育资源上出现断档式差距。而这无疑进一步提升了学校与学校、家庭与家庭、学生与学生之间展开教育竞争的门槛。

一方面，优势家庭向教育核心区集中，甚至向沿海大城市的迁移，变相地将城区非核心区的空间腾出来，为乡城迁移家庭的进入创造了条件。而另一方面，优势家庭的教育应对能够产生一定的示范作用，并成为乡城迁移家庭的模仿对象。由于客观上的高房价与主观上较少愿意购买老旧二手房，乡城迁移家庭其实很少能够进入教育核心区中。而由于教育资源不均衡的客观存在，参加校外学科类培训成为弥补学校资源差距的主要途径，甚至是唯一途径，也成为乡城迁移家庭表达自身教育期望的重要方式。

在这个意义上，乡城迁移家庭的城市化跟随是有限的，因为城市家庭给他们提供的教育示范作用是有限的。乡城迁移家庭在校外教育层面的模仿，很可能由于学校教育资源的分化而被抵消。大量乡城迁移家庭的进入改变了城市原有的教育结构，给城市原住家庭的教育竞争增加了不确定因素；但就乡城迁移家庭自身而言，他们离开了曾经所处的教育结构，进入一个新的教育竞争场域，这也给家庭教育期望的实现增加了不确定因素。

三、非学科类培训的校外教育选择

很长一段时间里，乡村语境中"城里的孩子"意味着不一样的素养水平，而乡下的孩子就像乡下的成年人一样，充满"土气"。就如同近年来

---

❶　城市收缩一般指城市人口的下降，也分为广义城市收缩和狭义城市收缩。周其仁教授、张学良教授都提到城市发展的关键在于"密度"。在这里，"收缩"指的是区域内教育密度严重高于区域外教育密度的一种现象。关于城市收缩和城市密度的问题可以参考 https：//m. thepaper. cn/baijiahao_17170835。

网络上流行的"小镇做题家"一样，城市儿童拥有更多的接受非学科类校外教育的机会。正如费孝通先生指出的那样，"教授们的孩子并不见得一定是遗传上有什么特别善于识字的能力，显而易见的却是有着易于识字的环境"❶。所以，乡城迁移家庭对子女的艺体类校外教育相当重视。

（一）城市家庭的示范作用

一方面，E 类家庭，不仅子女就读的学校更好，父母也有更好的社会经济地位和教育背景，换言之，这部分家庭有着明显更高的教育学历和职业层次，在沙市这样的中小城市处于比较明显的优势地位。此外根据前文的分析，其对子女不仅有着更高的教育期望，同时也能够更好地开展家庭教育活动，以实现对子女教育的支持。在非学科类的校外教育选择上，E 类家庭根据自身的教育经验，认为想要获得更好的教育发展，不仅子女需要投入更多的时间，家庭也需要投入相应的时间和金钱。校外教育的选择与投入是家庭实践教育重视的有效途径之一，更高的投入能够调动起额外的积极性。

"小孩子懂什么学习的重要性，这个肯定是要靠家里面引导了。我觉得家庭引导最好的办法就是花钱报班，让小孩多学。基础不牢，地动山摇嘛。我小时候就是没感觉到读书有多么重要。我报的这些，有的是自己觉得有用，有的是同事朋友介绍。"（YJM－G－X－Y）

城市家庭的父母们基于自身的认识往往能够更持续地支持子女的艺体类培训。

另一方面，这些社会经济地位较高的家庭也尝试通过非学科类培训来凸显子女的个性化发展，进而形成对学校教育的正向反馈。

"我小孩读的那个班，年段前 100 名有 30 名在他们班，要很拔尖才能得到老师的重视。关键越是那些考得好的孩子，家里越是给他在外面上培训。要是读书不行，至少唱歌、跳舞、体育也要有点特长啊。没有一两个

---

❶　费孝通. 乡土中国［M］. 北京：人民出版社，2015：11.

出彩的地方，几乎就成透明人了。"（DYM－Q－X－W）

A类家庭同样重视非学科类培训。尽管这些家庭中父母的教育程度并不低，但他们并不觉得自己拥有成功的教育经验，而更多地认为家庭当前状况在一定程度上得益于城乡二元结构下的政策福利。

"我读书的时候，城里面还是比较轻松的，机会也更多嘛。那时候少年宫什么一般就是唱歌、画画、跳舞的培训，没有现在这么多语数英的。（那时候）学得好学不好在于自己，也不像现在还要父母一起学。"（DSS－Q－X－F）

F家长的父辈在"三线建设"时期从厦门来到沙市，在F家长看来，国企改制前，同一个社区的家庭所采取的教育策略与当时的乡村家庭并无明显区别，都是偏向自然生长，而他们得益于城市中较为丰富的升学机会。在这样的思维惯性下，这部分家庭展现出他们对于子女接受非学科类校外教育的支持。

刚进入小学时，孩子之间往往不会表现出明显的学业差距，这时艺体类的技能就能够成为有力的加分项，让子女在学校得到更多的表现机会。而且这个阶段，城市家庭的父母往往也会督促、要求子女尽早完成相关艺体类培训的相关考级任务。进入初中以后，与中考有关的学科学习就显得更为重要，若二者不能兼顾的话，家庭会选择暂停一段时间的艺体类培训，甚至把它作为对子女学业成绩不佳的某种"惩戒"。可以说，这些家庭由于自身的教育程度较高，在校外教育的选择与参与方面也有着更明确的规划，在校外教育与家庭教育期望之间建立了相对较强的联系。

（二）乡城迁移家庭的非学科类校外教育选择

在乡城迁移家庭中，尽管父母的教育程度不高，但不影响他们尝试实现家庭教育期望的具体行动，尤其是在校外教育方面的选择。在乡城迁移家庭看来，城市教育资源的丰富性不仅体现在公共层面，还体现在市场层面，城市教育的优势之一在于能够让子女有更多的途径去探索并学习自己"感兴趣"的内容。在城市教育宣传中，"兴趣是最好的老师"，而乡城迁移家庭在跟随城市家庭的过程中，也很快接纳了这套教育话语。

一方面，如果孩子有读书天赋的话，在校外的学科培训上无须投入过多的时间和金钱，同样能够取得与家庭教育期望相符的学业成就。

"我两个小孩，反正都一样带，我每天要出摊收摊，也没空管学习上的事情。他哥哥今年（2021）刚刚考上××大学（一所211大学），他就被老师天天告状。会读书自然会读，不会读说再多也没有用。男孩子现在把身体练好更重要。"（CDM－S－X－Z）

此外，小学阶段相对较小的竞争压力，也是这些家庭愿意为子女报名参加艺体类培训的一个重要原因。

"男孩子一般比较晚熟，他可能自己现在都没有觉得读书多重要。只要思想没有什么问题，到初中时候再去补一补也来得及。"（CDM－S－X－D）

作为从乡村走出的普通家庭，他们自然深信教育对于未来生活的意义，也明白高学历才能够"不吃生活的苦"，所以对于学科类的培训并不排斥。相反，如果孩子能通过学科类培训获得一些奖励，他们会乐在其中。

"当时在杭州的时候，老师就说小孩作文写得挺好的。后面我就给他报了写作的培训。回来这边后还是有给他学这个。"（GDS－S－X－H）

当然，这仍部分归因于孩子在写作上具有学习的天赋。

另一方面，如果孩子没有读书天赋的话，艺体类培训能够提供一种技能，作为未来生活的基点，而不至于被完整地移出教育体系。

"会读书当然好。如果小孩对读书有兴趣，读到什么程度我们都可以供。如果小孩对读书没有兴趣，逼着他也走不远，可能小孩就遗传了我们不会读书、不爱读书的基因吧。"（GYS－S－X－B）

此外，"上大学"虽然不再是少数阶层的特权❶，一些大学的"学历贬

---

❶ 王乐，张乐. 为什么上大学——乡村学生"离土"选择的教育发生考察［J］. 教育研究，2021（11）：107－118.

值"现象严重。"教育改变命运"不再是多数人的人生叙事，通过艺体类培训掌握的技能，对于今后的职业发展则有一定的帮助。

"我们小时候也没有条件上这些兴趣班，现在虽然没什么大钱，但是小孩子自己喜欢跳舞，也愿意学，我就觉得挺好的。我和我爱人都没有要求小孩要读到什么程度，她自己喜欢跳舞，以后说不定可以自己开个舞蹈机构什么的。"（CDM－S－X－W）

子女的天赋和兴趣，成为乡城迁移家庭选择非学科类校外教育的重要出发点。而这部分家庭接受孩子学业成绩不突出的现实，也在从乡村到城市的流动、迁移过程中，形成对新兴职业和技能型职业的认可和接受。

"我们自己就是这么打拼过来的。"（GFM－S－X－G）

在乡城迁移家庭的父母看来，这种打拼的经历让他们觉得学业成绩或许并不是唯一的衡量标准，进而对校外教育的选择持有乐观而开放的心态。近年来兴起的互联网新兴职业，以及随着社会进步而不断细分产生的一些技能型职业，使他们相信在当今社会凭借兴趣爱好、掌握一技之长也有发展前景。

乡城迁移家庭基于天赋与兴趣的非学科类校外教育选择，一方面展现他们对于城市家庭的跟随，另一方面也显示了其尚未很好地跟上城市家庭的步伐。值得注意的是，尽管乡城迁移家庭普遍重视子女的校外教育，但是在校外教育的参与程度上并不高，只有31%的乡城迁移家庭表示自身会督促子女完成校外教育的内容。按照一般的理解，校外教育的成本要明显大于学校教育，而家庭在校外教育的参与度上却明显不高，造成这一现象的原因显然不能单纯地用重视程度不高来解释，而是说明家庭在选择校外教育的过程中，可能并没有考虑到父母也需要持续参与其中，这更容易导致"白花钱"的产生。乡城迁移家庭看到了城市家庭对子女通过非学科类培训发展个性、提升综合素养的投入与重视，也通过具体的教育行动来表达家庭教育期望，但由于缺乏与城市家庭的直接互动，乡城迁移家庭未能看到城市家庭在家庭教养实践中的思维习惯和深度参与，因而不能很好地将非学科类校外教育与学校教育联系起来。

第三节　教育期望性别偏好的城市化倾向

父母的家庭教养方式不仅是教育期望的表现形式之一，也是父母实现教育期望的重要行动之一，且存在着城乡之间的群体差异。拉鲁提出的"协作培养"与"自然成长"这两种家庭教养方式区分深入人心，乡村家庭的民间教养方式也被用"拉扯大的孩子"进行概括。随着家庭向城迁移，乡城迁移家庭中的父母也逐渐接受亲子之间"平等""民主"等一套话语体系——尽管不一定能贯彻始终。但在中国传统文化中，影响家庭教养方式的因素，除了家庭经济因素，还与子女的性别因素息息相关。

许多量化研究指出，随着生育政策的调整和社会的发展，传统的性别观念对当代中国家庭教育期望并不构成显著的影响，"即使是在多子女家庭和农村家庭，家庭教育期望均没有表现出男孩偏好"❶。但从新闻媒体报道和实地田野考察中不难发现，受地方文化的影响，家庭教育期望的性别偏好依然存在，与量化数据呈现的高低取向并不完全一致。

沙区是在集体化时代建设起来的，稍长一辈的女性往往有属于自己的工作单位。❷"双职工"家庭中，夫妻双方各自在国有工厂工作，这种家庭生计安排极大冲淡了自然经济条件下形成的性别分工，社会层面男女平等的观念更为突出。城市中流传的"养女儿是招商银行，养儿子是建设银行"这句话，说明在独生子女的生育政策下，城市家庭的性别观念更为平等。但在乡村，传统性别观念仍与婚丧嫁娶等风俗一样有着"家族传承"

---

❶　刘保中.家庭教育投入：期望、投资与参与［M］.北京：社会科学文献出版社，2021：84.
❷　由于"三线建设"最初兴建的都是重工业产业，如钢铁、化工等，沙区在20世纪六七十年代曾经积聚了大量的单身男青年。为解决这部分人口的婚姻、家庭问题，经国家统筹于1970年从上海市整体搬迁了一个纺织工厂到沙区。城市中的家庭一度以男性在钢铁厂上班、女性在纺织厂上班以主要状态。后来又陆续搬迁或兴建的一些轻工产业的国企，以便安置家属。

的乡土文化根基。诚然，相比于沙区的城市家庭，乡城迁移家庭中的母亲更少有机会进入劳动市场。❶ 但乡城迁移家庭也逐渐形成更具城市色彩的性别观念，家庭教养方式的城市化跟随也在教育期望的性别偏好上得到相应体现。

一、不同学段的家庭教育期望性别偏好

为保证数据的连续性，本节主要选取沙区第二实验小学、沙区第三中学的调查数据作为分析样本。通过把子女性别、子女数量设为自变量，将家庭教育期望设为因变量进行分析，进而理解乡城迁移家庭在教育期望上的性别偏好。

（一）小学阶段的性别偏好分析

在沙区第二实验小学抽样调研的 586 户市域范围内的乡城迁移家庭中，目前仅有 1 个男孩的为 124 户，占 21.26%；仅有 1 个女孩的为 79 户，占 13.48%；2 个男孩的为 65 户，占 11.09%；2 个女孩的为 46 户，占 7.85%；

---

❶ 事实上，很多能够在沙区定居的家庭是早年通过以"夫妻店"的模式经营餐饮、装修等行业积累相应的资产。但在"夫妻店"的模式下，女性并不是以独立的身份进入劳动力市场的，而且一旦子女进入教育阶段，女性往往也进一步退回到养育子女的家庭活动中。尽管随着"密集母职""分工育儿"等概念的出现，不少城市女性也开始从劳动力市场退回。但与之相对的是，越来越多的舆论开始发出关注女性"家庭劳动"的声音。在乡村，女性更多地被限制在家庭劳动中（也包括农活），女性在劳动力市场的价值没有得到相应的体现。总体来说，城市对于男女平等的接受程度始终要高于乡村。笔者在调研中接触到一户有四个子女的家庭，孩子的母亲坦言，就是因为丈夫一家要求有个男孩子来承继香火。访谈结束时，孩子的母亲私下告诉我，为了生最后这个儿子，其间还查验过胎儿性别，并流产过 2 次。《三联生活周刊》曾在 2022 年推出关于乡村家庭"陪读妈妈"的系列报道，如《进城陪读，农村妈妈的冒险》《那些放弃一切，回县城陪读的 80 后乡村妈妈》《县城陪读妈妈：当养育孩子成为一种冒险》等。在不少的舆论理解中，乡城迁移家庭的"陪读妈妈"与城市家庭的"全职太太"有着价值判断上的差异。在《三联生活周刊》微信公众号中，对于这几篇文字的评论不少都提到了"母亲的自我价值的丧失"。如果从女性主义的视角转移到家庭外部，则不难发现，这一现象还隐含着以夫妻关系为核心的家庭自我价值的动摇。美国学者卢蕙馨曾在《台湾农村的妇女和家庭》中提出"子宫家庭"（Uterine families）的概念，陪读家庭在一定意义上是子宫家庭的时空延伸。不少陪读家庭由于夫妻长期分居，在孩子进入高中、大学后，仍维持着原来的生活状态。夫妻的长距离、长时段分居，支离了家庭自身的社会化。

1个男孩和1个女孩及更多的为272户，占46.42%。● 通过控制其他变量，如家庭职业收入、子女学业成绩、其他子女的就读学年段等，进行方差分析（见表3－2）。利用方差分析（ANOVA）可以发现，在乡城迁移家庭中，子女性别、数量与家庭教育期望之间并不会表现出显著性差异（$P > 0.05$）。也就是说，在小学阶段，子女性别、子女数量等变量并不会成为影响家庭教育期望的重要因素，无论是独生子女家庭，还是多子女家庭均未表现出明显的性别偏好，特别是，乡城迁移家庭对于女孩同样抱有较高的教育期望，不会要求她们更早地结束学业。

表3－2　小学阶段家庭教育期望性别差异的方差分析

	孩子的性别、数量：（平均值±标准差）					F	P
	1个男孩（$N = 124$）	1个女孩（$N = 79$）	2个男孩（$N = 65$）	2个女孩（$N = 46$）	1男1女及更多（$N = 272$）		
家庭教育期望	3.10±0.67	3.05±0.58	3.00±0.75	3.22±0.55	3.05±0.62	0.450	0.773

注：＊$P < 0.05$，＊＊$P < 0.01$。

在推动家庭教育期望实现的具体行动上，包括子女的校外教育投入、陪伴子女学习、辅导子女学业等，也没有因子女的性别差异而表现出明显的差异（见表3－3）。从家庭教育行动的方差分析中可以看出，在小学阶段，不同家庭并不会因为子女的性别、数量而在家庭教育期望及其行动上产生显著差异。换言之，乡城迁移家庭在教育行动的过程中，在很大程度上接受了城市家庭重视女孩教育的观念，男女平等得到比较好的体现，鲜有存在性别偏好的现象。

● 从调研数据上来看，乡城迁移家庭中独女户和二女户的占比较小。相比而言，同样在沙区第二实验小学的原沙以及原县城户籍的家庭中，独女户占20%以上。这一现象的部分原因是在"全面二孩"政策实施之前，乡村户籍家庭有一定的生育政策倾斜。如M省《人口与计划生育条例》（2012年修订）中，第10条规定，夫妻双方均为农村居民，已有一个子女，符合下列情形之一的，经批准可以再生育一个子女，此条第1款第4项为"夫妻双方定居在人口密度每平方公里五十人以下，人均耕地二亩以上或者人均山林地三十亩以上的乡"，第5项"只有一个女孩"。在调研中，不少父母提到自己生二胎，特别是生三胎的原因更多在于祖辈提出的"有一个男孩子"的要求。

表 3－3　小学阶段家庭教育行动性别差异的方差分析

	孩子的性别、数量：（平均值±标准差）					F	P
	1 个男孩 （$N=124$）	1 个女孩 （$N=79$）	2 个男孩 （$N=65$）	2 个女孩 （$N=46$）	1 男 1 女 及更多 （$N=272$）		
子女教育支出	1.90±0.91	2.14±1.01	1.92±0.86	2.06±1.16	2.12±0.94	0.854	0.492
详细规划孩子每个阶段的教育任务	1.67±0.72	1.86±0.74	1.65±0.86	1.83±0.86	1.87±0.83	1.165	0.326
每天都会陪伴孩子学习，并交流学校情况	1.73±0.90	1.93±0.91	1.57±0.80	1.89±0.90	1.88±0.92	1.284	0.276
进行作业辅导	0.68±0.47	0.63±0.49	0.65±0.48	0.78±0.43	0.72±0.45	0.612	0.655
校外教育投入	1.68±0.93	1.70±0.77	1.57±0.69	1.94±1.00	1.80±0.97	0.84	0.501
孩子学业不好，也会继续保持教育参与	1.76±0.87	2.02±0.96	1.78±0.85	2.00±0.91	1.96±0.82	1.048	0.383

注：$*P<0.05$，$**P<0.01$。

（二）初中阶段的性别偏好分析

在沙区第三中学抽样调研的 366 户市域范围内的乡城迁移家庭中，目前仅有 1 个男孩的为 91 户、占 24.86%，1 个女孩的为 51 户、占 13.93%，2 个男孩的 44 户、占 12.02%，2 个女孩的 42 户、占 11.48%，1 个男孩和 1 个女孩及更多的 138 户、占 37.70%。以子女性别、数量为自变量，家庭教育期望为因变量，将家庭职业收入、子女学业成绩、其他子女的就读学年段等作为控制变量，进行方差分析（见表 3－4）。利用方差分析（ANOVA）同样可以发现，在乡城迁移家庭中，子女性别、数量与家庭教育期望之间并不会表现出显著性差异（$P > 0.05$）。也就是说，在初中阶段，子女性别、数量因素仍然不会成为影响家庭教育期望的重要因素，无论是独生子女家庭还是多子女家庭均未表现出明显的家庭教育期望的性别偏好。

表 3 – 4　初中阶段家庭教育期望性别差异的方差分析

	孩子的性别、数量：（平均值 ± 标准差）					F	P
	1 个男孩（$N = 91$）	1 个女孩（$N = 51$）	2 个男孩（$N = 44$）	2 个女孩（$N = 42$）	1 男 1 女及更多（$N = 138$）		
家庭教育期望	2.85 ± 0.59	2.86 ± 0.60	2.93 ± 0.70	2.79 ± 0.68	3.04 ± 0.63	2.052	0.087

注：$* P < 0.05$，$** P < 0.01$。

同样，到了初中阶段，乡城迁移家庭在教育行动上，如校外教育投入、陪伴子女学习、辅导子女学业等，不会因为子女的性别差异而显示出较为明显差异（见表 3 – 5）。需要注意的是，这一阶段乡城迁移家庭在子女教育支出上表现出一定的性别偏好，具有 0.05 水平显著性（$F = 2.641$，$P = 0.034$）。通过事后多重比较分析可知，多子女家庭的教育支出明显高于单子女家庭（见表 3 – 6），这显然符合家庭教育支出的基本情况。不过，有 2 个女孩的乡城迁移家庭在子女教育支出上略高于 2 个男孩、1 个男孩 1 个女孩的家庭。这说明，乡城迁移家庭对女孩的教育投入并不低，甚至要略高于对男孩的教育投入。

表 3 – 5　初中阶段家庭教育行动性别差异的方差分析

	孩子的性别、数量：（平均值 ± 标准差）					F	P
	1 个男孩（$N = 91$）	1 个女孩（$N = 51$）	2 个男孩（$N = 44$）	2 个女孩（$N = 42$）	1 男 1 女及更多（$N = 138$）		
子女教育支出	1.89 ± 0.96	1.98 ± 0.95	1.82 ± 0.79	2.36 ± 1.12	1.85 ± 0.92	2.641	0.034 *
详细规划孩子每个阶段的教育任务	1.97 ± 0.81	1.73 ± 0.85	1.98 ± 1.00	1.81 ± 0.89	1.82 ± 0.77	1.047	0.383

	孩子的性别、数量：（平均值±标准差）					F	P
	1个男孩 （N=91）	1个女孩 （N=51）	2个男孩 （N=44）	2个女孩 （N=42）	1男1女 及更多 （N=138）		
每天都会陪伴孩子学习，并交流学校情况	1.98±0.88	1.94±0.97	2.00±0.94	1.83±0.99	1.93±0.85	0.237	0.917
进行作业辅导	2.86±0.74	2.86±0.83	2.86±0.63	2.81±0.89	2.79±0.71	0.183	0.947
校外教育投入	3.68±0.77	3.69±0.73	3.32±1.12	3.38±1.01	3.62±0.80	2.199	0.069
孩子学业不好，也会继续保持教育参与	1.77±0.76	1.78±0.94	1.91±0.94	1.60±0.66	1.70±0.80	0.944	0.439

注：$*P<0.05$，$**P<0.01$。

表3-6　乡城迁移家庭子女教育支出的事后多重比较结果

	（I）子女性别、数量	（J）子女性别、数量	（I）平均值	（J）平均值	差值（I-J）	P
子女教育支出	1个男孩	1个女孩	1.89	1.98	-0.09	0.585
	1个男孩	2个男孩	1.89	1.818	0.072	0.678
	1个男孩	2个女孩	1.89	2.357	-0.467	0.008 **
	1个男孩	1男1女及更多	1.89	1.848	0.042	0.74
	1个女孩	2个男孩	1.98	1.818	0.162	0.404
	1个女孩	2个女孩	1.98	2.357	-0.377	0.056
	1个女孩	1男1女及更多	1.98	1.848	0.133	0.392
	2个男孩	2个女孩	1.818	2.357	-0.539	0.009 **
	2个男孩	1男1女及更多	1.818	1.848	-0.03	0.856
	2个女孩	1男1女及更多	2.357	1.848	0.509	0.002 **

注：$*P<0.05$，$**P<0.01$。

已有研究根据中国教育追踪调查（CEPS）2013—2014 学年的基线数据提出，在家庭教育中存在"对男孩的'高期望、低投入'和对女孩的'低期望、高投入'"的现象。❶❷ 而且，在校外教育投入中存在"重女轻男"现象，女孩参加课外补习的比例、强度均高于男孩。❸ 尤其是生理发育和心理发育的性别差异在初中阶段开始明显，也使家庭对女孩的关注和投入更多。但是晚近的研究却提出了不同的观点。同样基于中国教育追踪调查（CEPS）2013—2014 学年基线数据，有研究认为，在"二孩政策"背景下，受到传统性别观念回潮或劳动力市场中存在的性别歧视，"家庭环境中依旧存在性别化的教育实践，家长对男孩和女孩的教育投入带有较为明显的传统性别观念色彩"。❹❺ 前述结论的不同，恰恰说明了静态数据虽有其"客观性"，但无法很好地体现家庭教育期望的具体内涵，尤其在乡城迁移家庭在教育期望上还有着明显波动性的情况下。

从前文方差分析可以较为直观地发现，沙区的乡城迁移家庭教育期望在性别偏好上随时间变化，即由"男女平等"到逐步显现出"重女轻男"的倾向。重视女孩的教育成长正是当代城市教育的重要观念之一，而乡城迁移家庭对这一教育观念的接受也可以视为对城市家庭教育观念及其实践的学习和接纳。但是，家庭教育期望在量化数据上呈现的"重女轻男"未必就是家庭未来生活安排意义上的"重女轻男"。沙市所在的 M 省历来被认为具有浓厚的"重男轻女"观念，那么，是否可以说是乡城迁移家庭的性别观念已经有所弱化，或者说其在家庭教育期望的性别偏好上更接近城

---

❶ 周菲，程天君. 中学生教育期望的性别差异——父母教育卷入的影响效应分析［J］. 教育研究与实验，2016（6）：10 - 19.

❷ 崔盛，宋房纺. 父母教育期望与教育投入的性别差异——基于中国教育追踪调查的实证研究［J］. 中国人民大学教育学刊，2019（2）：156 - 170.

❸ 吴翌琳. 初中生课外补习的影响因素研究——基于 CEPS 的调查数据分析［J］. 教育科学，2016（5）：63 - 73.

❹ 黄超，吴愈晓. 中学生教育期望的性别差异：表现与成因［J］. 江苏社会科学，2016（4）：127 - 138.

❺ 靳振忠，严斌剑，王亮. 家庭背景、学校质量与子女教育期望——基于中国教育追踪调查的分析［J］. 教育研究，2019（12）：109 - 123.

市家庭？事实上，无论基于何种抽样数据，所分析的都是不同家庭之间的性别偏好差异。为了更好地说明乡城迁移家庭教育期望是否存在性别偏好及如何存在性别偏好，需要深入家庭内部，即从多子女家庭的教育期望表现来理解。

二、多子女家庭的教育期望性别偏好

在教育领域，性别平等的观念得到了极大的彰显。无论是政府对华坪女子高级学校的广泛宣传，还是社会学、人口学对关于女儿养老的相关研究都强调了女孩受教育的重要性和现实性。一方面，教育资源的扩充使女孩有了受教育的可能；另一方面，女孩受教育后同样能够对家庭发展产生积极作用的观念也逐渐获得社会认同。那么在同样养育男孩和女孩的乡城迁移家庭中，他们对于子女的教育期望是如城市家庭那样趋于平等，还是如乡村家庭那样仍然重视儿子的继承作用？

为了更好地说明家庭在面对男孩和女孩的教育时究竟存在何种差异，本书从沙区第三中学、沙区第一实验学校初中部、沙区第十中学的抽样对象中，选取了 4 户（见表 3-7）至少同时有 1 个男孩和 1 个女孩、且都处于义务教育阶段的乡城迁移家庭进行深度访谈和观察。❶ 事实上，在同时养育男孩和女孩的乡城迁移家庭中，由于男孩、女孩的性别特征所产生的生理、心理发展差异，父母对他们发展预期不可避免地存在性别偏好。在这些家庭中，教育期望的性别偏好主要体现在学业表现、兴趣培养和职业预期三个方面。

---

❶ 作为问卷抽样的对象且愿意接受访谈的家庭中，男孩女孩同时在义务教育阶段的并不多；同时，研究为控制变量，避免子女两人的学业成绩差距过大的影响，可供选择的访谈对象较为有限。同时，沙区第三中学、沙区第一实验学校初中部、沙区第十中学指的是家庭中较大的孩子目前所就读的学校。

表3－7　家庭教育期望性别偏好的受访家庭情况

受访家庭编号	子女性别、数量	男孩年级	女孩年级
GFM－S－X－G	1个男孩1个女孩	五年级	八年级
CDM－Z－X－Z	1个男孩1个女孩	五年级	三年级
ZDM－S－C－C	1个男孩2个女孩	一年级	四年级、六年级
CZS－Z－C－X	1个男孩2个女孩	一年级	四年级、七年级

（一）学业要求上的性别偏好

教育资源扩充带来的性别平等化首先体现在基础教育阶段，越来越多的女性不仅能完成九年义务教育，还能升入高中，且进一步体现为不同教育层次的女性占比越来越高，甚至反超男性。[1] 据统计，自2008年我国女性的高考录取率首次超过男性后，二者的差距逐渐扩大。国外研究也表明，西方国家同样出现了女性在高等教育入学率上的优势，这种优势甚至被称为"新"性别差异（the new gender gap）。[2] 来自心理学的研究表明，女性的心理特征更适应现代教育体制和考试方式。在乡城迁移家庭中，女孩在学业表现上的性别优势同样存在，这也使家庭对他们的学业期望更高。

"（对于女儿）就是小学时抓得很严，应该是说四年级以后就没怎么管了。因为我儿子上一年级，然后我女儿上四年级，所以她基本上是靠自己的。……比较通俗的来说，我的期望就是希望她可以考100分。"（GFM－S－X－G）

"（学校布置的）默写这些，我的女孩子就是反正都是靠自己的，从来不要管的。老师第二天要听写吧，她就自己在家默写，从来不会被老师找，该干嘛干嘛。男孩脾气比较硬（执拗），得盯着。"（CZS－Z－C－X）

"女孩子会好一点，因为男孩子可能有些到了四五年级就开始了，比

---

❶　吴愈晓. 教育分流体制与中国的教育分层（1978—2008）[J]. 社会学研究，2013（4）：179－202，245－246.

❷　Michael Mc Gauvran. High School Males' Perception of Education: The New Gender Gap [D]. Johnson & Wales University, 2011.

较叛逆。后面他妈妈说她一个人在这边都管不了了。"（CDM－Z－X－Z）

在乡城迁移家庭的教育行动中，女孩子"更乖""更听话""表现更好"，所以家庭尽管不需要太多地"卷入"具体的学业学习中，但对女孩会有着比男孩更高的学业表现期望。在乡城迁移家庭的观念里，女孩天然地更适合读书，也更有可能取得好的学习成绩，因此他们同样会侧重于为女孩提供相应的教育资源。

一些研究认为，女孩在性格上更容易相处，所以父母的情感投入和亲子互动也更多。[1] 但在这部分家庭中，当男孩和女孩都处于义务教育阶段时，家庭对女儿在教育上的直接关注其实更少。一部分原因是父母认为男孩在学习上的自觉性和主动性不足，而需要父母给予更多的监督；另一部分原因也可能是在这些家庭中父亲共同生活的时间并不多，相比之下母亲给男孩的教育关注可能天然地会超过对女孩的关注。而父亲在家的时候，则更多地会考虑满足女孩的愿望。

当然，对女孩的直接教育关注的减少并不意味着对女孩的不关心，相反，这些家庭认为女孩乖巧听话，如果面临学习困难更容易产生心理压力，因此多以鼓励为主；而对于男孩，则不介意其"皮糙肉厚"，甚至有时还会有意识地对男孩学业成绩的偶尔提升或下滑进行调侃，如果男孩经不起调侃，还可能受到家长的责备，说他是"扭扭捏捏"的。

（二）兴趣培养上的性别偏向

已有研究更多关注到校外教育中的学科类培训存在明显的性别偏好，认为女孩在学习态度和是否参加辅导班上显著高于男生，进而表现出较好的学习行为习惯。[2] 而在非学科类的校外培训方面，男孩似乎也表现出比女孩更为抗拒的一面。"男孩外向好动的性格特质和男孩所特有的性别文

---

[1]　郑筱婷，陆小慧. 有兄弟对女性是好消息吗？——家庭人力资本投资中的性别歧视研究［J］. 经济学（季刊），2018（1）：277－298.

[2]　Buchmann C，Diprete T A. Gender Inequalities in Education［J］. Annual Review of Sociology，2008（1）：319－337.

化……使得他们并不适应学校的规训文化。"❶ 而当前无论是学科类的校外教育还是非学科类的校外教育，都或多或少地沿袭了学校的规训文化，导致不同性别的孩子表现出不同的参与意愿。乡城迁移家庭在子女的兴趣培养上也随之产生了不同的性别偏好：一方面，他们更倾向于尊重女孩的意愿，鼓励女孩参加艺术类的校外教育，以培养女孩在艺术方面的兴趣爱好❷；另一方面，他们则倾向于要求男孩必须参加一些校外教育，如果不是男孩有较大兴趣的、偏重动手的校外教育，其参与频次和数量则都要明显地少于女孩。

"女孩学得比较多，画画啊、舞蹈啊，都有学过一点。学舞蹈的女孩形体比较好看嘛。还没上一年级时候她自己就想学，然后就跳到现在。就在这附近，然后自己会去，因为自己也感兴趣。"（ZDM－S－C－C）

"男孩比较懒。他可能看着两个姐姐学这个学那个的，就不肯去。然后一年级了，学校办什么声乐班，我就硬给他报了。学校里面老师管着，他不敢跑。"（CZS－Z－C－X）

"男孩现在在学魔方，本来就是玩，现在花钱去玩。我老婆听那个宣传说能够提高专注度。他之前也学了画画，坚持不下来。女孩原来在深圳的时候有学跳舞，回来后学习上有点跟不上，后面还是要再继续。"（CDM－Z－X－Z）

可以说，女孩的自觉与乖巧不仅表现在学业学习上，也进一步延伸到校外教育领域。而家庭对女孩的兴趣爱好多表示支持，且相信女孩能够坚持，所以，家庭也愿意为女孩的兴趣培养进行资源投入。而男孩则如卢梭式的悖论那样，需要"被迫"养成某种兴趣爱好。事实上，乡城迁移家庭是抱着以另外一种途径去"规训"男孩的心理，或者说延续学校文化对男孩的"规训"。

---

❶ 周菲，程天君. 中学生教育期望的性别差异——父母教育卷入的影响效应分析［J］. 教育研究与实验，2016（6）：10－19.
❷ 需要注意的是，包括其他乡城迁移家庭在内，很少有选择声乐、器乐作为子女的兴趣爱好而进行校外教育投入乃至专门培养，因为声乐、器乐的学习成本太高，对于乡城迁移家庭来说已经超出了"兴趣爱好"的范畴。

"穷养儿，富养女"的城市育儿观念影响着乡城迁移家庭在兴趣培养上的性别偏好，这不仅会进一步影响子女的学业表现，还会影响学校老师和邻里对男孩和女孩的不同评价。在不少老师看来，乡城迁移家庭的女孩与城市家庭的女孩很难从日常行为表现上看出区别，男孩则明显会"皮"一点，而且即使是独生子女的乡城迁移家庭也存在这一现象。

（三）职业预期上的性别偏好

沙市的自然环境是"八山一水一分田"，之所以会被选中成为"三线建设"城市，原因在于其地处群山环绕之中。这一地理环境，天然塑造了当地乡村民众不以务农为主要生计的文化传统。从乡城迁移家庭教育期望的形成可以看到，其与现代社会分工体系有着直接的联系，教育的重要性在职业发展中得到了充分体现。因此，家庭教育期望的性别偏好同样能够在对子女不同的职业预期中得到充分的体现。较长一段时间以来，城乡二元的劳动力市场结构导致农村出身者和城市出身者在劳动力市场中有着不同的境遇。[1] 这也客观上导致了乡城迁移家庭即便在城市定居、常住后，市民化程度仍然普遍低于城市原住家庭和通过教育等途径实现"政策性"农转非的家庭。[2] 以上四户家庭的共同之处还在于，家庭目前的主要职业类型是个体工商户。个体工商户作为我国法律体系中的"特殊民事主体"，是改革开放以来市场经济发展的重要力量。而在成为个体工商户之前，他们同样是以"农民工"的身份完成"原始资本积累"。因此，基于家庭自身的发展经历，他们对城市分工体系有着不同的理解，这也造就了他们在职业预期上对于子女的性别偏好。

"女孩子我们更会希望她有个铁饭碗，做老师之类的。男女有别，男孩子，我还是希望他可以自己创业，他要有自己的想法。这个我觉得应该

---

❶ 陆益龙. 户口还起作用吗——户籍制度与社会分层和流动 [J]. 中国社会科学，2008 (1)：149 – 162，207 – 208.

❷ 李颖晖. 殊途异路：青年农转非群体的职业分化与市民化差异——基于"选择性"与"政策性"农转非的比较分析 [J]. 中国青年研究，2014（10）：48 – 54，40.

是大多数父母的心声吧，都希望女儿稳定一点没关系，我就希望在我身边，在省内工作。她以后可能还要结婚，那她还有她的老公（可以依靠）。男孩子的话我觉得还是让他自由发挥比较好。……男孩子要有点压力，他可以去拼。"（GFM－S－X－G）

"三个的话我就想男孩子去当兵会比较好一点，去部队锻炼一下，这样出来口才什么比较好。……那能考铁饭碗当然好，不过好像除了稳定别无所得，我觉得如果自己创业，更自由，金钱的收入也是不一样。……修祠堂什么的肯定是做生意的出的钱多啊。女孩子的话我觉得去当老师、当护士，就是还是希望这种稳定的工作，在周边就好，比较好照应一点。我觉得不要离太远，就像我一样（和娘家）比较近一点的。"（ZDM－S－C－C）

可以看出，在子女发展的职业预期上，乡城迁移家庭依然强调"男女有别"。尽管乡城迁移家庭对女孩有更高的教育期望与更多的教育投入，但对于男孩实则有着更高的发展期望，并且将这种期望与乡土视野中的家庭发展相联系。从家庭自身的经历和见闻来看，女孩需要更高的教育程度才可能获得更为稳定的工作，这对于女孩以后在社会和新家庭中的地位有着重要影响。城市中的职业女性因为经济收入的提高而取得与男性接近的家庭地位，同时稳定的工作也可以为女性提供更多的安全感。不仅如此，这些家庭都表达出希望女儿日后能在离父母更近的地方工作、成家。这也印证了已有研究的观点，城镇化改变了女性在原生家庭中的地位，进而在家庭经济分配、父母养老等方面呈现出"儿女趋同化"的特征。❶

在沙区的乡城迁移家庭看来，男孩能够获得更高的经济收入，甚至实现跨越式的家庭发展至关重要。尽管随着社会发展，体制外的工作越来越多，但城市中那些朝九晚五的男性白领并不容易引起乡城迁移家庭的羡慕。在他们看来，相较于"吃工资"，依靠自己创业而在有了比较充裕的经济条件后，还能够通过"修祠堂""修路"等传统方式体现自身对于家

---

❶ 甘颖. 儿女趋同化：女儿角色变迁与家庭结构转变［J］. 南京农业大学学报（社会科学版），2022（2）：108－116.

庭、家族的贡献。不过，打拼的基础不能是再像父辈一样仅靠简单的劳动力，而应该有文化和有相应的教育程度作为支撑。从乡村来到城市的人生经历的强烈感受，更能让乡城迁移家庭意识到教育在一个人成长过程中的重要意义。教育意味着个人在真正步入社会之前就能掌握应对社会生产需要的基础能力，从而少走弯路、少走"冤枉路"。

如果仅从最高教育程度来看待教育期望，显然乡城迁移家庭的父母对女儿有着较高的教育期望，这也在一定程度上印证了家庭对女孩较高的教育期望和教育投入很大程度上还来自"兄弟的让渡"。❶ 但深入其家庭文化就不难发现，他们对儿子寄予了更高人生期望，而这恰恰是难以通过"数据"呈现出来的。或许，他们自身曾经就是这样被期望的，即男孩需要承担起更多的家庭责任。"社会比较理论认为，同胞为社会比较提供了一个稳定而有意义的参照框架。同胞间比较倾向越高，同胞关系中的温暖与冲突也越多，而这种社会比较的过程体现了父母对不同孩子的不同期望。"❷ 诚然，城市家庭对于女儿的教育成长的重视引起乡城迁移家庭的模仿，但基于自身社会化成长的经历，他们在表现出城市化倾向的同时，也有着自己的理解。

在城市的教育方式、生活方式、生产方式被视为更为先进的背景下，乡城迁移家庭通过向城市的迁移，一方面借助客观的空间转换来实现子女教育资源的改善，另一方面通过主观体验追随着城市家庭的教育期望。乡城迁移家庭在接触城市的过程中，逐渐意识到教育的重要性，在进入城市之后，更是模仿城市家庭塑造教育期望，并希望以此展现出与乡村家庭的差别。作为乡村社会向上流动的代表群体，乡城迁移家庭的地位获得经历及结果会引起仍在乡村的社会成员的关注，"并被视为向上流动、提升自身社会地位的榜样和希望"❸。虽然城市教育资源的获得有诸多困难，但迁

---

❶　魏钦恭，张佳楠. 来自兄弟的"让渡"和母亲的"馈赠"：校外教育投入中的女孩占优现象与家庭偏好逻辑［J］. 社会，2021（5）：208－242.

❷　赵凤青，俞国良. 同胞关系及其与儿童青少年社会性发展的关系［J］. 心理科学进展，2017（5）：825－836.

❸　陆学艺. 当代中国社会流动［M］. 北京：社会科学文献出版社，2018：310.

移与模仿作为走出乡村、融入城市的重要体现，也是父母们塑造自我认同的过程，这使得乡城迁移家庭在教育期望上呈现出城市化跟随。

正如前文所述，家庭教育期望不仅普遍受到父母教育程度和家庭职业类型的影响，也会受到地域文化的影响。然而，一定空间内的区域文化既可能成为高教育期望形成的影响因素，也可能是低教育期望形成的影响因素，后者有时还成为乡土环境中"读书无用论"的文化根源。"父母社会背景虽然限制其教育期望，但教育价值观因为不受社会背景的限制而可能促成低社会阶层父母的高教育期望。"❶ 这意味着改善家庭的教育价值观具有与改善家庭的社会经济条件相类似的积极意义。而值得进一步探究的是，在现代教育制度下，父母的教育价值观能否独立地发挥作用？无论如何，乡城迁移家庭在教育期望上的城市化跟随进一步展现了他们在教育行动中的努力。只是，乡城迁移家庭要促进教育期望的实现，或者说要更好地融入城市教育环境，还需要获得足够的回应与支持。

---

❶ 余秀兰. 父母社会背景、教育价值观及其教育期望 [J]. 南京师大学报（社会科学版），2020（4）：62 - 74.

第四章

乡城迁移家庭教育期望的调适

　　乡城迁移家庭中的父母适应、融入城市生活的过程，也是再社会化的过程。有学者认为，这种再社会化必须具备三个基本条件：相对稳定的城市职业，与当地人接近的生活方式，形成新的、与当地人相同的价值观。❶不难发现，这三个基本条件同时也是影响家庭教育期望的重要因素。而之所以称之为"再社会化"，是因为这部分群体在进入城市之前已完成乡村语境下的社会化进程。彼得·贝格尔将人的社会化进程分为初级社会化和次级社会化："只有当个体达到了这种程度的内化，他才是社会的成员之一。实现这一目的的个体发展过程就是社会化，因此社会化可以被定义为将个体引入社会或其某个部分的客观世界的全面且持续的过程。初级社会化是个体在童年时期经历的第一次社会化，他通过这一过程成为社会的成员之一。次级社会化（secondary socialization）是将一个已经社会化了的个体引入其社会客观世界的新部分的后继过程。"❷ 可以认为，初级社会化与次级社会化具有某种内在的一致性，不同的是，初级社会化之所以能够成为次级社会化的基础，在于其包含更多的情感成分和认同成分；次级社会化则更多的是在社会分工基础上形成的知识的社会分配，并不预设很高程度的身份认同；而再社会化则是主观结构的更替，"与初级社会化不同，再社会化并不是从无到有的，因此它必须拆除和瓦解旧的主观现实的惯有结构"❸。

　　对于乡城家庭而言，父母的再社会化进程会对家庭教育期望的提出与实践产生显而易见的影响。家庭的城乡属性与父母教育程度又会影响家庭教育期望的具体实践。家庭迁移是迁移的价值溢出达到一定水平后，家庭才会做出的行动。新型城镇化为乡城迁移家庭提供了政策支持，使家庭能够通过迁移改变自身的城乡属性。但迁移本身并不能改变先在的父母教育

　　❶ 田凯．关于农民工的城市适应性的调查分析与思考［J］．社会科学研究，1995（5）：90－95．

　　❷ 彼得·贝格尔．宗教社会学：彼得·贝格尔读本［M］．谢夏珩，译．北京：北京大学出版社，2015：110．

　　❸ 彼得·伯格，托马斯·卢克曼．现实的社会建构：知识社会学论纲［M］．吴肃然，译．北京：北京大学出版社，2019：194．

程度，甚至是改变家庭的存在形态，造成父母社会化与子女社会化的不同步，使家庭教育期望更容易出现下降倾向。

第一节 乡城迁移家庭面临的教育竞争压力

教育的普及化同时产生了教育竞争的大众化❶，而教育竞争的结果，又直接决定了家庭教育期望的实现程度。于是，乡城迁移家庭获取城市教育资源，也就意味着城市教育竞争的卷入。马克思将人定位为"一切社会关系的总和"，这说明人是具有社会性的，人也是需要社会化的。但社会有着形态的区别。乡土社会是相对稳定的熟人社会，而城市社会是一个流动性更强的陌生人社会，城市社会对公共性的追求，也隐藏着"合作者困境"。

一、"拼不过"的"教育拼妈"

教育获得（教育地位）是诸多社会因素作用的结果，"在教育机会均等的条件下，由于家庭出身不同，个人可能在教育获得上出现差异，进而形成教育分层"❷。如果说城乡教育差异是从宏观时空背景展现其教育获得的不同，那么城市教育则是在一个微观时空背景中展现教育获得的区分。"同一城市空间，不同阶层具有高度的异质性。"❸事实上，当越来越多的乡城迁移家庭乃至乡村家庭中的母亲从社会公共生产领域回归家庭领域时，已经不自觉地接受了"教育拼妈"的现实。

---

❶ 陆一. 学业竞争大众化与高考改革［J］. 教育研究，2021（9）：81-92.

❷ 郝大海. 中国城市教育分层研究（1949—2003）［J］. 中国社会科学，2007（6）：94-107，206.

❸ 刘谦. 迟疑的"大学梦"——对北京随迁子女教育愿望的人类学分析［J］. 教育研究，2015（1）：43-53.

（一）家庭内部的教育分工

随着社会的发展，尤其是教育的专业化水平的提高，人们对于家庭（主要是家长）的教育能力也有了更高、更专业化的要求，甚至有人提出家长的教育能力应包括"了解与分析能力、教育选择与规划能力、建立密切亲子关系能力、家庭教育实施能力、教育协调和沟通能力、家庭教育环境设计能力等"。❶ 这种对家庭教育能力的论述固然意在强调一种理想的、应然的状态，但也揭示了家庭在参与子女教育过程中日趋专业化。

显然，家庭如果具备更为专业的教育能力，那么家庭教育期望就有更大的实现机会。专业化是社会化生产、社会化分工的产物，分工意味着一部分人从事这个、另一部分人从事那个。鉴于家庭并不是专门的教育机构，家长若想提升家庭的教育能力，有效的办法之一是进行家庭内部的教育分工。高学历城市家庭的"协作育儿"模式，为乡城迁移家庭起到了良好的示范作用。然而，分工只是专业化的前提之一，并未解决专业化能力的来源问题。

在传统乡村社会中，父母的教育能力，要么来源于祖辈的直接教导，要么来源于自己对儿时经历的回忆，这在很大程度上是由于人的日常生活还没有分化。乡城迁移家庭的父母们在社会化的过程中已经不自觉地接受了这样的观念，"我们也是这么过来的"这一观念，它成为父母们的惯用语。而现代社会的一个重要特征是生活领域的分化，"表现为公共领域、私人领域以及日常生活领域的分化，利益集团的分化，人群的分化，等等"❷。这种分化带来的结果是人无法直接地从日常生活中获得相应的知识、技能，而需要在专门的时空中习得。在城市中，不仅父母们有着更高的教育程度，而且"越来越多的中等收入家庭的父母接受了专家关于如何做父母的

---

❶ 张庆守. 新世纪家长教育素质要求与养成对策 [J]. 闽江学院学报, 2007 (3): 135-140.

❷ 张康之，张乾友. 共同体的进化 [M]. 北京：中国社会科学出版社，2012：13.

建议，而不是确认和发展传统的或者直觉的父母经验"❶。

对于乡城迁移家庭来说，由于缺乏足够的教育经历，家庭内部的教育分工并没有解决教育能力的来源问题。父母的教育能力与自身的教育程度直接相关，父母的教育程度之所以会成为家庭教育期望的重要影响因素亦在于此。事实上，在乡城迁移家庭乃至乡村家庭中，越来越多的"陪读妈妈"的出现说明越来越多的家庭以分工的形式参与子女教育。同样，家庭愈是参与其中，愈是凸显出家长教育能力的重要性。假如父母所具备的教育能力素养无法适应城市教育的要求，那么这样的参与很可能产生适得其反的效果，甚至激化亲子矛盾。过去，人们往往认为弱势家庭忽视对子女的教育陪伴与教育参与，2020 年初新冠疫情暴发后，大部分家庭都有了较为充足的时间来参与子女教育，但是"疫情发生以来反复开展的大规模在线教育，'放大'了过去广受争议的教育公平与青少年发展的关系问题"❷。这说明，对于父母教育程度较低的家庭而言，真正缺乏的不是参与子女教育的时间精力，而是参与子女教育的能力。

（二）家庭留守的城市移植

尽管社会经济的高速发展明显带动了教育规模的扩大，但教育竞争的激烈程度并不亚于"千军万马过独木桥"，而且不断地因高考这一标志性事件而向前推移，甚至提早到"起跑线"上。教育竞争的下沉，使家庭卷入的深度和广度都日趋显著，家庭不仅要营造好的家庭教育环境，还要为子女谋求好的学习教育资源，更要为子女获取家庭与学校之外的教育资源。甚至有的父母直接参与教育竞争的方方面面。如果说生产方式、生活方式的转变是乡城迁移家庭在现代化、城市化冲击下的想象与模仿，那么城市教育中几近"惨烈"的竞争则是其切身体验。

---

❶ 易彬彬. 城市中等收入家庭精细化教育的生成逻辑与风险 [J]. 南京社会科学，2020
（12）：147 – 154.

❷ 方俊. 在线教育视野下的教育公平与青少年发展 [J]. 中国青年研究，2022（12）：33 –
40，32.

"教育拼妈"现象的原因在于竞争型教育、家长主义和性别化家长主义❶，而归根结底，是在于"家长主义"。"家长主义"的概念最早由英国教育学家菲利普·布朗（Phillip Brown）提出，该概念用以描述英国教育史上的第三波改革浪潮，教育竞争中的"能力主义"正在被以家长为教育运作核心的"家长主义"所取代。❷当"家长主义"在城市教育中盛行时，对于乡城迁移家庭来说，这也是一种家庭教养方式的模仿。然而，家长若要深度参与其中至少应具备两个方面的条件：足够的劳动免除、足够的教育能力。而乡城迁移家庭显然都不具备。

越来越多"陪读妈妈"在乡城迁移家庭中出现，她们也在一定程度上被免除了生产劳动。但对于这些家庭来说，这更意味着一个劳动力的"闲置"。这种"闲置"既没有给这些家庭带来亚里士多德所谓的"闲暇"，也没有使之成为凡勃伦笔下的"有闲阶级"，而是直接造成家庭收入的减少。

"后来要是单纯地带一个孩子的情况下，那就等于我就没有用了，就等于没有收入了。"（CSS - Z - C - Z）

"就是经济方面的话，毕竟说像我们三个孩子，我自己也没有收入的那种，我们只用钱的，不会赚钱。"（CDM - S - X - W）

对于乡城迁移家庭来说，这不是"劳动免除"，而是更接近于"劳动克制"。在沙市的部分乡村，由于土地资源匮乏，祖辈甚至也要外出打工以支持"陪读"的开支。这固然是提高子女养育质量的有效途径，也避免了子女留守或者隔代养育带来的种种弊端。但是，如果从家庭内部结构来看，"陪读妈妈"不过是"留守母亲"的另一种雅称，而这种现象也可以视为2000年前后乡村社会普遍存在的"三八六一部队"在城市中的移植。由于养育孩子而形成的"夫出妻守"的夫妻相处模式，既难以保障婚姻的

<hr>

❶ 金一虹，杨笛. 教育"拼妈"："家长主义"的盛行与母职再造 [J]. 南京社会科学，2015（2）：61 - 67.

❷ Brown P. The "Third Wave"：Education and the Ideology of Parentocracy [J]. British Journal of Sociology of Education, 1990（1）：65 - 86.

功能，又降低了婚姻幸福感和婚姻质量，还在一定程度上威胁到婚姻的稳定。❶ 而婚姻恰恰是家庭和家庭教育的基础，显然，这种家庭形态本身就可能是"危机四伏的家庭"，其家庭教育功能的实现都不免打折、萎缩❷，更遑论参与"家长主义"式的教育竞争之中了。

（三）"陪读妈妈"的教育竞争劣势

由于母亲从公共生产领域中退出，她就被认为必须承担起教育子女的责任，但她有限的教育经历又难以支持对子女教育的辅助。这对于孩子和家长来说都不是很好的教育体验。一旦子女的学习情况或行为表现不理想，母亲们就不免会受到其他家庭成员的责备。乡城迁移家庭虽进行了教育的内部分工，但这种分工未能有效地转化为子女的学业成就。

"班级那些成绩比较好的孩子，因为他们爸爸妈妈素质也很高，所以说也难怪他们的孩子那么优秀，不仅是成绩优秀，是各方面都优秀，非常羡慕。"（CDM－Z－X－L）

"因为毕竟说文化方面我们可能会更差，他们文化程度比较高，对孩子教育更好嘛。我们自己本身就没有读多少书，有些（作业）说实话我们也不是很会，然后我也叫她去老师那边问，她不愿意去。"（CDM－S－X－W）

"家长主义"不仅要求家长在家庭内部充分发挥教育作用，也要求其能够深度参与家校合作之中，"家校之间成为阶层运作的重要场域空间"❸。一小部分乡城迁移家庭的母亲确实利用其"劳动免除"的优势，积极参与学校和班级的事务，然而，大部分乡城迁移家庭并不习惯与学校、老师打交道。与之相对的，城市学校的老师由于习惯了和城市家庭的"家校合作"方式，对于乡城迁移家庭亦有些微词。

---

❶ 胡桂香. 生亦或不生："三孩"政策对农村妇女的影响研究——基于湖南西村的田野调查 [J]. 广州大学学报（社会科学版），2022（1）：113－124.

❷ 高德胜. 危机四伏的家庭及其教育功能的萎缩 [J]. 全球教育展望，2008（10）：54－59.

❸ 沈洪成. 激活优势：家长主义浪潮下家长参与的群体差异 [J]. 社会，2020（2）：175－210.

"比如说在什么武汉、深圳那边做小吃的，就是老婆回来带孩子，真的就是她一个人专门在带孩子了。但是她对学习都不上心，很奇怪。有时候学校有事情打电话给家长，家长还一直抱怨打电话给我干嘛。"（中学 C 老师）

"之前线上教学的时候，因为几个孩子作业完成得不是很好，学校要求我们家访。我去走了三家，一个是那个大田县来的父母亲，在××路那边买了房子。他两个孩子我都教过，然后小的这个也没提交作业嘛，想去了解下，他爸爸都不管了，那妈妈晚上是要去上夜班，晚上9点上到凌晨5点。"（小学 W 老师）

从某种意义上讲，乡城迁移家庭在家长层面、家庭层面的教育竞争中"率先败下阵来"。"家长主义"浪潮揭示了子女的教育成长越来越依赖于家庭的资源和能力，家庭文化资本和经济资本占有量位居前列的优势社会阶层，明显拥有更多的教育获取机会，即更大的竞争获胜率。❶ 对于乡城迁移家庭来说，他们试图通过模仿城市家庭的"教育拼妈"来开展家庭教育，虽然有接近于城市家庭的教育期望，但无法发挥家庭教育参与在提升子女教育竞争力过程中的关键作用，其在教育上"先天不足"使得家庭环境更多地发挥生活照料作用，而更少地发挥参与教育竞争的资源整合和辅助作用。家庭在教育竞争中的劣势并未因为内部分工而得到改善，从"教育拼爹"到"教育拼妈"，其结果往往只能是"拼不过"。

二、从"管"到"教"的家长角色转变

在儒家文化背景下，家庭中的"管教"更近似于对子女的"要求"，蕴含着家庭中的长辈（父母）对子女言行举止、思想态度的约束与规范，是父母养育子女的核心特征。❷ 而在现代家庭教育文化中，所谓父母参与、

---

❶ 郭丛斌，闵维方. 家庭经济和文化资本对子女教育机会获得的影响［J］. 高等教育研究，2006（11）：24 - 31.

❷ Chao R K. Beyond Parental Control and Authoritarian Parenting Style：Understanding Chinese Parenting Through the Cultural Notion of Training［J］. Child Development，1994（4）：1111 - 1119.

父母卷入，其实更多的指向"父母陪伴子女生活，指导孩子的功课和作业等其他参与行为"，"我国关于家庭教养方式的阶层差异主要体现在父母对子女的'参与'行为上，而非父母对子女的'管教'态度"❶。尽管也有研究者认为不应当将"劳动阶层较少参与子女教育归因为不重视子女教育及不懂教育子女，使劳动阶层家庭教育面临污名化危机"❷，但家庭重视教育的目的仍然无法与"子女学业成就"进行分割，底层式的"望子成龙"最终仍需要在学业成就上进行自我确证，而这就隐含着家长从"管"到"教"的教育职能转变。

（一）"管"孩子

沙区第十中学的一户乡城迁移家庭的子女 GXM–Z–C–L 的个案经历可作为观察这一问题的"窗口"。L 的父母早年从邻近的 P 市 X 县来到沙区，起初父母都在沙区的钢铁厂中做农民工，2015 年前后，由于钢铁产能过剩，夫妻二人只得去外地打工。鉴于 L 已在沙区的小学就读，家中决定让 L 的爷爷奶奶从 X 县的乡下来沙区，负责照顾其饮食起居。但此后 L 的学习成绩出现下滑，2019 年升入初中后，L 的母亲先行回到沙区，并在学校周边开了一家小食杂店，以期督促孩子学习。2020 年新冠疫情暴发时，L 的父母都在家中"参与"L 的教育过程。然而，恢复线上授课后，L 在班上的排名下降得更大，于是 L 的父亲决定留在沙区以"跑滴滴"为业。2021 年中考后，L 的成绩没有达到普通高中切线，为此家里只好找原来在钢铁厂中认识的关系，将 L 录取到由钢铁厂和沙市职业学校合作办学的专

---

❶ 李佳丽，赵楷，梁会青. 养育差异还是养育陷阱？——家庭教养方式对学生发展的异质性影响研究 [J]. 中国青年研究，2020（9）：68–75.

❷ 熊和妮. 他们真的不懂教育孩子吗？——劳动阶层家庭教育的污名化危机及其批判 [J]. 基础教育，2016（2）：67–74.

业就读。❶ 在 L 的教育成长经历中，疫情期间是少有的父母都参与家庭教育的阶段，并且是直接参与他的课业学习的阶段。然而，正是在这一阶段前后，L 的学习情况出现了明显波动。对于家庭教育的参与，L 的父母与 L 都有各自的理解。

在 L 母亲的描述中，那段时间里父母尽心尽力地陪伴着孩子，试图弥补长期在外打工带来的缺憾，L 学习状态的下滑，主要是因为他自控能力差，线上教学期间经常玩手机游戏。

"他都不想读了，想读的话就不必要了。原来目标是二中，你看初一的时候还全年级前 20 名。在 X 老师面前是很乖的一个孩子，在我面前是个大坏蛋，说不得，我气得命都没有掉。……（他）都是跟我们说要用手机，然后就开始打游戏。……（没有考上高中）我们后面想来想去，他既然不想读了，再读下去也是浪费，叫他'回炉'，他要去拼，他不去拼也没有用。他到时候不珍惜的话，我们做父母肯定会唠叨，他又讲我们很唠叨。那他又不自觉，手机一拿起来就什么都不管不顾。……所以说我累的时候，他又不听话的时候，我气起来，我就会骂他，骂他就嫌我啰嗦。我们很多事情做的，他又不体谅。……我跟 X 老师讲，我很失败啊。真的很失败，教的孩子都没有出息。"

L 的母亲更多从自身教育能力而非迁移因素反思为什么自己"失败"。但在 L 看来，玩游戏虽是原因之一，但是一直以来父母很少给予他学习上的直接帮助，当父母将"期望"和"鼓励"以"唠叨"的方式表达出来时，只会更影响他的学习兴趣和学习安排。

"原本（初二）课程就有点听不懂，在家上网课的时候就更听不

---

❶ L 家庭是通过 L 的小学班主任 X 老师介绍得以进行访谈。据 L 的小学班主任说，L 在小学四五年级时成绩还比较好，这也是 L 的父母愿意接受访谈的一个重要原因。访谈时间是 2021 年 8 月，访谈地点就是 L 母亲开的食杂店内，其间陆陆续续有顾客前来。在访谈前，介绍人多次强调要避免提及中考的相关内容，以免家长不悦。访谈中，L 的母亲和 L 都在场。此后，也通过微信与家长、L 有过沟通交流。但因为种种原因，无法联系到 L 初三的班主任，难以形成更完整的"三角互证"。不过，L 与其父母对于 L 在疫情期间成绩下滑、最终没有考上高中的不同看法，也有助于理解这部分家庭中父母的教育能力问题。

懂。……我爸妈在旁边看着，我更读不进去，因为他们会一直讲，会唠叨。……他们会一直讲，但是都是跟学习没有相关的，就在旁边说一定要好好听干嘛干嘛的，要做笔记。我手就没停下来过。……比如老师让我们自己看书的时候，他们就会在旁边说怎么回事之类的。然后我爸也就会一直说，要好好读书啊，这个那个的。……感觉他们也不信任我。"

从 L 的母亲和 L 的描述中，似乎可以看到这样的场景，L 的父母按照他们认为的方式进行着家庭教育和子女教育参与，但 L 拒绝父母的家庭教育和教育参与，认为父母在观念、方法上都存在较大的问题。当然，这背后还有亲子之间长期分开居住而导致彼此的行为习惯、表达习惯差异等。亲子之间的这种相互不理解、不信任的关系显然削弱了家庭教育的正向功能。"家庭教育当中出现的很多具体问题与家长自身的素质有密切关系。"❶ 如果从为子女获得教育资源的角度看，乡城迁移家庭无疑具备一定的家庭教育能力；而如果从家庭自身教育能力、教育观念的角度看，乡城迁移家庭由于父母教育程度的"先天不足"，还有明显的欠缺。"积极的亲子关系可以为孩子创造良好的家庭成长环境，培养孩子较高的情绪弹性，使得孩子从学校学习转向居家学习时，面对环境转变的压力产生更高的适应。……对于疫情期间居家学习的初中生而言，由于其家庭之外的社会交往大大减少，因此这种来自父母的支持显得尤为重要。"❷ 乡城迁移家庭中家长的教育能力还处于一种基于模仿而非基于自身社会化经历的不完全市民化的状态，而长期的分开居住使疫情期间的亲子关系并没有得到预期的弥补与改善，反而因为学业问题放大了父母教育支持能力上的不足。

（二）"要求"孩子

正如前文所论，家庭教育期望在中国话语中，不仅仅是期望，更是要

---

❶ 刘晓巍，赵菲. 从父母权利到教育能力：家庭教育立法之基 [J]. 中国教育学刊，2021（8）：20–25.

❷ 李蓓蕾，徐萍萍，张莉莉，等. 疫情前初中生亲子关系与疫情期间家庭学习适应的关系——情绪弹性的中介作用与师生关系的调节作用 [J]. 教育学报，2022（4）：126–138.

求。对于乡城迁移家庭来说，孩子年幼的时候，这种要求的刚性并不那么强烈，"陪读妈妈"也没有演化成"母职经纪人"。当孩子到了初中阶段，尽管数据显示乡城迁移家庭的教育期望整体表现出降低趋势，家庭教育的参与程度也有明显的减弱，但由于中考的直接压力，这种教育要求的刚性却充分显露出来。如果说，"管"孩子主要体现在生活习惯、学习习惯上，那么"要求"孩子则主要体现在学业成绩上，而且对孩子的要求也从"绝对值"转为"相对值"。

"他们要求我考试排名在班级前十，不要求特别拔尖，但也不能太落后，不管成绩，只要排名，小考一般不问成绩。"

"每次有考试，他都会根据我上次大考的成绩来给我定下一次考试的排名。这种方法对于父母看来可能非常好，大人们也总是向我妈学习，我妈总是用别人家的孩子与我作比。"

"到了初中以后，父母的期望就不再止步于成绩的多少，而是把更多的注意力放在排名上，学习的压力和学习的难度又上升了一个档次。"

"我认为父母对我期望太高了，想让我超越班长，在五年级时期末考试，班长因为失误了没考好，我又超常发挥比班长高了几分，后来妈妈就一直拿我和班长比。我妈就会说：'你看看班长，你要是有班长一半努力，数学也不会考这么差。'一直到初中，我和班长调到不同的班为止。可是到期中考，我只考了年级第97名，妈妈又开始说了，还给我买了一大堆复习的书，花了几百元，又给我定了一个小目标，年级前50。"

孩子升入初中之后，乡城迁移家庭更重视的是排名情况，而非单纯的卷面成绩，还会根据排名情况来判断子女的学习表现。有研究从城市家庭有更高的学历期望进而推导出城市家庭有着比乡村家庭和乡城流动家庭更高的竞争意识。[1] 这种因果推断的逻辑似乎欠妥。至少从沙区这些乡城迁移家庭子女的感受上来说，他们有着颇为强烈的竞争意识，只不过，当子

---

[1] 童馨乐，潘妍，杨向阳. 寒门为何难出贵子？基于教育观视角的解释 [J]. 中国经济问题，2019（4）：51-67.

女的学业表现出现波动时，乡城迁移家庭能够为孩子提供的帮助主要体现在经济投入上，如通过为孩子购买学习资料等来体现。相较于小学阶段还可能为子女分析试题、辅导功课，到了初中阶段，他们的直接参与能力实则开始减弱。但是在考学压力下，仅获取城市的学校教育资源远远不够，还需要直面城市教育竞争中的"家长卷入"问题。或许正因为父母关注得更多而帮助得更少，乡城迁移家庭的子女更易感受到竞争的压力。

"古之学者为己，今之学者为人。"遗憾的是，在考学压力下"今之学者"不仅是为了他人，而且是为在竞争中超越别人。正如乡城迁移家庭的子女感受到的教育期望内容那样，学习的意义主要体现为"排名"，体现为考学竞争力。而父母"卷入"学校教育使家庭并没有成为所谓的"避风港"，反而成了教育的"兵工厂"。但是，乡城迁移家庭能够为子女提供的教育支持是相对有限的，这使家长自身更易感受到教育的压力，并有意或无意地将此种压力传导给子女。

"我不想承受妈妈的怒火，更不想看到她对我失望的眼神。她的眼神像一把利刃插进我的心，又把我的心一片片割下，无法呼吸。于是，我每天读书到凌晨，死记硬背，抱着只要读不死往死里读的想法努力进步。总算，第二次考试我考到了前50。我跑回家，激动地朝妈妈大喊：'妈我考到前50了！'妈妈淡定地扫了我一眼，随后说：'要考就考年级前30。'我彻底受不了了，她对我期盼只有无限。我知道父母都希望子女望子成龙、望女成凤，可我真的没有那么优秀，我平平无奇，很普通。对不起！我承受不了您的期盼。"

"基本（上）每次没有达到他们的期望的时候，我都会失眠。可能是黑夜带给人的压抑感吧，我经常躺在床上或躲在卫生间偷偷掉眼泪，做一个爱哭鬼。我经常觉得我是一个笨蛋，妈妈总说我完不成目标是因为我脑子太笨了。你们的期望太大了，我每次都达不到，我在你们心里是不是真的不及格啊？很抱歉没有达到你们的期望，但作为你们的女儿，我会努力达到你们的期望的。和那些新闻中的父母比起来，在我这里，你们的期望虽大但都是为我着想的。所以，你们放心，我不会辜负你们的期望。"

"他们都是为了我们的将来着想的，可从来没有关心我们现在的苦、累。他们总说我们这一代人比他们那一代人幸福，可是没看到我们现在天天写作业写到十一二点，就算看到了也只是关心一下。他们的期望太高了，说什么现在辛苦点以后就轻松了。他们把所有的期望放在我们身上，为此更努力地去工作，但也会休息一天二天的，可我们呢？"

"我们做的所有的努力他们都看不见，就只会看到你的不好，就像我，我所有的成绩里面只有数学好一点，其他的我都不好，但他们从来就没有管过我的数学，而去看其他不好的，越低就越被看重。"

在考学竞争的压力下，如何避免"教育失败"、实现家庭教育期望，成为乡城迁移家庭子女面临的主要的教育压力来源。有学者指出，忽略对"教育失败"的研究而把少数人成功的案例当作能够放之四海而皆准的"科学规律"，使教育难以摆脱传统教育方式的弊端，也使很多家长陷入困惑和无奈。❶更进一步，"优绩主义"的教育方式延续的是个人竞争逻辑，其不仅将"教育成功"归结为自身的努力，刻意掩盖其中的教育资源分配不平等和教育机会分配的不公平；而且"简单地"将"教育失败"归结为"失败者"的不够努力、缺乏动机和意志，更将"教育失败"在一定程度上等同于"人生失败"。也可以认为，本来无关乎道德的教育成就被赋予了某种道德内涵，在这样的逻辑思路下，"教育失败"成为生命不可承受之重。

在子女感受到的家庭教育期望中，最为醒目的字眼就是"压力"。然而，这也反映着乡城迁移家庭中的父母所感受到的教育压力。诚然，不少儿童由于有留守、随迁的教育成长经历，在感受到压力的同时，也会从主观上对家庭教育期望进行"正当性"解读，并且强调通过自身努力来"符应"家庭为获得城市教育资源所付出的努力。尽管我们可以从中挖掘出许多正面的教育价值，但父母教育能力不足导致的教育压力也值得我们去关

---

❶　程方平．应该重视对"教育失败"的研究——关于突破"精英教育"局限的思考［J］．教育与教学研究，2021（7）：7-18.

注和支持——同时，这部分群体常常是被教育忽视的"教育失败者"。

（三）"教"孩子

前述的 L 父母所实施的家庭教育，更多是对 L 的"管"和"要求"，而非"教"。这也致使其教育参与的有效性大打折扣。疫情期间的居家学习不仅再次印证了家庭教育的重要性，也进一步揭示了不同家庭在家庭教育方面的明显差距。有研究针对疫情期间大面积线上教学发现，在线上教学过程中父母扮演着不同的角色。那些教育理念开放多元、文化水平较高，且有一定的线上教育经验的城市家长，会给子女出题、划重点、与子女交流网课内容、进行"非学术"交流等，扮演着互动者、督导者、助教和生活保障的角色。大部分教育理念保守、文化水平一般的家长，则更多是重复老师的话、检查监督学习时的行为状态，扮演着监工、传声筒的角色。❶ 而"在线学习监管对学习投入和学习结果有一定程度上的消极影响"❷，监工与传声筒式的父母更容易让子女感到焦虑和不适。可以说，父母的教育能力对子女教育的影响在这一过程中得到了充分证明。

"我跟二实小的 Z 老师说，这在家里教孩子简直比我在山里面弄笋还要累。我教得也累，小孩听得也累。"（CZS－Z－C－X 的丈夫）

"乡下人说'鸭母听雷公'，我看在家里教小孩就是这样，我听网课就这样，小孩听我说话也是这样。"（CDM－S－X－Z）

"乡下人讲话不大文明。像孩子爸爸，（疫情期间）在家里教孩子的话，没说几句就要粗话。"（CCS－C－C－L）

当然，在家庭教育过程中，很难将"管教"与"参与"进行切割，而"参与"本身也包含了某种"管教"的意蕴。只不过，父母对于教育的不同经验和不同理解，事实上也影响着家庭教育的重心是在于管或是在于

---

❶ 王晶莹，杨伊．中小学生在线学习行为的混合研究：缘起、图景与机制［J］．现代远距离教育，2020（6）：60－68．

❷ 曹梅，朱晓悦，沈书生．父母教育卷入对中学生在线学习表现的影响——江苏省中小学在线教学调查研究报告之一［J］．华东师范大学学报（教育科学版），2022（4）：16－28．

教。随着教育专业化水平的不断提升，单纯的管越来越难发挥家庭教育应有的作用。换言之，如果要更好地实现家庭教育期望，那么对于家长教育能力的要求就需要由"管"转向"教"，转移到如何有效且深入地参与子女教育过程，使其成为教育专业化的一部分。重视家庭教育与"懂"家庭教育、实施家庭教育以及取得家庭教育成效的逻辑关系之间还存在许多内部变量与外部变量。

而在乡城迁移家庭的父母看来，自身也存在显而易见的语言文化劣势。城市与乡村有着不同的语言逻辑和话语方式，脑力劳动与体力劳动也有着不同的语言逻辑和话语方式。学者用"符号暴力"来说明优势文化对学校教育的占据。乡城迁移家庭承认自身在语言上存在文化劣势，他们并不讳言自己"讲话土"。"语言作为一种特殊的资源，其多样性正是为了满足人们日益复杂的社会交往的需要。"❶换言之，"讲话土"是因为其在乡村的日常生活中，人们不需要复杂的语言以适应复杂的生活。但是，如果我们承认学校教育所呈现的科学世界与生活世界存在较大差异的话，那么这样语言上的文化差异与其说是由学校教育导致的，毋宁说是由日常生活导致的。乡城迁移家庭在日常生产、生活中的弱技术性也是低复杂性，成为影响其语言逻辑的关键因素，而学校教育所使用的语言则是非日常生活领域的。语言因素不仅影响着家长的教育能力，还阻碍着家庭对于现代化的城市生活的适应，也影响着家庭的生产、生活和内生性发展能力。❷

如果说乡城迁移家庭来到城市以获得城市教育资源是一种控制"外部变量"的教育行动，那么父母的教育能力无疑是一个重要的"内部变量"。诚然，"在农业社会形成的生存理性以其惯性进入工商业社会后会形成扩张势态，产生一种农民理性与工业社会优势结合的'叠加优势'，释放出其在传统农业社会和现代工商业社会都未有的巨大能量"，而需要跳出传

---

❶ 李荣刚. 城市化对乡村语言变化的影响 [J]. 重庆社会科学, 2011 (10)：95 – 101.

❷ 杜敏，刘志刚. 论语言扶贫在乡村振兴战略实施中的可持续性 [J]. 陕西师范大学学报（哲学社会科学版），2020 (2)：95 – 105.

统与现代二元对立的思维定式来理解乡村固有的价值观念的合理性。❶ 但这种"理性"也可能导致家庭教育中代际矛盾的激化。一方面是父母虽意识到教育程度与职业获得之间的紧密相关，但对于城市职业分化以及子女个性发展的认知不足，进而产生一些片面或不合理的教育要求与教育行为。另一方面是子女在城市教育竞争环境中因缺乏来自父母和家庭的有力支持，亦容易产生一些消极的教育心态和教育行为。在乡城迁移家庭市民化的进程中，"身份市民化具有决定性意义，价值观念市民化则是最根本和最高的标志"❷。尽管家长教育职能的转变与拓展对家庭教育期望的实现具有显著的积极意义，并且乡城迁移家庭也意识到这种能力转变的重要性，但由于家庭自身缺乏相应的教育经验，大多只能通过模仿城市家庭等方式来开展家庭教育，而此种模仿能够起到的效果是有限的，甚或可以说是很难通过家庭自身完成转变的。因此，相较于乡城迁移中改变户籍身份的立竿见影，家长教育能力的改变则需要更多的支持。

三、城市教育的内部分化

城市教育竞争是一种内部竞争，"教育拼妈"现象展现了城市教育由于内部竞争而存在的内部风险。雷伊发现，无论哪个社会阶层，父母教育卷入实际上都是母亲承担着大部分的工作，但是不同家庭因为阶层资本、自我效能感的差异造成参与效果的差异。❸ 可以说，"教育拼妈"所依靠的除了母亲本人的学识水平，更重要的是依靠家庭经济条件的支撑。不同的家庭经济条件在很大程度上标识出不同的社会阶层，而对于不同阶层在教养方式的明显差异，布尔迪厄、拉鲁、威利斯等人通过"惯习"、"协作培

---

❶ 冷向明，赵德兴. 中国农民工市民化的阶段特性与政策转型研究 [J]. 政治学研究，2013 (1)：19－27.

❷ 乔金霞. 农民工随迁子女的社会融合基于教育的视角 [M]. 北京：社会科学文献出版社，2018：96.

❸ REAY D. Cultural Reproduction：Mothers' Involvement in Their Children's Primary Schooling [M] //GRENFELL M, JAMES D. Bourdieu and Education：Acts of Practical Theory. London：Falmer, 1998：56.

养"与"自然成长"、"反学校文化"等概念作出了解答。对于乡城迁移家庭来说，这至少意味着城市教育并不是一个完整的概念，而是一个被"区分"的概念。从城市教育外部深入城市教育内部，乡城迁移家庭需要面对和适应城市教育的"内部风险"。

（一）"帮不上忙"的家庭教育

"风险的本质是指损失的不确定性。"❶家庭的教育介入主要是为了降低教育期望在实现过程中的不确定性、提升教育期望的实现概率。然而，面对子女的教育竞争，乡城迁移家庭的家长们往往只能无奈表示"我也帮不上什么忙"，进而又回归到"小孩子能不能读书、能不能考上好学校，得看他自己"的传统的、经验式的教育思维之中。乡城迁移家庭将通过购房为子女获取入学资格定义为"我们能做的只有这些"。这固然体现了其在子女教育竞争中难以发挥"辅助"作用的无奈，也反映出其在教育思维上的局限，从而限制了教育期望的进一步拓展和延续。更为现实的问题是，如果子女在教育竞争中一直处于劣势，他们就很容易产生对城市教育的"不信任"。

"乡下的规模小，孩子少。老师放学后有时候还能一个个地'抓'过去。城里的学校学生多，就没有办法像乡下老师那样（负责任）。"（GFM－S－X－G）

城市教育必然比乡村教育带来更好的教育发展，这显然是一种认知偏差。这一认知偏差将教育置于消费主义的供求关系中，而不是师生的教育关系上。这无异于强化了"把教育看作是出售给家庭或个人的产品，或者是被受教育者消费的产品"❷。这一观念即使意识到教育可能产生预料之外的结果，他们也只愿意接受"好"的结果，而拒绝接受乡城迁移这一事件带来的教育风险。"认为教育能够且应该无风险，或者可能提前知道或明

❶　冯必扬. 社会风险与风险社会关系探析［J］. 江苏行政学院学报，2008（5）：76－81.
❷　金生鈜. 保卫教育的公共性［M］. 福州：福建教育出版社，2008：199.

确学习结果，是对教育内涵的误读。"❶ 乡城迁移家庭的这种误读，虽然不至于衍生出"反学校文化"，因为他们在潜意识中还是尊重教师这一职业身份，甚至会主动为教师寻找无法顾及自己孩子的原因，但这也有可能促使其对迁移本身产生意义质疑和退缩行为。

当其满怀信心、认为城市教育可以直接促进子女的成才而迁居城市后，他们却发现城市教育与乡村教育有着同样的不确定性，甚至要超过后者。被"科学"建构起来的城市生活其实也是被某种"确定性"塑造的生活，"只要给定了适当的初始条件，我们就能够用确定性来预言未来，或'溯言'过去"❷。面对乡城迁移家庭和乡村家庭在子女教育竞争上的失利，家庭教育投入不足、家庭文化资本不足、家庭社会资本缺失等因素都被纳入原因的考虑之中。但在乡城迁移家庭的理解中，这些答案并没有在最终层面上揭示如何把握教育的确定性，反而只是告诉他们教育存在不确定性的风险。由于乡城迁移家庭缺乏对子女教育的相应支持，也缺乏对这种城市教育内部风险的有效应对，导致他们对城市教育在"信任"与"不信任"之间摇摆，也限制了乡城迁移家庭的教育期望的拓展与延续。可以说，从教育竞争中折射的，其实是乡城迁移家庭对城市教育生活的融入困难与渐生不适。

（二）城市内部二元的出现

乡城迁移家庭的出现表明，曾经的城乡二元结构已经松动，但这种松动是逐步展开的，一部分领域的改变程度大一些，一部分领域的改变程度小一些。进而言之，在一部分领域可能已经废除了二元结构，在一部分领域则可能延续着二元结构。这就使乡城迁移家庭在进入城市以后，仍然会面临二元结构的部分延续或变形，也就是在城市内部发展出核心区与非核

---

❶ 格特·比斯塔. 超越人本主义教育——与他者共存 [M]. 杨超，冯娜，译. 北京：北京师范大学出版社，2020：28.

❷ 伊利亚·普里戈金. 确定性的终结：时间、混沌与新自然法则 [M]. 谌敏，译. 上海：上海科技教育出版社，2009：3.

心区的新中心——边缘结构。

　　一方面，城市原住家庭的文化资源优势会转化为城市教育对乡城迁移家庭的推力。城市原有群体通过介入教育制度设计、发挥话语优势，从而形成对进城家庭子女教育的制度限制。这既表现为城市教育改革和政策制定过程中的"中产阶级偏好"❶，也表现为教育政策话语的城市倾向，导致乡城迁移家庭的理解困难和实践困难。再者，城市原住家庭通过加大对子女教育的投入、巩固文化资源优势，甚至拒绝与乡城迁移家庭共享优质的城市教育资源，进而无形中抬高乡城迁移家庭实现文化融入的门槛。❷ 在城市教育的发展进程中，家庭经济收入较高的城市家庭和教育资源较丰富的学校集中在教育核心区内。教育核心区的密度上升引发的城市"收缩"，这种"收缩"不仅制约城市应有的辐射功能，还造成"城市的扩张"与"城市的收缩"的悖论性现象。这无疑加大了乡城迁移家庭的城市教育融入难度。

　　另一方面，城市原住家庭的"资源保护"意识也会表现为对乡城迁移家庭的推力。乡城迁移家庭的进入改变了原有的城市教育结构，当更多的家庭在城市教育环境中展开教育竞争，进一步放大了优质教育资源短缺和

---

　　❶ 王金娜. 教育改革偏好与中产阶层母亲的教育卷入［D］. 南京师范大学，2017：294.

　　❷ 沙区曾在教育核心区内的一处山腰处规划、建设了一个有一定体量的小区。开发商也将入读核心区内的优质学校作为营销策略。但是小区居民入住后发现，原开发商与市教育局并没有达成完全一致，不少原乡村户籍家庭的子女无法入读，而且位于核心区内的两所小学也不愿意接收这部分家庭的子女入读。一些家长还利用其社会关系进行干预。一段时间内，这个小区的学龄儿童分别由 3 个小学招生。而新购房的家庭也多次到市政府上访，后经协商暂时由核心区的一所小学负责统一招生。2019 年政府还曾尝试将该小区周边一所已经停办的中专校址作为实验小学分校的建设地，但在征求意见阶段就受到了一些家长的极力反对。2019 年底，政府在原纺织厂（纺织厂是"三线建设"时期由上海市整体迁入）地块上新建了一所小学，并于 2020 年开始招生。一开始该小区和一些原来被划入市属小学片区的家长也在政府公共平台上提出质疑，后来，由于该小学有着与上海市的渊源，直接获得上海市的对口帮扶，城区原住家庭的质疑也逐渐消失。当然，能够获得上海市的教育支持只能算是个例。相比而言，乡村家庭来到城市后，对于城市实施已久的就近入学政策的不了解更普遍，一些房地产销售公司往往利用乡村家庭的这一弱点，在教育配套资源的宣传上含糊其词或夸大宣传。一些购买期房的家庭，更是难以理解为何要"舍近求远"地被划分到另外一所小学。而一些更为优质的学校，除了"三统一"的要求外，对于非原住家庭还需要购房年限的积分排名。

教育资源分布不均衡的状况。乡城迁移家庭和居住在城市教育核心区外的城市原住家庭共同构成了"二元城市"中的"一元"。尽管二者在家庭教育期望的表现上看似有更多的共同点，但这"一元"的内部对教育资源乃至生活资源、生产资源的理解存在明显差异，二者反而更容易产生矛盾。不少研究者发现，文化资本的缺乏影响乡城迁移群体人力资本、社会资本的积累，导致市民的文化排斥。❶ 但这种排斥的背后也隐含着城市原有群体对新的城市结构、城市教育资源分配方式的不认同。社会经济地位较低的城市家庭与乡城迁移家庭更容易产生隔阂与矛盾，因为相较于经济条件更好、文化水平更高的城市家庭，社会经济地位较低的城市家庭与乡城迁移家庭才是城市教育资源竞争的主要对手。很长一段时间内，由于城市和乡城迁移群体适用不同的资源分配政策，乡城流动与迁移群体作为"外乡人"，被城市原住居民视为对城市资源的分割者与占有者。教育资源作为重要的城市资源之一，以"制度分配"的方式存在，也就更容易引发矛盾，这种相互竞争的态势甚至会从教育领域衍生到其他生活领域，对乡城迁移形成更多的推力。

四、"把学上好"的不确定

乡城迁移家庭的教育期望，建立在城市学校教育能够提升子女教育竞争力的基础上，但教育既然是一种充满竞争的社会活动，那么其结果必然存在竞争成功和竞争失利的两种可能。教育部发布的《教育部办公厅关于做好 2020 年中等职业学校招生工作的通知》明确强调，从 2020 年开始，各地要适度地扩大中职的招生比例，将普职比维持在大体相当的水平。这一政策被宣传为"普职分流"后，不仅加剧了城市家庭的教育焦虑，也客观上反映了教育期望的不确定性。

---

❶ 刘辉武. 文化资本与农民工的城市融入 [J]. 农村经济, 2007 (1): 122–125.

（一）"考不好"的现实存在

回溯在沙区购房定居的动机，其中之一就是为了子女能够在城区学校接受教育，从而摆脱乡村学校教育对子女发展的"局限"。他们对乡村学校教育的不信任转变为对城区学校教育的信任，即相信城市的学校不仅有着更好的师资条件和教学设施，还能够为子女的成长成才提供更好的教育平台。由于社会分层与学校教育获得之间存在高度交互，且学业成绩被赋予了对个人进行教育成就评价的功能，乡城迁移家庭对学校教育的"信任"与子女的学业成绩紧密相连，这种信任建立在城区学校能够考得更好的基础上。"考得好"是"把学上好"的集中体现，也是乡城迁移家庭对于子女教育期望的集中表达。特别是受上千年科举制度的影响，人们形成学校教育是为获得更高层级的学校教育而做准备的价值判断。[1]显然，在乡城迁移家庭看来，城市教育能够提供更好的教育竞争环境与教育晋升机会。

"乡下的学校肯定跟城里的不能比，我们辛辛苦苦买房子，把孩子带到城里来，当然希望他考得好。……因为这边的话，你接触的东西多，接触的人也多，你的视野会更宽阔。乡下来来去去都是这些东西。就像我们这样，在这边清华北大挺难（考）的，那在北京的话，他考清华北大肯定是更简单一点，对不对？肯定是这个道理。"（DDM－S－C－C）

但是，一部分人把学上好往往是要以另外一部分人未能把学上好相比较而显现的，而且，并非每一所城市学校都可以称为"好学校"，或者说并非都拥有"好的教育资源"。当学区房的概念进入乡城迁移家庭的生活时，他们未必做好了充分抵御可能的教育风险的准备。值得一提的是，乡城迁移家庭即便购房也很少会在市属小学、初中所在的教育核心区域购买学区房。对面向沙市市属初中的228户家庭的随机抽样调查发现，符合研

---

[1]　兰德尔·柯林斯. 文凭社会：教育与分层的历史社会学［M］. 刘冉，译. 北京：北京大学出版社，2018：1.

究中"乡城迁移家庭"定义的家庭不到10%，与之相对应的是，73.8%的家庭中父母至少有一方为大专及以上学历，这一比例远高于其他非核心区的学校的家庭。尽管可以直接地获得更为优质的学校教育资源，但乡城迁移家庭的父母潜意识里认为核心区中的学生父母都是真正意义上的"城里人"，而他们"乡下人"的身份，不仅会给子女的学校生活带来诸如文化排斥之类的不便，也会更难以应对家庭的子女教育卷入。

"其实我们讲出来很多人都不会相信，就是他们班（语文）一年级期末考平均分不到60分。这到哪个学校去，人家都会说不可思议，对不对？"（DDM－S－C－C）

"我一个亲戚，她也是在列西买的房。买完之后才知道那边的学校很多都是民工（子弟就读）……买完的话都很后悔，那只能硬着头皮先在那边读读看了。"（GDS－S－X－X）

（二）面临损失的教育期望

教育期望的普遍与教育结果的不确定使乡城迁移家庭的教育期望可能遭受损失。在普遍的理解中，个体能够通过教育实现自我能力的提升，教育也进而成为乡城迁移家庭阻断文化标签代际传递、实现家庭持续发展的重要途径。[1] 但由于教育期望的实现具有不确定性，那就意味着教育对家庭持续发展的支持作用可能并不一定是正向的。基于家庭视角，教育期望未能实现在某种意义上等同于教育期望的损失，甚至是教育结果的损失，从而使家庭的教育投入产生某种损失——这也是"读书无用论"的根源，因为面对此种教育风险的极端反应就是教育放弃。乡城迁移家庭对于教育的投入无疑是可观的，使这种不确定的损失也不可忽视。

一方面，竞争性的学业成就与普遍性的教育期望似乎难以兼容。以具有竞争性的学业成就作为衡量儿童教育发展水平的依据，虽然具有可量化

---

[1] 杨阳. 教育策略治理贫困代际传递的逻辑困境与认知机制研究 [J]. 当代教育科学，2022（2）：72－78.

的优势，但其忽略了竞争本身就是不确定因素。一方面，个体能在学业竞争中取得何种成就，不仅取决于自身的教育投入水平，还取决于其他竞争者的教育投入水平。"家庭单位的经济行为所展示的是与一般经济学的前提信念很不一样的逻辑。"❶ 家庭在子女教育的投入尤为如此。对于乡城迁移家庭乃至更多的家庭来说，要提升教育期望的实现可能性，重要的不是降低期望，而是增加投入。当前，教育焦虑在越来越多的家庭间传导，与之不无关系。

"（为了孩子的教育）我可以花钱，对不对？只要（是）我的孩子。但是对于那些没钱的家长能乐意（都不投入）？因为别人没机会出去学了，然后我正好没钱学，那不是就人家水平下来了，不就公平起来了吗？但是我觉得这样的公平有意义吗？"（CZS－Z－C－X）

另一方面，从经济视角看，儿童成为乡村家庭、学校社会所建构的教育产业链的一环，而不是育人体系的对象，其造成的后果不仅是儿童的学习被视为一种可控的劳动，更是使这种劳动表现为"异化的劳动"。儿童的学习成长被简化甚至异化为可量化的学业成就，甚至连同家庭教育期望本身都存在异化的可能。对于乡城迁移家庭来说，城市教育的优势最终需要转化为子女教育成果的确定性，也就是把学上好的确定性。如果这种确定性缺乏足够的保障，那么教育期望就会失去意义，家庭对子女的教育投入意愿也会大大降低。面对教育竞争的压力和教育结果的不确定性，乡城迁移家庭的父母需要调整甚至调低自身的教育期望。

第二节　家庭教育行动的空间分离

父母能在多大程度上促进家庭教育期望的实现，取决于具体的家庭教

❶ 黄宗智. 中国的现代家庭：来自经济史和法律史的视角［J］. 开放时代, 2011（5）：82－105.

育行动。事实上，无论是流动家庭还是乡城迁移家庭的相关研究，虽都强调乡村民众流动、迁移的家庭化趋势，但都没有涉及家庭完整度的问题。而在现代社会中，家庭完整度是儿童教育和儿童成长的关键基础。"流动家庭的子女教育问题是伴随着人口的家庭化流动趋势的逐渐增强而凸显出来的。流动人口家庭迁移的一个重要原因就是为了解决其子女的教育问题。随迁子女能否在迁入地获得公平教育的机会是影响流动人口对流入城市生活满意度、融入意愿的重要因素。"❶ 在关于人口流动和人口迁移家庭化趋势的相关研究中不难看到，家庭成员的流动、迁移并不是同步的，而是"陆续"地进入城市之中。这背后有着复杂的社会因素和家庭因素。从社会角度来说，城乡结构的调整需要考虑社会的发展需求和总体稳定。同样的，从家庭角度来说，家庭是选择留守，还是流动，甚至迁移，也需要考虑到家庭自身的发展需求和总体稳定。在关于"一家三制""陪读妈妈"的讨论中不难发现，为了使家庭获得更好的发展基础，乡城迁移家庭需要在一定程度上牺牲家庭的完整程度，而这显然会影响家庭教育期望的实现可能与实现程度。

一、传统社会的家庭分离与子女教育

"近代之前，当家乡的经济条件尚能维持生存时，民众往往不忍离家外出谋生；即使有，也多不会全家外出，而让眷属留守在家，男性劳动力经商、务工或佃耕于他乡，由此形成了相对保守的迁移风格。"❷ 这一论断表明，虽然我国有着安土重迁的传统观念，迁移并非常态，但家庭成员特别是青壮年男性成员的流动并不罕见。在历史上，南方山区由于地狭人多，农业生产极难满足家庭生存与发展的需求，家中男性成员为改善家庭收入情况而流动的现象也更为常见。在安徽、福建等地，一些特殊的房屋

❶ 蔡少燕. 中国人口家庭式迁移研究的知识图谱分析 [J]. 世界地理研究，2022（3）：649 - 661.

❷ 王跃生. 制度与人口：以中国历史和现实为基础的分析（下卷）[M]. 北京：中国社会科学出版社，2015：646 - 647.

建筑结构、家具摆设习俗都与家庭男性成员长期外出的传统有关❶，然而，安徽、福建等地在家庭教育方面又有着较为丰富的实践传统，这一传统也催生了家庭教育期望的传统。这似乎说明，家庭成员的分离并不会对家庭教育的实施产生明显影响。这样的结论显然有悖于家庭教育的基本常理。

　　沙区地处东南山区，其下辖村落的教育传统，在相当程度上能够解释家庭成员分离情况下的家庭教育实施情况。以沙区下辖的 Y 镇十八寨村❷为例，十八寨村位于高山之中、四县交界处，距今已有 1000 多年历史，自宋代以来先后出过四名进士，可谓文风传世。然而，十八寨的农业自然环境较为恶劣，可以想见在当时支持乡民重视子女教育的，除了先贤祠堂等这些精神力量，更要依赖家庭男性成员在外或经商或务工，以期为子女教育提供必要的物质条件。在十八寨村，大部分历史悠久的老建筑在其围墙根处会嵌入一个石槽，站在围墙外，看到的就是一个不大的孔，而在围墙内，实则是一个有一定容量的蓄水槽，从围墙外部看到的石孔其实是以前挑水工送水时的注水孔。这样的建筑结构，是因为当家中的男主人不在家时，既能方便女主人获得相应的生活资料，同时也可以避免其他男性进入家中。这种建筑的大量存在，说明了当地有着家中主要男性劳动力外出的历史传统。因此，十八寨村的家庭教育其实不是由"小家庭"来负责和完成，而是由大家庭来实施的。例如，十八寨中建有"先贤祠"，该祠始建于元至正年间（1341—1368），据传为祭祀南传儒学的杨时、罗从彦、李侗、朱熹等四位本土贤人而建❸，并先后在明宣德年间和清康熙丙子年（1696）由乡众再度捐资修葺，配祀乡贤罗浩然、邓文铿等人。从先贤祠的祭祀对象来看，其功能主要在于教育，换言之，先贤祠是十八寨的教育场所，体现了我国由大家庭实施家庭教育的传统。

---

　　❶　如徽州地区传统民居的大堂，如果方桌有一半在案几下表示男主人不在家，如果方桌全部在外则表示男主人在家。类似的居住、陈设习俗还有许多。

　　❷　十八寨村并不是一个行政村，而是 Y 镇下辖村之中的一个聚落。相传这一聚落由十八个寨子组成，故称十八寨，距今已有 1000 多年历史。现有保存完好的唐、宋、元、明、清古建筑二十余座。

　　❸　沙市虽然是"三线建设"时期新建的工业城市，但下辖各县都有较为丰富的人文历史。

历史上，南方山区的乡村由于农业生产的缘故形成较为明显的聚落型居住格局，而维持这种聚落则需要血缘伦理力量来替代基层治理的不足。对于儿童的教育同样如此，在国家还不能够提供教育支持的时候，往往需要以大家族的力量来助力儿童的教育成长，儿童读书之处也多在宗祠周边。在这种传统的、由家族来组织的乡村教育格局中，社会教育、学校教育、家庭教育是三位一体的——诚然，此间的社会、学校、家庭都不是现代意义上的。乡村社会结构对儿童社会化的支持超越了血缘家庭的局限。也正因为如此，孩子的父亲可能需要外出务工、经商，而家族中的其他成年男性成员能够在某种意义上充当着"父亲"的教育角色，从而缓解家庭教育过程中的成员缺失问题。新中国成立以后，乡村经历了一段"集体化"时期，为了推进乡村治理改革，鼓励青年夫妇从大家庭中独立出来，公社、大队等集体组织也为小家庭在子女教育方面提供支持，因此，家庭成员没有共同居住而导致家庭结构的阶段性不完整的情况，能够较为及时地得到支持与补救。进而言之，借助乡村社会结构的教化作用，儿童社会化对父母的直接依赖并没有那么大。

然而很快地，乡村学校"从传统乡村的教化主体转变为摧毁这一结构的动力"[1]。家庭的分解与学校教育的独立，使小家庭在子女成长过程中的重要性不仅极大地凸显，而且其作用是其他任何组织都无法替代的。然而，家庭边界紧缩、家庭关系脆弱、家庭状态流动，使得儿童通过家庭而实现社会化的进程更容易波动、受阻。[2] 在乡城迁移家庭的教育行动中，由于家庭结构的变动更为剧烈，其作为影响儿童社会化的教育力量也更为薄弱——这与乡城迁移家庭在教育期望上的波动相互印证。"由于双系教育结构的弱化、家庭教育价值的消解、教育方式的异化以及代际隔阂的冲击等原因"，乡城迁移家庭的现代化程度较低，无论儿童是留守还是随迁，

---

[1] 薛晓阳. 乡村学校文化责任的历史变迁与教育回归 [J]. 教育研究与实验，2022（1）: 1-11.

[2] 高德胜. 危机四伏的家庭及其教育功能的萎缩 [J]. 全球教育展望，2008（10）: 54-59.

都会面临较大的教育问题。❶

二、回到家乡的矛盾

对于乡城迁移家庭来说，之所以在沙区安家落户，既有"向上"的考虑，也有"向下"的考虑。所谓"向上"的考虑，即考虑父母养老的问题；而"向下"的考虑，即从家庭发展的角度，期望子女在城市中接受教育、长大成人。沙区虽不是严格意义上的家乡，但由于靠近生于斯、长于斯的故土，故而更容易在情感上得到乡城迁移家庭的认同。

（一）养老与养小

家庭的核心意义在于延续，教育期望同样体现着家庭延续的内涵，而理解家庭延续的意义需要从长辈的立场出发。"中国社会关于家庭的价值观是儿子必须延续自己家族的血脉世系，服侍自己的父母并祭祀自己的祖先。"❷ 阎云翔曾描述过现代价值观念对乡村养老问题的冲击。❸ 不过沙区所在的东南山区，由于相对浓厚的宗族传统和民俗信仰，使年轻一代仍认同自己应该承担起养老的责任。

"不只是（广州的）房价太贵，因为一个孩子读书还要读十年吧，像我大儿子的话至少还要读 15 年，对吧？高中毕业之后，12 年他结束了之后，我父母亲也老了，他（访谈者丈夫）父母亲也老了，还是会考虑到这个养老的问题，因为双方父母四个老人家。"（ZDM－S－C－C）

养老问题虽不是本书的研究内容，但养老问题关系到中国传统文化的家庭伦理基础，也关乎乡城迁移家庭的社会化内容，更涉及乡城迁移家庭

---

❶ 潘璐，叶敬忠. 农村留守儿童研究综述 [J]. 中国农业大学学报（社会科学版），2009（2）：5－17.

❷ 易劳逸. 家族、土地与祖先：近世中国四百年社会经济的常与变 [M]. 苑杰，译. 重庆：重庆出版社，2019：73.

❸ 阎云翔. 私人生活的变革：一个中国村庄的爱情、家庭与亲密关系（1949—1999）[M]. 龚小夏，译. 上海：上海人民出版社，2016：207－214.

的生活层面。近代以来，社会发展、文化变迁的速度与规模都远超历史，但是安土重迁的文化性格依旧影响着乡城迁移家庭的落户选择。李强、龙文进对北京市农民工进行的调查的结果也显示，已婚的农民工回迁的意向更高，家中有需要赡养的老人也会显著提升移民回迁的可能性。❶ 即便离开乡村、落户城市，乡城迁移家庭也更倾向于选择靠近故乡所在的城市，而不是靠近务工地所在的城市，面对"家庭存在难以兼顾老与小的焦虑"❷，这在某种意义上是养小相对于养老的妥协。

"当代中国的男性农民工仍然坚持秉承着孝子的文化理念，孝顺仍然是农村男性的男子气概的核心。"❸ 当然，养老本身也是对养小的一种期待。家庭是人自身的再生产的凝结体，在中国文化里，家庭还是祭祀不绝的具体承载物。父母对待祖辈的行动，暗含着关于自己年老时如何被对待的期望，这或许也是家庭延续和家庭发展的应有之意。家庭对子女教育的期望既是利他主义的，更是利己主义的，父母一旦决定了抚育子女，就会竭尽所能提供相应的教育，以期帮助子女获得尽可能大的发展，生育子女的本能与教育子女的义务在文化层面具有统一性。父慈子孝的性善论得以展开后，不仅成为教育的伦理基础，也成为个体家庭化、社会化的伦理基础。

（二）新房与旧居

乡城迁移家庭对于住房的文化认知也与城市原住家庭存在一定差异，并形成居住选择上的差异。

子女教育固然是重要的购房动机，但尚不足以形成乡城迁移家庭对"学区房"的强力追逐。尽管许多论者都指出由于我国曾实行的是集体性

---

❶ 李强，龙文进. 农民工留城与返乡意愿的影响因素分析 [J]. 中国农村经济，2009（2）：46 – 54，66.

❷ 钟晓慧，彭铭刚. 养老还是养小：中国家庭照顾赤字下的代际分配 [J]. 社会学研究，2022（4）：93 – 116，228.

❸ 蔡玉萍，彭铟旎. 男性妥协：中国的城乡迁移、家庭和性别 [M]. 北京：生活·读书·新知三联书店，2019：167.

质的城市住房政策，因而没有出现欧美国家的"居住隔离"现象，但现实情况是，城市因扩张才有了多余的新增空间来容纳乡城迁移家庭，或者说在城市规划的最初设想里，乡城迁移家庭就是新的城市地带的主要居住群体。社会政治经济因素和市场经济条件下个体与群体差异给城市带来的巨大的社会和空间的变化。❶ 但乡城迁移家庭在无意识中实践着某种意义上的"居住隔离"。例如，沙区的教育核心区中鲜有新建商品房，大部分是建于 20 世纪的住宅。在"学区房"的影响下，不少经济条件较好的城市家庭能够接受为子女教育置换或另外购买一套二手房；而乡城迁移家庭极少愿意购买一套二手房作为自己融入城市的标志，因而也自觉或不自觉地将城区新开发地带的新房子作为自己的首选。❷

"我一个人带着 4 个孩子在城里住，确实有很多不方便的，在乡下还有公公婆婆帮忙。但是我老公在外面做小吃这么多年，再不买房的话在乡下讲话都不敢大声了，大家会觉得我们没本事。"（CDS - S - X - W）

新房面积可大可小。如果夫妻二人确定要在沙区生活，那么经济条件允许的情况下就会选择面积较大的房子。在城里拥有一套房子，体现的是夫妻二人多年外出务工的收益，这与早年间进城务工人员回老家盖房在性质上并没有太大的区别。经济条件一般的话，夫妻俩也会选择一套较小的房子作为过渡——就像 H 家那样。一旦在城里安了家，就会在心理上更自

---

❶　黄怡 . 城市居住隔离及其研究进程 ［J］. 城市规划汇刊，2004（5）：65 - 72，96.

❷　乡城迁移家庭的这一特点在前文已略有涉及。沙区所在的 M 省普遍有一种"过厝"的民间习俗。"过厝"不完全等同于新宅"开火"，其更多是一种关于祖先祭祀的文化习俗。"过厝"的核心意涵是，曾经在老宅享受香火供奉的祖先随着子孙后代一同"搬入"新宅之中，此后逢年过节就"知道"要到新宅处享受供奉祭拜。"过厝"所指向的风俗禁忌还有很多，此处不能一一赘述。在乡下，"过厝"与新婚"拜堂"是普通家庭一生中最重要的仪式。因此，在沙区及周边的一些城市，举行过"过厝"仪式的二手房价格明显低于未有过"过厝"仪式的二手房。同时，如果是二手房的话，购买者只能通过卖家的诚信来判断这个住房是否举行过相关仪式。而且在当地的风俗中，如果上一任户主举行了"过厝"，而卖房之后没有及时将祖先接引到新的住宅，那么新房主可能会面临某些麻烦。因此，无论是出于风俗上的谨慎，还是出于现实中的面子，乡城迁移家庭更愿意购买新房子而不是二手房。另外，由于"过厝"基本上是在凌晨（一般是 1～5 点）举行，并且要燃放鞭炮等，沙区的城市原住居民多次要求政府出台相关政策禁止夜间燃放鞭炮。

觉地接受城市生活方式和城市教育方式。而如果夫妻二人宁愿一直租住在城中村等区域，那么其再社会化的进程就会大大受阻，亲子之间的教育矛盾也会因代际社会化的不均衡而产生更为显著的冲突。

对住房的选择，不仅因家庭社会经济地位的不同而在居住空间上相互区隔，而且"居住隔离"的形成也隐含着不同群体的教育差异、文化差异。[1] 乡城迁移家庭的住宅选择倾向，是其追求城市教育资源和延续乡村传统在居住空间和结构上的体现。有研究认为，文化资本的缺乏影响乡城迁移群体人力资本、社会资本的积累，导致市民的文化排斥，政府和乡城迁移群体自身都应做出努力，通过提高文化资本，实现城市融入，完成市民化过程。[2] 但这种文化资本可能存在天然的差异，即乡村文化与城市文化之间的差异。从住房选择上可以看到，乡城迁移家庭自身尚未形成融入城市教育共同体的文化认知。这很可能是乡城迁移家庭面临的最深刻的文化壁垒，而难以仅从父母的受教育程度的差异进行论说。

无论是城市原住家庭对文化资本的利用，还是乡城迁移家庭对文化认知的传承，都在一定程度上说明了城市内部在教育领域二元文化结构的存在。对于乡城迁移家庭来说，固然也可以人为地将其相对复杂的社会生活划分为经济生活与文化生活、公共生活与私人生活等，但前提是家庭自身能否适应这种划分。家庭努力实现教育期望的过程，即是其能否适应家庭教育功能的现代划分的过程。

（三）留在城市与"留得住"城市

乡城迁移家庭将城市当作实践教育期望的主要场所。留在城市是改善家庭外部教育环境的重要方式，也是家庭发展的自我期望。在这里，乡城迁移家庭对于子女的教育期望和对于家庭的发展期望融为一体。随着子女的教育成长越来越受到家庭以外的因素的影响，如何"营建"家庭外部的

---

[1] Roy, L. 空间经济学 [M]. 施鸿志，李嘉英，译. 台北：台湾联经出版事业公司，1986：10.
[2] 刘辉武. 文化资本与农民工的城市融入 [J]. 农村经济，2007（1）：122 – 125.

教育环境甚至比"营建"家庭内部的教育环境更为重要。这不仅意味着前者在乡城迁移家庭实践教育期望过程中的优先级，还意味着当乡城迁移家庭面临二者的矛盾时，往往更倾向于牺牲家庭的完整。

一方面，乡城迁移家庭有着明显的留在城市生活的主观意愿，并做出了相应的生活安排。国内不少研究也指出，新生代农民工不仅在融入城市环境时面临困难，而且当其回流到乡村之后同样面临"再融入"的难题。有学者基于在山东开展的调查，分析了新生代农民工回流后在乡村的生活满意度，认为新生代农民工回流后的生活状况并未达到预期水平。❶ 贺雪峰等基于2008年金融危机导致的"回流潮"指出，"80后"的新生代农民工对于城市生活和自身未来仍有很多期待，回流返乡有着心不甘、情不愿，只有"辨认出属于自己的生存模式，他们的继续社会化才算完"❷。乡村回流人群的"再融入"乡村生活、乡村社会方面，存在明显的代际差异。这种代际差异其实是新生代农民工积极尝试着融入城市环境所产生的。在对待子女教育问题上，乡城迁移家庭积极地尝试着融入城市教育体系，并且不愿意子女重新回到乡村中"做一个乡下人"，这也家庭教育期望的内涵之一，也可以说，其对于子女的社会化环境和社会化进程有着更高的期望。因此，在金融危机后仍继续外出务工的乡村群体，不仅有着流动的意愿，更有着迁移的意愿，不仅对家庭发展提出了"城市权利诉求"，同时也对子女教育提出了"城市权利诉求"。

另一方面，乡城迁移家庭也面临着如何维持城市生活，尤其是维持子女在城市接受教育的客观限制。中小城市虽然降低了稳定居住生活和获得城市户籍的实现门槛，但中小城市自身经济发展水平的不足导致提供的工

---

❶ 陈东，安颖. 新生代回流农民工的生活满意度及其影响因素——基于山东省五县区477名受访者的调查分析 [J]. 财经论丛，2017（8）：3-10.

❷ 贺雪峰，袁松，宋丽娜. 农民工返乡研究——以2008年金融危机对农民工返乡的影响为例 [M]. 济南：山东人民出版社，2010：100-101.

作岗位有限。❶ 不少乡村家庭在中小城市落户以获取子女入学资格后，家庭主要劳动力仍然要外出务工、经商，于是由父母中的一方回流"陪读"。不少乡城迁移家庭因缺乏与城市经济生产之间的直接关联，在有效维护社会关系的意义上与现实空间中的"共同在场"有着明显差距。❷ 从而使得这种居住空间更多的是"居住"而更少融入。换言之，这是乡村留守在城市生活中的"移植"。而且，"流动中的留守"导致子女教育同时失去了留守儿童和随迁儿童的政策关照和教育支持。虽然获得了相对稳定的城市教育机会，但由于现代家庭在子女教育成长过程中的作用与责任越来越大，家庭的空间分隔在很大程度上限制了家庭自身在实践教育期望过程中作用的发挥。

迁移是在小城市留得住才可能发生的行为，这也是流动与迁移之间的现实差异。回到家乡的矛盾表明了乡城迁移家庭面临"生存理性"与"发展理性"的交错并存。子女教育固然是一种发展取向，但乡城迁移家庭在实施教育行动的过程中、在投入子女教育的过程中，也要同时考虑自身的生存取向。这不能简单地归结为家庭内部的分工协作问题，即一部分人负责家庭的生存问题、一部分人负责家庭的发展问题，而是家庭的生存问题和发展问题同时深刻地影响着乡城迁移家庭的教育期望。这不仅影响着家庭的空间分布选择，还影响着家庭的再社会化进程，进而影响着家庭的教育行动。

三、居住分离的教育行动

一个人的社会化既会受到其所处的社会关系的影响，同时也会影响其

---

❶ 在新冠疫情的冲击下，的确有越来越多的务工人员从大城市"回流"到中小城市，但回流的务工群体也发现中小城市缺乏足够的经济收入来源。随着国家《关于推进以县城为重要载体的城镇化建设的意见》的颁布实施，或许这些家庭更能够"留得住"。（参见《经济观察报》2022年12月3日文章《疫情下的农民工归乡，短暂停留还是长期回流?》，https://news.sina.com.cn/c/2022-12-05/doc-imqqsmrp8613648.shtml）

❷ 白美妃. 撑开在城乡之间的家——基础设施、时空经验与县域城乡关系再认识 [J]. 社会学研究，2021（6）：49-71，231.

社会关系中的其他人。由于中国文化传统中对家庭伦理的重视，家庭成为个人最重要的社会关系，在梁漱溟等前辈学者看来，是家庭而非个体才可称中国社会结构中最为基础的组成。❶ 一些长期研究人口流动、迁移问题的学者也指出，家庭在乡村流动劳动者"生命周期"中起到的重要影响。❷ 对于乡城迁移家庭来说，由于迁移而需要经历的再社会化的进程，同时影响着自身的教育行动和子女的社会化成长，并会影响教育期望的实现的可能性。而由部分家庭成员"留在"城市而导致的居住分离，则成为父母在实践教育期望过程中所面临的难题之一。

（一）分离加剧着亲子社会化的不同步

学者们对于什么是迁移"家庭化"的观点分歧，主要集中在究竟哪些家庭成员一起流动、一起迁移可以被视为是家庭化了的。❸ 从"社会化"的视角来看，诸如"陪读家庭""拆分型家庭"等现象的产生，说明家庭成员的社会化进程并不是在同一空间范围内展开。那么，这势必导致家庭成员之间的社会化不同步，并对教育期望的实现可能性产生负面影响。

社会化可被理解为人的一种社会存在方式，是人在社会中的一种生活状态。乡村社会与城市社会的差异引发的社会化差异，需要乡城迁移家庭通过"再社会化"的方式来弥合。这个"再"字充分体现出城市与乡村不仅仅是地域空间上的区分，还有着深刻的文化差异。然而，中国的乡村人

---

❶　梁漱溟. 中国文化要义 ［M］. 上海：上海人民出版社，2005：72 - 73.

❷　林善浪，王健. 家庭生命周期对农村劳动力转移的影响分析 ［J］. 中国农村观察，2010 （1）：25 - 33，94 - 95；林善浪，张作雄，林玉妹. 家庭生命周期对农村劳动力回流的影响分析——基于福建农村的调查问卷 ［J］. 公共管理学报，2011 （4）：76 - 84，126；汪为，吴海涛. 家庭生命周期视角下农村劳动力非农转移的影响因素分析——基于湖北省的调查数据 ［J］. 中国农村观察，2017 （6）：57 - 70；周春山，赖舒琳，袁宇君. 珠三角流动人口家庭化迁移特征及影响因素研究——基于家庭生命周期视角 ［J］. 人文地理，2020 （3）：29 - 36，75；孙林，田明. 流动人口核心家庭的迁移模式分析——基于家庭生命周期的视角 ［J］. 人文地理，2020 （5）：18 - 24，140；杨高，金万富，王宇渠，等. 珠三角乡城流动人口居留意愿的分异及影响因素——基于家庭生命周期视角 ［J］. 地理研究，2024 （2）：411 - 428.

❸　参见《城镇化与国内移民：理论与研究议题》第十四章《移民家庭》。郑路，刘精明，李强. 城镇化与国内移民：理论与研究议题 ［M］. 北京：社会科学文献出版社，2015.

口并不是像中世纪的欧洲那样孤立地流向城市，而几乎是重新在城市中建构其社会关系。相反，在伦理本位的传统文化影响下，家庭不仅支撑着乡村人口的流动、迁移，同时也是乡村人口流动、迁移的动力。因为在最初以劳动力形式进入城市时，他们考虑更多的是将在城市中赚到的钱带回农村，以支持仍在农村的家庭的发展，如赡养老人、抚育儿童、翻修住宅等，主要体现为从物质层面为家庭教育提供基本的支持。可以说，社会化并非基于个人层面，而是基于家庭层面。那么反过来说，如果没有家庭意义上的"再社会化"，也就很难支撑家庭成员的"再社会化"。

从逻辑的角度出发，家庭教育功能可以被区分为生理性抚育功能（基础功能）、社会性教育功能（基本功能）、职业性培育功能（延伸功能）与协同性教育功能（拓展功能）。其中，生理性抚育这一基础功能是家庭发挥教育功能的基点和起点。而且，生理性抚育这一基础功能除了能为家庭教育其他功能创造基础条件，自身的良好运转又能对儿童产生潜移默化的影响。同时，家庭教育的内部分工又表明家庭教育功能的实现需要不同分工者之间的有机协调，从而促进整体功能的最大化。早期的乡村流动人口更多是以个体方式进入城市时，考虑的是城市的社会经济资源能否转化为自身经济收入的提升，进而为仍在乡村的家庭提供家庭教育的物质基础。随着社会的发展，当乡村流动人口以家庭方式进入城市时，则不能不考虑其他家庭教育功能的发挥。在子女教育的目标推动下，不少乡城迁移家庭乃至大部分乡村家庭完成"一家三制"的家计重构，"形塑出了年轻妇女进城陪读、青壮男性异地务工、中老年夫妇村庄务农的策略安排"。[1]然而，这种分工其实仍然是生理性抚育的分工，更多的还是在家庭经济收入与子女教育之间寻找一个平衡点。当家庭长期处于分离状态时，家庭自身运转可能存在问题，父母的教育行动也会与以共同居住模式为主的城市家庭产生分化、渐行渐远，进而导致教育期望本身的下降。

---

[1] 张一晗. 教育变迁与农民"一家三制"家计模式研究 [J]. 中国青年研究，2022（2）：61－69.

房子，只能说是在城市稳定居住的物理基础，尽管也是获取城市教育资源的基础。但居住空间的分离，客观上使乡城迁移家庭难以融入城市生活。"家庭是社会进步的保障，父母的血缘亲情关爱在儿童健康成长的过程中是不可替代的。"❶ 在这个意义上，乡城迁移家庭的孩子的确在城市中接受教育，但是否就等同于在城市中长大成人显然还需要时间的检验。

（二）亲子社会化不同步的融入困难

乡城迁移家庭从流动到迁移的转变是其在心理上的目标定位，即从短期的城乡流动到长期的城市居住。换言之，城市不再只是获取经济收入的生产空间，城市已然成为家庭的日常生活空间，这一目标定位，决定了乡城迁移家庭需要积极地融入城市教育环境之中，重建社会关系，以便能够更好地获取学校教育资源、开展家庭教育，进而推动家庭教育期望的实现。严格来说，这种重建社会关系的过程，才是真正意义上的"再社会化"的过程。家庭在重建社会关系的过程中会经历新的社会化进程，并对儿童的社会化产生深刻影响。中国传统文化将此称为"安身立命"，家庭对子女的教育期望也可以归结为"安身立命"四字。

由于城市成为家庭的日常生活空间，乡城迁移家庭需要融入城市教育的共同体之中。迁移的主要依据是明确的定居行为或定居意向，而子女教育对父母的定居行为或定居意向的产生有着重要的正向影响。以往一般以城市户籍的取得来确定"农转非"❷ 的完成，但对于普通乡村民众来说，

---

❶ 陈静，连若琪，普长辉."爱的教育·图书导读"：基于合作治理的留守儿童社区补偿教育机制探索［M］//国务院参事室社会调查中心. 当代中国田野观察（2018）. 北京：社会科学文献出版社，2019：257.

❷ 严格来说，曾经的"农转非"是一项人事制度，而不仅是户籍制度，"农转非"可以获得国家给予的生产和生活的政策性保障。教育和婚姻是乡村居民实现"农转非"的主要途径。受"包分配"的影响，虽然我国的就业制度有了较大改变，但高等教育毕业生的档案管理等人事制度仍存在，因此一般将具有高等教育学历的群体视为已经完成"农转非"。这也是2021年北京市发布的"流动人口监测报告"中将具有高等教育学历、从事白领工作的群体纳入"新生代农民工"进行统计，而受到社会热议的主要原因。这一现象也从侧面反映了在计划经济向市场经济转变的过程中，相关人事制度、户籍制度、社会保障制度之间的改革并不同步。

住房更能够作为乡城迁移群体定居城市的标志。而且，住房在中国文化中不仅仅是一个物理空间的存在，住房获得的意向或行为还是迁移的象征❶，隐含在住房背后的家庭价值观念也成为探讨文化融入的基础。虽然国家在改革户籍制度的过程中，试图降低住房作为前置条件的重要性，但在民众的文化习性中，住房是家庭存在的物质基础，是家庭在新的城市环境中的根，被赋予了非同寻常的文化地位。在这样意义上，是住房而非语言，成为乡城迁移家庭融入城市的文化基础。

乡城迁移家庭在选择迁移地时，会尽量避免迁入地的方言导致的生活不便，从而降低乡城迁移家庭的融入难度。"就近城镇化"相对于"异地城镇化"的优势亦主要在此。而且，由于沙区是新建城市，城市环境中鲜少存在特殊的民俗传统、语言文化，这使乡城迁移家庭在理论上并不会遭遇十分明显的文化融入困难，但由住房而产生的文化融入困难并未得到足够的重视。在乡城迁移家庭的发展过程中，语言文化等非制度性生活是能够克服的，家庭共同居住反倒成为难以解决的现实难题。

由于大城市的购房难度较大，越来越多的流动人口选择在中小城市或县城购房，以实现乡城迁移，从而为子女教育创造一种"稳定"的获取机会。可以说，居住的稳定性至少为乡城迁移家庭的社会融合和文化融入提供了一个基本的支点。但是，对于乡城迁移家庭来说，这个支点是不完整的。由于城市居住空间的分离产生的家庭教育分离，加剧了父母与子女的社会化，尤其是城市融入方面的不同步。一方面，未成年子女的社会化过程主要是在城市生活中展开，较少乡村生活经历的随迁子女的教育融入和文化融入与城市青少年并无显著差异。❷ 另一方面，未成年子女的社会化能力主要是在城市教育中获得，更少受到家庭教育的作用——特别是家庭成员的居住分离进一步削弱了家庭的教育作用。在二者的共同作用下，乡

---

❶ 胡书芝，刘桂生. 住房获得与乡城移民家庭的城市融入 [J]. 经济地理，2012 (4)：74 - 78.

❷ 侯玉娜，张鼎权，范栖银. 代际传递与社会融入视角下农民工随迁子女的教育期望研究——基于"中国教育追踪调查"初中生数据的实证分析 [J]. 教育发展研究，2020 (6)：23 - 31.

城迁移家庭融入城市教育共同体的难度不小。

父母与子女并不是在同一个文化空间中完成其"社会化",因而在文化理解上——尤其是对于城市文化、城市教育文化的理解上存在较为显著的差异甚至隔阂。此外,乡城迁移家庭居住空间的分离,进一步削弱了儿童在社会化过程中与家庭、与父母之间的关联。父母很难跟孩子"说到一块去"不仅是代际差异,更重要的是亲子之间难以在现实生活中产生情感共鸣。因此,与其说是"流动儿童的家庭融入"存在困难❶,毋宁说是父母与子女之间存在文化认知和文化实践的不一致,这是文化上的乡城矛盾。由于社会化空间不同、文化融入不同步而产生的亲子文化差异,成为城市的推力来源之一。

(三)家庭分离放大父母教育能力的不足

"伴随着工业化、城镇化与规模巨大的人口流动,中国家庭户规模持续缩小,而家庭结构则进一步呈现出核心化趋势。"❷ 当家庭规模逐渐缩小,实际上也就意味着家庭越来越需要来自外部的支持。当代乡村家庭之所以不再具有"相对保守的迁移风格",出现家庭化迁移的普遍现象,除了城市有明显更大的吸引力,很大程度上还因为其在乡村中所能获得的外部支持并不充分。学者们对于家庭的教育功能究竟是强化还是弱化存在分歧,因为不同的研究结论有着不同的参照对象。在历史的纵向对比中,与传统大家族所承担的社会教育、学校教育、家庭教育相比,现代家庭所能够实现的教育功能无疑是"萎缩"了,家庭对于儿童教育成长的影响是弱化了。而在时代的横向对比中,儿童所能获取什么样的社会教育、学校教育资源,家庭教育功能是否有效延展则越来越取决于小家庭自身的发展情况,儿童发展差异的背面是家庭发展差异,那么家庭对于儿童教育成就的

---

❶ 汪传艳.家在何处:流动儿童的家庭融入及其影响因素 [J].基础教育,2021 (4):34 –45.

❷ 张翼.中国家庭的小型化、核心化与老年空巢化 [J].中国特色社会主义研究,2012 (6):87 –94.

影响无疑又是强化了。

家庭在这强化与弱化之间的争论，首先可以看到的是教育在家庭与学校之间的空间分离，其次可以看到的是学校教育业已成为教育体系的核心。而这不仅为乡城迁移家庭的教育空间分离埋下伏笔，也为乡城迁移家庭的教育空间分离提供了合理性依据。由于住房与户籍之间的紧密关联，长期以来学界更多关注乡村流动人口如何借助住房获得实现迁移，"住房是农民工在城市生存发展的基本条件，也是农民工市民化的重要物质前提"❶。安居才能乐业，"住房获得对乡城移民而言不仅具有居住生活等使用价值……是乡城移民家庭立足城市、实现城市融入的关键"❷。但对于普通的乡村家庭，"向上"赡养长辈的责任要求他们回到故乡，"向下"教养子女的问题又要求他们留在城市。而住房只有在具备"向上"负责和"向下"负责的意义上，才是家庭的精神屏障和发展基石。于是，在故乡所在的市区或者县城购房成了最优解。❸然而，住房与家庭显然并非同等概念。对于大多数乡城迁移家庭来说，为了获得城市住房，需要分离家庭成员。家庭成员分离对儿童成长造成的消极影响已经有了诸多相关研究。家的分离尤其是夫妻之间的分离，大大削弱了家庭的教育行动能力。

家庭分离无形中进一步加剧了乡城迁移家庭父母教育能力的不足。家庭成员分离其实也是家庭的教育分离，表现为家庭成员缺失、家庭结构不完整阻碍了家庭教育功能正常实现的发挥，进而影响子女的教育和成长。除了无法在同一空间内进行家庭教育，家庭成员分离造成的家庭居住空间、家庭教育空间的不完全市民化还在无形中割裂孩子通过父母与社会的联系。在城市生活中，职业劳动不仅是乡城迁移家庭中父母"次级社会

---

❶ 熊景维. 通往城市之路：农民工住房与市民化 [M]. 北京：社会科学文献出版社，2017：78.

❷ 胡书芝，刘桂生. 住房获得与乡城移民家庭的城市融入 [J]. 经济地理，2012（4）：74–78.

❸ 需要注意的是，在大中城市的住房"限购"政策中，这部分流动人口由于没有社保记录，其实是不具有购房资格的。2022年由于房地产经济波动的影响，个别新一线和二线城市如苏州、福州等地适度放开非本地户籍群体购房资格，引发舆论关注。但作为"流动者"来说，不知道何时会发生的再次流动也使他们不敢轻易在务工地购房。

化""再社会化"的重要途径，同时也是子女"初级社会化"的重要途径。家庭成员的不完整反映出的是家庭社会关系的不完整，这无疑会压缩儿童的社会化空间。正如前文提到的，乡城迁移家庭参与公共生活的比例、频次都不如城市高学历家庭，甚至低于城市低学历家庭。倘若孩子的成长空间被压缩在学校与家庭之间的两点一线，那么"家庭"概念就有可能与城市住房一样趋于封闭，并造成家庭教育资源的稀释和邻里教育资源的消逝。❶

当集体化分别从乡村和城市退却之后，家庭及基于家庭的关系网络填补了社会中的组织真空。特别是在家庭结构趋于小型化、核心化的背景下，父母对子女施加的影响作用显著增强。与之相应的，则是青少年的成长更为清晰地表现出对于父母的投入的依赖。在城市教育环境中，能不能"把学上好"与家庭教育功能的发挥密切相关，城市教育环境产生了对于家庭教育功能的精细化要求。随着"家长主义"在城市家庭，尤其是城市中产家庭中流行开来，"吐司式"的划分方式也被引入教育领域。家庭教养的阶层差异即体现在家庭教育功能发挥和实现的阶层分化上。在生理性抚育和社会性养育的核心功能方面，城市中产家庭盛行代际分工和夫妻分工，以充分提升育儿的"科学性"。在家校协同育人等延伸拓展功能方面，其既发挥自身的教育优势，使家庭教育成为学校教育的附属与延伸，又通过"赶学游戏"，限制学校教育自主作用的发挥。

乡城迁移家庭从个体迁移转变为家庭迁移，这一转变与其在教育上的功能定位相关。教育作为家庭的重要功能之一，关乎家庭的未来发展，这是家庭教育期望的发生基础。现代城市生活是一种高度分工的社会形态，而这种分工模式同样存在于家庭教育，将家庭教育分解为若干部分、若干内容，并由不同人负责。在城市家庭内部，既存在带有传统色彩的"慈祖

---

❶ 高德胜. 危机四伏的家庭及其教育功能的萎缩 [J]. 全球教育展望, 2008（10）: 54 - 59.

严母"式的代际分工❶，也存在现代中产家庭中流行的"协作培养"式的代内分工。❷ 此外，家庭还在家庭外部构建了不同的家庭教育分工，譬如家校联系合作、社会教育服务购买等。家庭教育功能的发挥又影响着家庭教育期望的形成与实现。不同的家庭教育分工形式与内容不仅表明家庭教育功能的复杂化，更体现了家庭教育功能的内部分化。

家庭教育期望的实践主体是父母，现代社会发展给家庭结构带来的直接冲击，使乡城迁移家庭的父母难以同时处理好家庭生活和子女教育之间的关系。工业化、都市化不仅"瓦解了亲属之间的纽带"❸，也使家庭日常生活趋于复杂。乡城迁移家庭因家庭成员分离，缺乏这种将家庭教育功能进行有效分割、精细处理的条件。其一，乡城迁移家庭通常在进入城市之后才凸显其核心化的特征，代际分工或夫妻分工容易成为"单亲留守"。其二，由于家庭成员并不是在教育层面进行分工，乡城迁移家庭在面对协作育儿、协同育人的要求方面更多处于被动、受动的一方。在二者的共同作用下，家庭教育能力原本的"先天不足"也被家庭成员的分离放大了。

乡城迁移家庭面临着一个深刻的悖论：为了更好地实现家庭教育期望，需要提升家庭外部教育环境的质量，而这又同时导致家庭内部教育环境的质量下降。乡城迁移家庭有时候也会反思迁移是否能够应对这些变化，尤其是迁移造成家庭分离及城市教育的内部分化。从留守到陪读，到一家三制，家庭教育期望的精神内核或许没有太多变化，家庭教育期望的主要内容仍然聚焦于"考大学"，但是家庭教育的内外部环境都发生了显著变化——学校成了教育的核心、子女成了家庭的核心。这与时代发展引发的家庭结构变化进一步交织在一起，使家庭教育的家庭结构基础发生深刻变化。看似稳定的家庭内部分工协作，其实动摇了家庭教育的内在意

---

❶ 肖索未. "严母慈祖"：儿童抚育中的代际合作与权力关系 [J]. 社会学研究，2014 (6)：148 – 171，244 – 245.

❷ 许敏. 美国中产阶级"协作培养"家庭教育方式的伦理风险 [J]. 道德与文明，2014 (1)：150 – 153.

❸ 埃什尔曼. 家庭导论 [M]. 潘允康，张文宏，马志年，等译. 北京：中国社会科学出版社，1991：46.

义，进而使乡城迁移家庭的教育行动与家庭教育期望的实现之间存在更多的不确定因素。

第三节　教育期望传递的代际偏移

家庭影响子女教育发展的可能途径主要有两个。其一，通过将家庭的经济、社会资源直接转化为教育资源，为子女提供教育机会；其二，通过家庭教育期望的表达与实践，影响子女的自我教育期望和学习投入。[1] 家庭教育期望之所以能够成为预测子女教育成果的依据，在于父母的教育期望能够转化为子女的教育期望，进而转化为子女的学业成就。在此过程中父母如何向子女表达、传递自己的教育期望，对于教育期望的实现起着关键作用。

已有研究指出，子女所感知到的父母信念与行为不等同于父母的真实信念与行为，教育期望在传递过程中可能会出现偏差，并认为这种差异可以从自我差异理论、认同控制理论、认同差异理论等得到解释。[2] 此外，家庭教育期望的代际偏差也会产生显著的不利后果，"家长教育期望偏高极易引发亲子间激烈争吵，对青少年心理健康也有显著的不利影响"。[3] 那么反过来说，为了让子女的教育发展与教育成就更符合家庭教育期望，就应当尽可能地避免此种偏移的出现。这或许成为"听话"教育的起源。不过，既然教育内在地包含着引导的意义，那么教育者要求受教育者服从、听从相关的要求和安排就具有一定的合理性。社会化本身就是将社会既有的规范秩序进行内化的过程，尤其在家庭教育领域内，这种要求更具有天

---

[1] 李忠路，邱泽奇. 家庭背景如何影响儿童学业成就？——义务教育阶段家庭社会经济地位影响差异分析 [J]. 社会学研究，2016（4）：121–144，244–245.

[2] 罗良，郭筱琳. 亲子间教育期望差异：概念框架、研究进展与未来方向 [J]. 南京师大学报（社会科学版），2019（2）：30–42.

[3] 牛建林，齐亚强. 家庭教育期望的代际偏差、互动及影响 [J]. 社会发展研究，2022（3）：162–183，245.

然的正当性。

然而，问题的关键或许不在于"听话"，而在于"听谁的话"。在彼得·贝格尔看来，现代社会里在家庭之中的社会化过程与在家庭之外的社会化过程存在某种矛盾，"紧密凝聚为一个集体来承担初级社会化任务的不同个人很可能编造出来他们之间的某个共同世界"。❶ 换言之，听从一部分人的意见可能意味着不听从另外一部分人的意见。而当乡城迁移家庭中子代的社会化经历越来越多地受到家庭以外的力量影响时，彼得·贝格尔（又译为彼得·伯格）所提出的"公共性"与"私人性"生命的不对称现象就会更加突出。在乡城迁移家庭践行自身教育期望的过程中，父母其实能够比较清楚地感受到代际之间对于教育期望的理解存在差异。父母将此定义为"不听话"。但是，依据已有研究的结果来说，"听话"带来的教育风险与"不听话"带来的教育风险其实是相当的。也就是说，"听话"带来的教育意义与"不听话"带来的教育意义其实也是相当的。借助"听话"这一本土话语，或许可以洞察乡城迁移家庭的父母在传递教育期望过程中产生的代际偏差。

一、承认"不听话"的合理性

彼得·贝格尔指出，在儿童社会化的进程中，学校和教师已经成为一种专门的力量。脱胎于城市环境的学校场域，其语言方式与乡城迁移家庭的父母中在社会化过程中所形成的语言方式存在差异。在这种情况下，父母们通过认可"不听话"的合理性来展开家庭教育期望。

"家长和教师应该了解，孩子的不听话，是他们开始有自己的思想、经验，开始进入社会走向独立的重要标志，是孩子成长过程中的一种自然现象。"❷ 结合前文提到的乡城迁移家庭对城市教育的推崇模仿，他们对此种

---

❶ 彼得·伯格，托马斯·卢克曼. 现实的社会建构：知识社会学论纲 [M]. 吴肃然，译. 北京：北京大学出版社，2019：209–211.

❷ 杨滢. 走出教育误区：听话的孩子未必好 [J]. 教学与管理，2007（11）：25–27.

"不听话的教育"也有一定的接受度,并且承认子女的"不听话"具有一定的合理性。与此同时,在沙市及临近城市的一些乡村流行这样一句俗语:"大人讲话不中听,老师讲话才爱听。"这样的俗语表明在传统的乡土教育中或许并没有那么强烈地要求子女听从父母。乡城迁移家庭在进入城市之后,在一定程度上仍保留着这样的乡土教育观念。在乡土话语中,父母认可子女在教育上"不听话"的合理性包含两个方面的内涵:一是认为自身缺乏教育子女的足够能力,二是认为自己可以将一些教育权利与责任一并让渡给学校和老师。

一方面,乡城迁移家庭中的父母认为自身缺乏教育子女的足够能力,尤其是缺乏与子女进行有效沟通的能力,自己说得太多。

"我们自己都没读过什么书,很多话不知道怎么表达出来。普通话也不标准,讲话的方式也比较粗俗,只会说一些很土的话。说多了就那几句,孩子就会不想听了。现在学校里面也都讲普通话,我们老家话讲多了怕把他带坏了。"(CCL - C - C - L)

教育语言的"符号暴力"在此处得到了一定体现。乡城迁移家庭的父母在"自我否定"的过程中,认为子女不听话的部分原因在于自己不懂得如何与子女有效地沟通,从而让子女愿意听从父母。此外,父母由于无法有效地辅导子女学业,也自认可能损害父母的权威,进而回避与子女在家庭中的一些交流。正如有研究指出的,作业辅导是导致父母教育程度较低的家庭发生亲子冲突的重要原因之一,并认为辅导孩子功课等方式能够增进子女对家庭教育期望的理解,并促进亲子关系的改善。❶ 而这恰恰是乡城迁移家庭的"先天不足"之处。此外,亲子共同居住时间的匮乏也让话语沟通有了更大难度,用子女的话来说,就是"讲话费劲",那么要让子女听话,无疑难上加难。

另一方面,乡城迁移家庭认为自己可以将家庭部分教育的权利和责任

---

❶ 吴银涛. 城市新移民家庭教育影响因素探索——以成都市部分流动家庭的亲子关系为例 [J]. 成都大学学报(社会科学版),2007(1):34 - 35,33.

同时让渡给学校教育。随着多层次的教育普及，乡城迁移家庭已经逐渐认识到教育是一种理性的社会活动，而非感性的社会活动。家庭往往具有情感性质的教育功能，在方式方法上强调"听话"、反对"回嘴"，而理性的教育活动则需要父母克服这种倾向。孟子有言："易子而教。"从伦理角度来看，是为了避免亲子之间由于教育而导致"父子相夷"，进而言之，则是将要求子女"听话"的权利以及引导子女"听话"的责任一并转让给他人。这一"他人"在现代社会中就是学校教育中的老师。从前，家长经常会对老师说："我们家小孩就交给你了，该打就打，该骂就骂。"这不能简单地理解成父母在推卸教育责任。可以说，在制度化的现代教育发展之前，大多数家庭并没有让渡教育权利与教育责任的机会，因此只能通过要求子女的顺从以促进子女的社会化。而且由于缺乏此种让渡的机会，家庭本身也难以形成较高的教育期望。但是，家庭更少地让渡教育权利，并不直接意味着家庭对自身教育责任的重视，反而更可能是对制度化的学校教育的不重视。乡村学校、乡村教师由于乡村教育的系统性薄弱，导致了家庭的不重视。让渡的前提是信任，而城市教育为乡城迁移家庭奠定了相当的信任基础，尽管迁移可能会将家庭相对的"经济优势"变为经济劣势。"买了房，花销一下多了。认为这城里的老师负责任，（这边的家长）对老师应该大部分还是挺认可的。……虽然说他在城里面的学校里面可能排名会靠后点，但是跟在原来乡下比起来还是有提升。"当学校教育足以承载家庭教育期望，并且成为家庭教育期望的重要实践场所时，乡城迁移家庭中的父母也才会认可子女"不听话"的合理性。

乡城迁移家庭从乡村教育中习得的允许子女"不听话"和从城市教育中习得的鼓励子女"不听话"交织在一起，共同构成乡城迁移家庭中父母看待教育期望理解的代际差异的文化基础。但二者其实有着较为明显的差异。与乡村教育环境中"听话"可能转化为儿童教育成长的文化资本不同，城市教育环境更倾向于强调"不听话"的积极意义。而乡城迁移家庭的"不要求听话"体现的是家庭层面自认为没有足够的教育能力，因而可以让渡出教育权利和责任，进而确保子女平稳地完成社会化；"要求不听话"表达则是家庭层面自认为有足够的教育能力，并且可以很好地行使教育权利，进而培养具有创新精神的儿童。在同样的"不听话"的话语背后，隐藏着不同的家庭教育期望。

二、改善要求子女"听话"的环境

"听话"的一个重要前提是明确"听谁的话"。老师在很大程度上是因为家长的期望而成为儿童听从的对象，进而对儿童的社会化产生深远影响。在乡城迁移家庭的日常教育活动中不难发现，听父母的话，往往是指向去听其他重要他人的话。例如父亲外出务工时，往往会要求孩子在家"听老师的话""听妈妈的话"；父母一同外出务工时，也会要求孩子在家"听老师的话""听爷爷奶奶的话"等。

（一）教育权力与教育责任的让渡

"听老师的话"是乡城迁移家庭的父母表达教育期望的重要内容之一。父母之所以能够容许孩子不听从自己的话，是因为父母更期望孩子听从老师的话，是将家庭的教育权利与责任让渡给学校教育的结果，同时也是希望通过教师来更好地传递家庭教育期望。一些研究提到的"贵人相助"多是指由学校教育承载着家庭教育期望。进而言之，乡城迁移家庭最为担忧的是子女若既不听从父母的教导，也不听从老师的教导，那么其社会化过程就可能充满风险。为此，乡城迁移家庭必须确保子女或者在家庭中，或者在学校中，感受并维持家庭教育期望的代际传递，避免过多的理解差异的出现。基于城乡教育差异，乡城迁移家庭首先考虑的是通过改变学校教育环境，促使子女"听话"，进而提升家庭教育期望的实现可能。

乡城迁移家庭通过迁移，营造出要求子女服从教导的学校教育环境。为子女的教育成长寻找合适的外部教育环境，一直是家庭发挥自身教育功能的重要方式，也是实现家庭教育期望的重要途径。"孟母三迁"的典故已经充分体现中华民族传统家庭教育过程中对外部教育环境的重视。然则，现实的教育过程中，乡村教育环境难以承载家庭对于实现教育期望的要求，其中最为突出的就是乡村学校教育的弱化。李家成老师等人在对上海市随迁子女家庭的调研中发现，有些家长因为无法接受农村老家的学校教育，所以将孩子带到上海接受教育，成为流动儿童。他在调研报告中提到，有家长反映："老家孩子作业特别多，中午吃饭还要写作业，作业量太大。这边作业量还可以的，老师也好一点"；"自己回老家一次，去学校看孩子，结果看到孩子正被站在门外体罚。于是，当机立断，直接将孩子带到了上海，不希望孩子再接受家乡的教育"。❶

对于大部分乡村家庭来说，学校教育并不只是儿童的次级社会化的一部分，同时也是儿童的初级社会化的一部分。因此，当儿童既难从家庭获得有效教导，也难从学校得到有效教导时，其初级社会化过程就面临着中断的风险。而乡村的社会教育由于极少能够成为儿童成长过程中的重要角色，也无法有效化解儿童的社会化风险。相反，城市学校教育凭借教育上的优势，兼具了让家长愿意让渡和让儿童愿意服从的教育意义，进而保障了儿童的社会化进程。此外，正如许多研究指出的那样，流动儿童由于难以融入城市文化且聚集在薄弱学校，很容易形成"反学校文化"，这既不利于儿童的社会化成长，也不利于家庭教育期望的实现。在调研中，沙区一所薄弱初中有十几名辍学儿童，而且几乎都是跨省务工的流动家庭子女。❷ 这也是乡城迁移家庭更倾向于选择迁移的重要原因之一——当父母"管不了"子女的时候，至少学校和老师可以承担起教育责任，从而保证家庭教育期望不至于在传递过程中有太大的代际差异。

（二）对城市教师权威的认同

乡城迁移家庭通过迁移来提升要求子女服从教导的合理性。乡城迁移

---

❶ 李家成，王娟，陈忠贤，等. 可怜天下父母心——进城务工随迁子女家长教育理解、教育期待与教育参与的调查报告［J］. 教育科学研究，2015（1）：7 - 20.

❷ 这些辍学儿童很难从官方数据中看出，因为尽管这部分学生事实上不在学校就读，但学校仍然会保留他们的学籍，并且动员他们至少参加全省统一的学业水平考试，事实上，也有一些儿童随着家庭在不同城市的流动过程中已经事实上失学了。当然，个别城市原住家庭的子女也存在这种"混"（其他学生对这部分学生的评价）的情况，但由于父母的管教，即便学业成绩不好，也不敢轻易逃学。

家庭承认亲子之间对于家庭教育期望的理解存在差异——家庭教育期望的代际传递偏移，并且在一定程度上容许这种差异的存在。在父母看来，这种理解差异并非无法克服，而是可以通过第三者的传导来缩小差异。诚如孟子提出的"易子而教"，其逻辑起点之一就是"距离产生美"，"将亲密无间的亲子关系转化为保持一定距离的师生关系，从而强化教师权威，驱逐教育惰性"❶。在追求城市教育资源的过程中，乡城迁移家庭也表现出对教师权威的更多认同。

但是制度化的学校教育并不一定就能够赋予教师教育权威，否则不会出现弱势家庭儿童的"反学校文化"。由于亲子关系的优先存在，教师的教育权威往往来自家庭的权利让渡。换言之，当学校教育可以承载家庭教育期望时，教师往往是有权威的；而当学校教育难以承载家庭教育期望时，教师也往往是没有权威的。在父母、教师、儿童的三方关系中，儿童是光听从父母的话而后去听从教师的话。这样的表述虽然拗口，却相对真实地表达了乡城迁移家庭的教育期望。反过来说，在提升学校教育的权威的同时也提升了家长自身的权威，即提升了父母要求子女服从教导的合理性。

子女愿意听从父母的教导，直接体现了子女对于父母的教育期望的认同，从而能够有效地避免家庭教育期望在代际传递过程中的偏差。在"恩往下流"的当代乡村伦理链条中❷，父母将向城市迁移、获取城市教育资源视为获得子女认同的一种方式。

"别人家的孩子都去城里了，我不想孩子长大后怪我们。读得好读不好是另外一回事，至少我们做父母的要先做到。"（CCL－C－C－L）

也有乡村教师直言，长期生活在乡村的儿童，容易由于生活境遇的落差，对父母有所怨言，从而对家庭乃至对学校都产生了拒斥心理。"其实

---

❶ 黄旭，邹太龙．"易子而教"的当代境遇：必要性与可行性的博弈［J］．教育理论与实践，2017（10）：24－28.

❷ 魏传光．中国农村家庭"恩往下流"现象的因果链条分析［J］．内蒙古社会科学（汉文版），2011（6）：140－144.

现在很多家长都已经意识到这个问题了，所以你看现在那种留守儿童可能也没那么多了。……不在农村都跑到县城或者沙市（市区）去，非常多。他就是在那买房子，或者说因为没买房子也会去租。"

这不能简单地归结于从众心理，而是当下伦理结构重心下移在乡村社会的体现。至少在乡城迁移家庭看来，城市教师有着更明显的教育权威，从而更能够让子女服从于相应的教导——既听老师的话，也听家长的话，从而使家庭教育期望能够更顺利地实现代际传递。对于乡城迁移家庭来说，这是提升子女对于家的归属感、对家庭教育期望的认同感的有效途径。

三、提高让子女"听话"的能力

辩证法指出，外因通过内因起作用。由于家庭在儿童成长过程中具有独特意义，家庭内部的教育环境、教育能力对于儿童的教育发展和社会化成长有着难以替代的价值。乡城迁移家庭的父母们同样认识到，应当通过提高自身的教育能力来提升教育期望的代际传递效果。

（一）家庭向学校靠拢

现代学校教育制度确立以来，学校教育逐渐成为教育体系的核心。"在现代社会中，一个孩子的教育已经不能单靠父母来担负，单在家庭里去完成了。……在简单的社会中，家庭在文化上，在生活上，是一个完整的单位，它可以教养出一个完全的社会分子来。可是社会生活复杂之后，分工更细，知识更精确，技术更专门，有一部分抚育作用不得不从家庭里移出来，交给特设的教育机关了。这种教育机关起初不过是补充性质，可是日渐发达，时常会有取父母的责任而代之的趋势。"❶ 但时至今日，学校教育还不能做到完全地对儿童的社会化发展负起责任，也就是说，学校教育也难以独立地教养出一个"完全的社会分子"。但是，学校并没有依据

---

❶ 费孝通. 生育制度［M］. 上海：华东师范大学出版社，2019：55.

家庭的发展程度来调整自身的"惯习"，至少对于乡城迁移家庭来说是如此，相反，家庭需要通过向学校看齐来强化自身的教育能力。

如果家庭的"言说方式"与学校的"言说方式"更为相似，那么子女就更有可能听父母的话去听老师的话，亲子之间对于家庭教育期望的理解差异就可能更小，教育期望在代际传递过程中产生的偏移也更小。阿普尔、布尔迪厄、伯恩斯坦等人的研究通过"生活的文化""文化资本""课程符码"等不同的概念说明了家庭能够影响到儿童接受学校教育的实际成效。家庭与学校之间存在教育上的"功能符应"，即"两者中其中一方的运作方式帮助另一方的再生产"❶。为此，在乡城迁移家庭中，父母也尝试提高自身的教育能力，以便更好地向子女传递家庭教育期望。

"（在家里辅导孩子作业时）有的不会，不会的话我们也只能用那个软件搜，然后再去跟他讲。我们自己看懂了，然后再去跟他说，只能这样子，因为我们不会。那有时候我们不懂问老师一下，（老师有个小孩子要带）我没有办法一直打扰他。就是可以说，有时候手机软件看，然后就是自己看对的，去跟他说一下，那我们自己不会的就叫孩子明天问老师。……我们说实话的，其实也帮不了。"（CDS－S－X－W）

"我肯定希望读到大学毕业了，或者有机会让女孩子读研，我觉得女孩子就是要独立，各方面都要独立。平时孩子去上学的时候，我就会看看手机里面有一些讲怎么教孩子的、怎么和孩子沟通的。女孩子乖一点，还不会和大人犟。"（CDS－S－X－W）

"有买过这种（家庭教育的）书，之前有买过。因为看书我都看不下去，然后有时候看手机里面就是针对这些，有时候像抖音那些。学校有时候还有针对家长的公益活动，朋友过来听到学校里面有，然后去参加过一次。（平时要看店铺）没有时间去。"（CDM－M－X－Z）

（二）家长向子女靠拢

在米德关于代沟的解释中，代际冲突的产生与文化的变迁紧密相关。

---

❶　黄庭康．批判教育社会学九讲［M］．北京：社会科学文献出版社，2017：45.

"在我们这个社会流动日趋频繁的社会中，在教育和生活方式上，代际之间不可避免地会产生这样或那样的冲突。"● 那么，这是否意味着当文化变动不再那么频繁与剧烈时，这种冲突就会得到一定的缓解？正如有研究指出的那样："在家庭教育内容、观念等方面，当代城市家长与孩子之间共同性在增多，差异性在缩小，这是中国家庭教育得到普及与重视之结果。"❷ 然而，在乡城迁移家庭中，教育的普及与重视未必能够缩小代际之间对于教育期望的理解差异。反过来，这种对于教育期望的理解差异在一定程度上反映出代际之间对于教育文化变动及产生教育文化的教育环境变动的感受差异，也就是前文所提及的教育生态与教育心态之间的关系。面对相同的教育生态，乡城迁移家庭中的父代和子代会产生不同的教育心态。在乡城迁移家庭践行教育期望的过程中可以发现，家庭对于子女社会化的影响力即便没有达到托夫勒所说的"荡然无存"，也已经是大打折扣。

教育的专业化程度的提升不仅对学校提出了更高要求，也对家庭提出了更高要求。但是由于社会转型与文化变迁，在乡城迁移家庭里，父母的教育能力不仅没有得到显著的提升，甚至很可能在社会化能力——如城市文化融入、潮流文化接受等方面还要弱于子女。从家长的自述中可知，父母尝试用一些软件提高学业辅导能力，通过自媒体或家长学校的讲座提高对现代亲子关系的理解水平，从而提升家庭整体的教育能力。显然，在提高让子女"听话"的努力中，父母实则是在向子女靠拢、去理解子女，而不是要求子女向父母靠拢、去传授经验。进而言之，向子女靠拢是提升子女对于家庭教育期望的认同的重要途径。这一实践虽然表达出来的是子女对父母的"听话"，但隐含着父母对子女的"听话"。当"学着做父母"成为一种社会潮流后，父母只是天然地具有家庭教育权利，而非天然地具有家庭教育能力，所以乡城迁移家庭自身的社会化经验就难以自然而然地传递给子女。与此同时，父母向子女靠拢的家庭教育期望传递，会面临更

● 玛格丽特·米德. 文化与承诺：一项有关代沟问题的研究［M］. 周晓虹，周怡，译. 石家庄：河北人民出版社，1987：72.

❷ 杨雄，魏莉莉. 家庭教育需求与理念的代际比较［J］. 青年探索，2017（4）：61-73.

多的代际偏移，因为这需要父母更多地认同子女，而不是要求子女更多地认同父母。此种实践方式，与城市家庭追求确定性的教育期望传递显然有着较大的差异。

亲子之间对于家庭教育期望理解的差异如果超过一定的限度，很可能会导致教育期望在代际传递过程中的损耗，或者称之为耗散。诚然，家庭教育期望的代际理解差异还远远称不上物理学领域的耗散，然而代际之间的这种理解差异无疑增加了教育的不确定性。这似乎是一个悖论，即对确定性的追求增加了不确定性的存在。"自上世纪70年代开始，复杂性理论形成并逐渐获得科学界的认可。它的提出颠覆了人类对于物质世界的整体观念，物质世界的发展变化不再被认为是遵循单一的线性模式，而是充满着非线性和不确定性。""在一个开放而多元的复杂系统中，偶然性发挥着重要的作用。"[1] 然而，这种偶然性的存在未必能够增强乡城迁移家庭对于教育的信心，反而可能因家庭自身的教育能力的缺失，抑制家庭的教育行动，降低家庭教育期望的实现可能性。

四、来自子女的"听话"

乡城迁移家庭的教育期望虽然在代际传递过程中难免出现偏移，但值得庆幸的是，子女们普遍能够认同父母的付出。这种认同的潜台词是子女至少愿意去感受来自父母的家庭教育期望，体谅父母的良苦用心，或者说愿意去听父母的话，但这其实并不能保证家庭教育期望的代际传递。

对于相对弱势的家庭而言，子女的"听话"作为一种善意的生命观照和教育期待有着积极的价值意蕴，兼具对于子女能力成长和社会化成长的积极作用。[2] 心理学的研究也指出，家长投入能否有效促进子女的学业发

❶ 高远. 后马克思主义"偶然性"概念再反思——基于耗散理论的视角 [J]. 福建论坛（人文社会科学版），2014（10）：89-93.
❷ 葛娇. "听话"——留守儿童成长期待的教育价值意蕴与判析 [J]. 少年儿童研究，2021（7）：62-68.

展在一定程度上取决于子女如何看待家长投入。❶ 甚至可以说,"听话"成了相对弱势家庭中教育成长和教育成就的心理资本和文化资本。

乡城迁移家庭的迁移并不是一次完成的,其中不少家庭的子女都有过或长或短的留守、随迁经历,他们能够感受到家庭为获得当下这种稳定的城市教育环境所付出的努力。尽管父母对于教育期望的表达确实存在种种问题,但子女随着自身的社会化发展,也逐渐明白这种代际偏移的产生并不是父母的本意。

"我们应该去理解家长,毕竟他们对你付出了所有的东西,给予了我们的生命,无论是金钱还是时间,我们应该要奋斗拼搏、努力、竭尽全力去完成父母对我们的期望。有时候,我们做得不好的地方,父母总会拿别人家的孩子来和我们对比,但我们要理解父母。"

"对于子女百般呵护,从小到大父母把最好的留给孩子,每天早出晚归辛苦赚钱,培养你,尽自己最大的努力让子女上最好的学校、穿最好的鞋,把自己拥有的一切都给了孩子,自己却舍不得吃,舍不得穿,给孩子最好的生活。"

"对于我爸爸妈妈其实我没有太多的抱怨和不满,毕竟他们要赚钱养家,无法做到面面俱到。"

"我的父母是在村里生活的,学历不高,家庭不是很富裕,但他们真的很爱我,不会因为我懒、学习不好、拖拉等说我,但又会因为一些小事说我。他们很乐观,不会在我面前说不好的事,不影响我的心情和学习。"

"既然是父母给予我们的梦想,我们更要努力地去实现这些变相的梦想,就算父母给予我们梦想不现实,我们应该是去沟通。"

"我的父母对我的期望便是:希望我能考上一所好大学,找一份好工作,踏踏实实地好好生活下去。"

"我也希望我以后出人头地了,可以报答父母对我的养育之恩,好好

---

❶ 李若璇,朱文龙,刘红瑞,等. 家长教育期望对学业倦怠的影响:家长投入的中介及家庭功能的调节 [J]. 心理发展与教育,2018(4):489-496.

孝敬他们！"

子女倾向于认同父母给予的教育期望，除了受"书是读给自己的""父母是为子女好"等传统观念影响外，他们也逐渐理解家庭的乡城迁移、家庭成员的居住分离在很大程度上是出于自己接受教育的需要。不过，正如本章第一节所述，由于教育期望在代际之间容易产生偏移，子女除了感受到期望外，也感受到这种教育期望的压力。尽管不少研究认为，留守儿童、随迁儿童的这种教育心态能够赋予自身更高的学习动力，乃至形成"差别优势"，但这种"唯结果论"显然忽视了这部分儿童在提高自我教育期望的同时也给予自身更大的心理压力。而有时候，这种对家庭期望的认知，尤其是对家庭迁移的困难的认知，并不一定能产生积极的结果。"处于青春期的初中生心理较为敏感，可能因为难以达到父母的高期望、害怕辜负父母而产生过大的学业压力，在学业上感到过度紧张，从而降低了学习效率，最终导致其学业成绩的下降。"❶ 子女的"听话"固然体现了懂事，但也消磨着童年的天真。或许正是因为子女们的这种"听话"无形中使父母们也更能够容忍教育失利的存在。

乡城迁移家庭的教育期望不仅表现出对于城市家庭的跟随，同时也有着调适与下降的趋势。"在肯定自致努力积极意义的同时，也应该不断推进'制度努力'……为个体努力上进提供更好的社会发展环境。"❷ 家庭社会经济地位和父母教育程度并不会因为迁移本身而改变，相反，由于城乡之间的显著差异，乡城迁移家庭中的父母在迁移之后，要经历的"再社会化"进程，会影响到家庭教育期望的实现程度。城市教育对乡城迁移家庭的父母提出了更高的要求，当"学着做父母"成为一种社会潮流后，面对生活的现实压力，他们似乎还没有习得足够的教育能力以行使自己的教育权利。

---

❶ 潘慧凡，李佳哲. 代际教育期望异同对初中生学业成绩的影响机制研究 [J]. 教育经济评论，2022 (6)：104 - 124.

❷ 秦广强. 自致努力与教育获得、职业成就的关联——基于路径模型的实证分析 [J]. 社会学评论，2021 (1)：175 - 196.

迁移给父母和子女的压力，尤其是包括迁移之前的留守、随迁给子女带来的压力，或许不是值得赞美的事情。值得赞美的，是这些家庭、这些父母、这些孩子在压力中展现出的坚强与前行。尽管大部分乡城迁移家庭在父母教育程度和家庭社会地位方面处于劣势，但大部分家庭之所以仍然愿意来到城市之中生活、为子女获取城市教育资源而努力，主要是因为乡城迁移的示范效应。2019 年，M 省的高考理科"状元"出自沙区第一中学，该考生的父母正是在外经营小吃生意后，攒钱到沙区购房，为子女提供了较为稳定的城市教育条件。事实上，沙区乃至沙市通过将教育资源集中到城区（县城）后确实在较大程度上改善了教育条件、提升了教育质量❶，为更多的家庭增强了教育信心，也为更多的家庭提供了乡城迁移的动力。当然，对于规模日趋庞大的乡城迁移家庭来说，要改善并达成家庭教育期望，仍然需要更多的关注和持续的努力。

---

❶ 2021 年，沙市的市委书记在视察高考教室空调安装时提出："哪个县（市、区）高考中考考场空调没有按时安装到位，就把那个县长办公室空调停掉！市属学校高考中考考场空调没有按时安装到位，就把我办公室空调停掉！"这一发言迅速在网络上走红，引起不少网民的赞赏。特别是沙市作为 M 省经济排名末尾的城市和外出务工大市，在 2019 年包揽省文理科高考第一名、2020 年又摘得省理科高考第一名，明显提振了民众的教育信心。

第五章

乡城迁移家庭教育期望的影响因素

　　长期受到城乡二元结构的影响，户籍差异一直是衡量家庭差异的重要因素，并且形成家庭教育期望的分化。教育期望的分化表现为高阶层家庭高教育期望，低阶层家庭低教育期望，低阶层家庭由于受到家庭出身、教育水平、经济条件等因素制约，难以形成与中高阶层家庭相近的教育期望，即教育期望本身就受到限制，更遑论其实现。不过，越来越多的研究指出，由于文化价值观念的影响，低阶层家庭也可以形成较高的家庭教育期望。

　　基于截面数据的量化分析表明，影响家庭教育期望的主要因素是家庭社会经济地位、父母教育程度和教育价值观念。而基于动态的视角，则可以发现这些因素并不总是恒定地发挥作用。在乡城迁移家庭中，父母对家庭社会经济地位、自身教育程度、教育价值观念的理解，会随着自身的迁移历程和社会融入程度发生相应的动态变化。

　　特定的家庭教育期望是在一定的社会条件下产生的，体现了父母对于能不能接受教育，甚至是该不该接受教育的主观认知。从父母的主观角度来说，对子女的教育期望更多源于"父母之爱子"的恩义，但主观的行动必然要受到客观条件的制约。在社会结构调整、教育结构调整的宏观背景下，在城镇化进程快速发展、社会文化转型的时代进程中，在从乡土中国、城乡中国到城镇中国的变迁历程中，乡城迁移家庭的教育期望同时受到学校教育制度和传统教育文化的影响。而当乡城迁移家庭带着某种"土气"进入城市之时，可能同时面临城市生活结构和城市学校教育的双重挑战。

第一节　学校教育资源扩大的积极影响

　　随着人类社会的发展，"最初存在于户与家范围中的功能，常常已被间接地转换为高层的社会形式"❶。以学校为主体的教育体系成为专门的教

---

　　❶　米特罗尔，西德尔．欧洲家庭史——中世纪至今的父权制到伙伴关系［M］．赵世玲，译．北京：华夏出版社，1987：5.

育场所，教师成为专门的教育人员。这不仅导致儿童的社会化出现了"初级社会化"和"次级社会化"的分化，而且让学业成就成为普遍的社会化内容和社会化标志。学校教育资源的扩大与普及使每个家庭都有机会参与其中，而这也成为乡城迁移家庭形成与实现教育期望的重要基础。

一、学校扩张使教育可期望

在"上大学"这一具有象征意义的事情上，大部分乡村迁移家庭抱着较高的教育期望。教育期望作为一种主观意识并不会凭空地出现，正如"读书无用论"是在特定社会条件下产生的一样，"读书有用论"也需要相应的物质条件支撑。乡城迁移家庭在教育期望形成及其教育行动过程中明显受到传统的、具有乡土性的教育文化影响，这种文化成为普遍较高的教育期望的文化支撑力量，且这种文化支撑力量首先源于教育资源的扩大与下沉。

"性相近也，习相远也。"儒家教育文化一直强调，造成人与人之间差异的主要原因在于教育，而非各种先赋的身份。这成为中华民族普遍重视教育的源头。但在相当长的历史时期内，教育对于社会普通民众来说是奢侈品，只局限于中上阶层家庭。由于教育资源的紧张，普遍的教育期望也没有真正建立起来，教育主体是被限制在一个由家庭出身决定的范围之内。高门贵族的文化标榜即便能够引起普通民众的倾慕、能够引起民众对教育的向往，却未必能够引发民众对于教育的期望。只有当教育资源不再像门阀政治时期那样集中于一小部分上流阶层❶，民众普遍的重教向学才具备现实基础和文化动力。

以历史角度来看，科举制度实行以来，统治阶级有意识地打破阶层限制，吸收底层精英，这刺激着家庭教育期望的形成与相应的教育行动。在儒家学者看来，并非只有一部分人需要接受教育，也并非只有一部分人能

---

❶ 吾淳. 宋以前中国社会伦理相对薄弱的教育因素——从教育史研究的视角看汉唐时期的伦理问题 [J]. 上海师范大学学报（哲学社会科学版），2007（4）：23–30.

够抱有教育期望。民国时期的文字下乡运动以及新中国成立以后的扫盲运动使普通民众不再只是教化的对象，更是教育的直接对象。尽管很长一段时间里，乡村生活未必"需要"文字，但这种教育力量的介入事实上使更多民众开始意识到教育的切实存在。教育资源的下沉使"化民成俗"有了更为坚实的物质基础，也使普通民众开始拒斥"睁眼瞎"的生存状态。

从现实角度看，当社会教育资源总量有限，或教育资源下沉有限时，教育在某种意义上也会变得难以期望。很长一段时间里，"在我国工业化和城镇化快速发展的进程中，城乡教育发展不均衡现象日益突出，'城兴乡衰'的教育格局逐步形成"[1]。这导致未能接触到较为良好的教育资源的家庭更容易产生消极情绪。而当城市教育资源向更多乡村家庭开放后，家庭便有了让子女"进城读书"的主动选择机会。沙区近年来新建的许多学校很大程度上就是为了满足这部分家庭对于城市教育资源的需求。尽管乡城迁移家庭是通过迁移获得了更为优质的教育资源，但仍然要正视教育资源扩大的积极意义。

乡城迁移家庭普遍较高的教育期望用日常的话语可以表达为"先考上高中再说"。子女考取高中在乡城迁移家庭的教育期望与生活安排中具有明显的优先地位。诚然，"普职分流"确实带来了一定的教育竞争压力，但另一方面也表明越来越多的普通家庭能够参与教育竞争，并且能够支持子女获得更多的在校学习机会。从教育期望形成的角度来说，学校教育资源的扩大与下沉让教育可以被期望，也成为乡城迁移家庭形成教育期望、进行教育行动的物质基础。也可以说，只有当教育是可以被期望的时候，民众才会对教育抱有期望，乡城迁移家庭对子女"把学上好"的期许，恰恰说明教育资源的可及、教育获得的可为、教育期望的可能。

在乡城迁移家庭的教育期望中，城市教育资源能够带来稳定的教育成果，进而能够获得稳定的城市生活，并且规避乡村社会的教育风险与家庭

---

[1] 陈讯. 阶层分化视角下的乡村教育衰落研究——基于晋西北 W 村考察 [J]. 杭州师范大学学报（社会科学版），2020（3）：128−136.

再生产风险。"学校教育机会具有'得到即满足'的充要特性，教育机会供给扩大意味着机会分布不平等下降。"❶ 教育资源的获取对于家庭教育期望的形成与实现起着基础性的支撑作用（见图 5-1）。在教育资源稀缺的情况下，很可能导致家庭产生"读书无用论"的心态，也很可能引发"内卷化"的家庭教育竞争。当然，教育资源的多与少是一个相对的概念，正如梁漱溟先生所言，"且须明白：所谓同受教育，必须是同受高等教育；吃饭亦是同吃上好的饭。如其说，同受中等教育，同吃次等饭，那又是寡中求均，那又是不行的。"❷ 因此，要实现个体与社会发展的同步受益，学校教育资源和机会还应当进一步面向全体成员同等开放和共享❸，使学校教育资源的扩充能够真正转化为对家庭教育期望的支持。

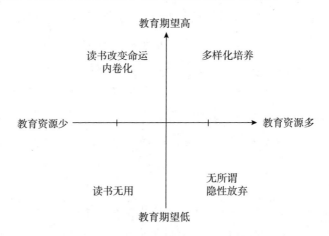

图 5-1　教育资源与教育期望的关系示意

---

❶ 刘精明.教育扩张与分布型教育不平等——复合教育基尼系数的演化性质及其检验 [J].社会学研究，2023（1）：68-95.

❷ 梁漱溟.中国文化要义 [M].上海：上海人民出版社，2005：128.

❸ 余晖."双减"时代基础教育的公共性回归与公平性隐忧 [J].南京社会科学，2021（12）：145-153，170.

二、学校教育为家庭树立行动方向

家庭教育期望并非完全孤立、完全自主，其形成与实践具有现实的基础。"它与每个时代的政治、经济、文教政策，乃至文风学风等都有密切联系。"❶ 而在社会转型的压力下，家庭将社会准则传递给年轻一代的那股力量已经大幅削弱，乡城迁移家庭由于再社会化的不畅使这种削弱也更为明显，"家庭变化的步调日益加快，随之而来的问题也将日趋严重"❷。在这个意义上，学校教育不仅对乡城迁移家庭的教育期望起着显著的支撑作用，还为乡城迁移家庭的教育行动提供着努力方向的指引。

一方面，学校教育为乡城迁移家庭的教育期望提供了衡量维度和基准。尽管未必科学，但"对最高教育层次的预期"不仅是研究家庭教育期望的重要指标，也是乡城迁移家庭进行自我评判的重要依据。"把学上好"就是乡城迁移家庭对于子女教育的衡量依据，这种衡量依据本身就有着浓郁的城市化色彩，致使乡城迁移家庭的教育期望呈现出明显的城市化倾向。与此同时，拥有较高的家庭教育期望、推动家庭教育期望的实现，无形中也是父母们对于"摸爬滚打"经历的自我认同和自我确证。

随着社会生活的日益复杂，学校教育成为重要的公共服务机构和公共文化机构。现代教育不仅让"人类自为教育发展到一个新的阶段"，还大大缩小了人类自在和半自在教育的领域。❸ 学校教育的要求是国家对于人才规格要求的直接体现，这为家庭确立一个外在的客观标准，家庭也能够将自身的教育期望与学校教育的要求联系起来。这种标准不仅有助于家庭教育期望的形成，也能帮助父母更好地理解家庭教育期望，并拥有更为明确的教育行动指南。诚然，古代的家庭教育的典范也不乏依据外在的教育标准来进行评价，进而用于激发民众的教育期望："窦燕山，有义方。教

---

❶ 马镛. 中国家庭教育史［M］. 长沙：湖南教育出版社，1997：2.
❷ 阿尔文·托夫勒. 未来的冲击［M］. 黄明坚，译. 北京：中信出版集团，2018：223.
❸ 胡德海. 教育学原理［M］. 北京：人民教育出版社，2013：173.

五子，名俱扬。"只不过，在教育资源有限的情况下，这种标准的适用范围有限。随着现代教育制度的确立，当绝大部分家庭都纳入学校教育体系后，学校教育就在家庭教育期望的形成与实现过程中发挥着基础性的支撑作用。

另一方面，学校教育抑制着家庭资本的僭越行为，支持着乡城迁移家庭对于实现教育期望的信心。家庭资本在子女教育方面的投入是形成教育不平等的重要因素之一。在推进学校教育资源均衡发展的同时，校外教育的治理也支撑着乡城迁移家庭的教育期望。

很长一段时间以来，"来自社会经济背景较好的城镇家庭的学生参加教育补习的比例大大高于社会经济背景较差家庭的学生。这种现象实际上反映了现在城镇在校生家庭对基础教育的竞争越来越多地从正规教育系统内转向了系统外"❶。乡城迁移家庭在教育期望上的调适与下降，主要源于教育竞争，尤其是以家庭为单位展开的教育竞争。将现代家庭教育与传统家庭教育进行比较，可以发现由于教育结构与家庭结构的变迁，学校教育成为整个教育系统的核心，学校教育"剥夺"了家庭的教育权利。❷ 但将不同家庭放在一起比较，则可以发现家庭出身导致了教育获得的差异，当代家庭对孩子施加的影响作用较之以前大为增强。❸ 当子女成长更多地受到家庭力量影响，而更少地受到学校教育力量影响时，这种系统外的竞争显然会极大抑制诸如乡城迁移家庭这样相对弱势家庭的教育期望的形成与实现。

学校教育对家庭资本的抑制，促使教育竞争重回到正规教育体系内，这对乡城迁移家庭的教育期望产生积极影响。当学校教育成为教育的主阵地时，尤其是成为教育评价的主阵地时，家庭资本的累加作用就可能被抑制乃至抵消，正是因为学校教育对于家庭资本的抑制，让人们更愿意相信

---

❶ 薛海平，丁小浩. 中国城镇学生教育补习研究 [J]. 教育研究，2009（1）：39-46.

❷ 张东燕，高书国. 现代家庭教育的功能演进与价值提升——兼论家庭教育现代化 [J]. 中国教育学刊，2020（1）：66-71.

❸ 缪建东. 试论我国转型期的家庭教育 [J]. 苏州大学学报，2000（1）：123-127.

教育成功的案例，相信乡城迁移所蕴含的教育行动，以及相信家庭教育期望的实现可能性。乡城迁移家庭的教育行动主要在于获得城市的学校教育资源，对子女教育的重视与家庭的乡城迁移形成双向互动，这也是乡城迁移家庭在进入城市之后积极模仿、跟随城市教养方式，并以此强化自身教育期望的重要原因之一。乡城迁移家庭的教育期望，展现了新一代的乡村父母为子女提供更好的教育、为家庭奠定更好的发展基础的愿望。这既是对子女"成为城里人"的愿望，也是对子女"不要走老路"的愿望。

当子女通过学校教育获得更多正向反馈时，会进一步提升乡城迁移家庭的教育期望。"尽管在拥有各种潜力和希望的同时，也不乏缺陷和局限，但学校一直都是最基本的教育环境之一。学校是更大的教育生态系统的中心支柱，学校的生命力是一个社会对教育作为一项公共的人类活动所做承诺的体现，也是对其中的儿童与青年所做承诺的体现。"❶ 这也是学校对于家庭所做承诺的体现。

第二节　家庭教育期望的意义秩序建构

乡城迁移家庭在教育期望的形成过程中还明显地受到传统的、具有乡土性的教育文化影响，这为他们构建了关于家庭教育期望的意义秩序。教育资源的扩大是促使乡城迁移家庭参与教育、重视教育的关键因素。不过，家庭教育期望至少包含子女教育成就和子女社会成就两个维度的预期。从理想模型来看，教育资源的扩大与下沉可以是无限的，然而社会身份的提升必然是有限的，正如科举制度可以引申出"万般皆下品，惟有读书高"，但同时也可以引申出"百无一用是书生"。"人类知识在社会中是

---

❶ 联合国教科文组织. 一起重新构想我们的未来：为教育打造新的社会契约 [M]. 北京：教育科学出版社，2022：151.

以先验的形式呈现的，它先于个人经验并为其提供意义秩序。"❶ 那么，乡城迁移家庭能够接受这种重视教育的意义秩序，进而形成较高的教育期望，在很大程度上也源自中国传统文化中对教育期望的意义建构。

一、教育主体平民化的努力

宋代以降，印刷技术的发展使得教育资源的获取更为便利，而文化建设者的一个着力之处就是推动教育主体的平民化。宋代儒家通过对教育主体平民化的理论观照，从而为教育期望的普遍化提供支持。宋儒强调教育期望同时具有可能性与现实性，"圣人斯言，使学者知夫圣可学而至，虽有其质而不学，则终身为乡人而已"❷。这对于底层民众的教育期望无疑有着极大的鼓励作用，也能够彰显教育本身的价值内涵。印刷技术的发展与儒家学者的努力，共同推动了教育资源的下沉和教育主体的平民化，成为影响教育及其教育期望的社会文化因素。

明清时期，经济社会发展带动了教育发展，使更多的底层民众能够获得基本的教育机会。儒家教育需要在此种历史背景下，基于人格修养对底层民众的教育期望进行合法性辩护，进而发挥儒学对社会文化的主导作用。阳明心学将"学而至"与"致良知"联系起来，使得教育主体的平民化更为明显。王阳明在晚年提出"心之良知是谓圣。圣人之学，惟是致此良知而已"❸，试图以"致良知"来重构教育期望的普遍意义，强调普通民众也是"学而至"的主体、教育的主体，为普遍民众对于教育的期望、人格修养的期望提供了极大支持。人可以通过教育来获得人格身份上的提升，而不必受限于家庭出身。

---

❶ 彼得·伯格，托马斯·卢克曼. 现实的社会建构：知识社会学论纲［M］. 吴肃然，译. 北京：北京大学出版社，2019：11.

❷ 张栻. 南轩先生论语解［M］//张栻. 张栻集. 邓洪波，校点. 长沙：岳麓书社，2017：42.

❸ 王阳明. 书魏师孟卷［M］//王阳明. 王阳明全集. 吴光，娄明，董平，等编校. 上海：上海古籍出版社，2014：312.

清代早期的社会环境促使教育资源下沉到更为普通的平民家庭，但是满汉分设与捐官制度又收紧了"学而优则仕"的实现空间。儒家教育为了继续维系普通家庭对于教育的信心和期望，将教育主体进一步平民化，防止教育仅成为士人阶层的活动。因为一旦教育活动范围缩小，就会导致普通民众为佛道所吸引，进而动摇儒家文化的社会基础，也就是教育共同体的分裂导致社会文化认同的差异。这种努力旨在提升普通民众对于儒家教育文化的认同，并激发普遍的家庭教育期望。当人们用信仰一词表达对教育的认同和期望之时，或多或少带有宗教色彩，这也就难怪西方学者和晚近新儒家以"儒教"而非"儒学"来说明平民家庭对于教育的认同。进而言之，儒家教育思想通过对教育主体平民化的探讨，为教育期望的普遍化提供理论支撑，从而完成关于家庭教育期望的意义建构。

民国时期的文字下乡运动和新中国成立以后的扫盲运动也将更多民众、更多家庭纳入关于教育的意义秩序之中，并真正在乡村社会中营造出教育有用和教育可期望的文化氛围。尽管这段时间内，"读书无用论"也数次兴起，但并未成为主流观点。相反，教育有用和教育可期望的文化建构，激励着家庭的教育期望，并支撑着家庭的教育行动。从某种程度上来说，乡城迁移家庭通过迁移来表达自己对于学校教育资源的追求和对子女教育的重视，是其接纳此种意义秩序的现代延伸。只不过，由于学校教育资源不均衡和校外教育蔓延所造成的家庭教育成本高企，在一定程度上又抑制了教育平民化的进程。

二、承认个体的教育禀赋差异

对个体禀赋差异的承认是完成教育期望意义秩序建构的重要环节。如果以"读书的料"为话语基础，那么就有着"不是读书的料"的存在，而且在实践中，后者显然要远远多于前者。如果不能够关注到后者的存在，那么普遍的家庭教育期望就难以得到维系，教育共同体也将出现豁罅，近代以来数次出现的"读书无用论"也在于此。在激发并维系普通民众的教育期望的同时，儒家学者也注意到个人禀赋差异对教育期望形成与实践的现实影响。明代谢肇淛就将个人所具备的素质分为德与才两个部分，并认为："才禀于天，不可学而至也；量成于人，可学而至也。"[❶] 他认为一个人的才华智识等禀赋难以通过后天的学习来获得，德行修养则可以通过后天学习而养成。换言之，关乎人格修养的教育期望可以超越出身限制，关于才学成就的教育期望则需要承认个体差异。

无论是义理辞章，还是考据经济，教育都有一定的规律可循，且这些规律是适用于绝大多数人的。然而，我们并不排除少数天赋很高的人可以取得更为优异的教育成就。对于普通人来说，不应该对标那些禀赋较高的人来提出教育期望，这种超出自身能力的教育期望不仅难以实现，而且会增加学习的压力和负担。当然，由于社会分工、个体差异的天然存在，教育成就也必然有所不同。从历史的维度来看，文化建设者往往是在社会教育资源显著发展、潜在受教育群体增多的背景下，对教育的内涵进行改造，使教育期望更具有现实性。传统意义上，儒家教育基于体用不二的哲学传统，认为人格精神与现实成就密不可分。既然人格精神可以不受家庭出身限制，那么现实成就也同样可以不受家庭出身限制。更为重要的是儒家教育思想指明，人的教育成就虽然存在分工上的差异，而人的人格修养可以没有高低贵贱之分。

中国传统教育奉行"师父领进门，修行在个人"的理念，因为个人的才能禀赋、学识悟性是不同的。正是因为这种禀赋差异的存在，因材施教才有其合理性与必要性。因材施教的关键在于"帮助学生充分发挥所长，克服所短，抑或扬长避短，取得应有的进步"[❷]。个体禀赋的差异性与教育期望的普遍性是辩证统一的关系。甚至可以说，因为人只有在合适的方向上才可能得到最大限度的发展，那么只有在尊重差异性的基础上才可能有真正普遍意义上的教育期望。通过对教育期望的意义建构，既满足功利、又彰显人格的教育价值文化在一定程度上促使普通家庭认同传统教育文

---

❶ 谢肇淛. 五杂俎 ［M］. 上海：上海书店出版社，2009：283.
❷ 梁秋英，孙刚成. 孔子因材施教的理论基础及启示 ［J］. 教育研究，2009（11）：87－91.

化，并促成普通家庭能够怀有较高的教育期望。这是因为即便子女没有达到预期的教育成就或社会成就，也可以将之理解为禀赋不足，并非努力不足，从而形成"还是要读书"的教育期望。

现代教育构建了"竞争""筛选""资本"等话语体系。这些话语事实上遮蔽了个体禀赋差异，导致有差异的个体在无差异的教育评价体系中竞争。近代以降的西学冲击中断了中国传统知识分子对于体用不二的世俗化探索，使得教育期望出现明显的体用分离现象，而如教育筛选理论等进一步加剧了家庭尤其是普通家庭对于教育失败的恐慌情绪。当教育更专注的是"用"如何通过教育而获得时，那么家庭的教育期望也会更聚焦于社会功用。学"用"自然以有"用"为期望，有"用"又自然以有所"用"为期望。在社会生活中，有所"用"的功利价值往往能够高下立判，而对于"用"的预期又反过来衡量家庭教育期望的高低。体用分离后，对教育之"用"的过度关注成为"读书无用论"的源头。从教育期望的内涵角度来看，要使家庭教育期望完全摒弃功利性是很难实现的，乡城迁移家庭的迁移与期望都或多或少地体现出这种功利性的倾向。此处问题的关键在于，在市场经济社会中，如何赋予教育更多的价值理性，而不只是工具理性。

三、家庭教育期望体现着伦理责任

中国的文化传统涵盖了广泛的日常生活领域和发达的日常生活结构。中国文化中的家庭作为日常生活的基本单元，日常生活的主要组织者、调控者和人类情感世界的坚实依托，对于保证日常生活的顺利进行，为人提供安全感、熟悉感，起到十分重要的作用。家庭教育期望的核心意义在于对子女未来生活的展望，进而形成对家庭未来发展的预期。由此，父母对子女教育的重视和期望还具有伦理意义，即父母对子女的成长预期负有伦理责任。

最高教育程度虽然是衡量教育期望的标准之一，但它不是教育的核心目的，或者说它只是教育的结局之一。"把结局看成目的是极为普遍的教条，由这一教条很容易引出叔本华式的谬论：如果愿望没有实现，我们就因为不满而痛苦；如果愿望得以实现，我们就因为餍足而痛苦。"❶ 教育期望在最高教育程度的内涵上，必然面临着实现、或者未能实现的矛盾。如此，不仅教育被降格为一个量化工具，连同期望本身也被异化为一种量化工具。因此，传统文化为家庭教育期望注入伦理意义，才能够避免教育期望本身因为不能实现的客观存在而丧失价值。

在中国文化格局中，家庭是文明和文化的底色。反思性并非现代性所独有，而是人类文明形成与发展的共同要素之一。"人类作为一种自我反思的动物，当反思生命时，会意识到死亡问题。不同的文明都对这个根本性问题形成深刻思考。"❷ 中华文明对于这个根本性问题的解答，核心指向就是家庭。无论是在中国传统文化的传承过程中，还是在中国式现代化进程中，家国同构始终是文化底色之一。家庭是国家的细胞与基础，家庭的文明程度关联着国家的文明程度，家庭的发展态势影响着国家的发展前景。与此同时，国家不仅在回应家庭教育期望，同时也在建构家庭的生活伦理。

家庭教育期望是父母的伦理责任的体现。受到传统家庭文化的影响，乡城迁移家庭中的父母往往秉持着宁可自己辛苦点，也要为子女创造更好的教育条件的信条，特别是在他们的成长历程中，亲历了教育资源的匮乏。在布洛赫的希望哲学中，希望源于饥饿，饥饿则蕴含着人类最基本且最可靠的关于自我保存的冲动。在其看来，"自我保存乃是好多冲动中最坚实的冲动，而且在各个时代，这种冲动（按其所属的阶级变化而变化）无疑是最普遍的冲动"❸。而从家庭发展史的角度来说，家庭的出现与家庭的再生产均需要落脚在自我保存上。从类的属性讲，自我保存是人类社会乃至人类自身得以存在、延续的基础，所以它是最核心的伦理之一。诚

---

❶ 赵汀阳. 论可能生活［M］. 北京：中国人民大学出版社，2010：14.

❷ 孙向晨. 作为一种文明论范畴的"家"［N］. 中国社会科学报，2022－08－31（001）.

❸ 恩斯特·布洛赫. 希望的原理（第 1 卷）［M］. 梦海，译. 上海：上海译文出版社，2012：57.

然，现代社会对于家庭的价值定位与现代家庭的功能简化密切相关，生产功能、文化功能、治理功能等方面已逐渐转移到公共社会中，且遵循着不同于家庭生活的秩序。但在家庭的诸多功能中，家庭的再生产"生育教养"仍是最基本的功能之一。家庭的再生产是人在族类意义上的延续。根据恩格斯对家庭的考察，甚至可以说，家庭，特别是文明时代的专偶制家庭，就是为保护家庭的再生产而诞生的。家庭教育期望内在地包含着这一伦理属性。乡城迁移家庭的父母通过对子女的教育期望及相应的教育行动，履行着对于家庭再生产的伦理责任。

从某种意义上来讲，家庭天然地具有期望。期望意味着生活的可能性与生活的创造性，甚至就是生活本身，只不过在当代社会，这种期望以"家庭教育期望"的概念表达出来。这一概念未必比历史上家庭的其他期望概念更具伦理意义或自我保存的意义。发展是以积极的话语来解释自我保存的需求。从乡城迁移家庭现有的生活转变来看，他们显然更多的不是通过教育来直接实现家庭层面的发展，但他们又将家庭生活和家庭发展的动力寄托于教育，这是因为教育有着更为深刻的伦理意义，因为教育的结果可以转化为子代的发展能力。可以说，家庭通过教育期望想要表达的是未来生活的某种可能性。诚然，可能性不是现实性，期望也内在地包含着失望的可能性，"这是因为第一，希望是开放的，它并不寓于现存事物之中，而是寓于未来的事物之中；第二，希望是具体的、被中介的东西，它不同于确定不移的事实。"❶ 对于乡城迁移家庭来说，教育期望既承接了家庭延续的伦理责任，又预示着现实生活的开放性，而教育则是这种开放性的内在动力。

家庭教育期望被量化为对最高教育程度的预期，在一定程度上忽视了家庭教育期望的伦理意义。它或许可以解释那些实现了的教育期望，却很难解释那些尚未实现的教育期望。"这种将教育期望简单抽象成一维量化

---

❶ 梦海. 一个更美好生活的梦——论恩斯特·布洛赫的未来希望哲学思想［J］. 求是学刊，2006（3）：33–39.

的做法也会造成认识盲区"❶，甚至透过乡城迁移家庭教育期望所呈现的
"教育拼妈""父亲的隐身"现象还存在遗忘生活意义的风险。理解了这一
点，才能够理解乡城迁移家庭乃至更多弱势家庭并不是基于理性分析而提
出教育期望。诚然，正如亚里士多德在《尼各马可伦理学》中指出的那
样："人在本质上是社会性的。"❷ 只不过，在教育社会学的分析视野下，
我们难以判断拥有某种教育期望与缺乏某种教育期望的意义差异，也难以
回答较低的家庭教育期望是否也具有合理性。因此，对于家庭教育期望的
支持也好，改善也罢，都需要对其有着最高教育程度以外的理解。也可以
说，尽管指向最高教育程度的家庭教育期望存在层次上的区分，但是否具
有伦理意义上的高低之分是值得商榷的。

中国传统的家庭文化和教育文化给家庭教育期望注入了伦理意义。父
母形成教育期望并为之行动，似乎是自然而然的事情，而不是必须建立在
理性思考的基础上。城市"协作培养""精细化育儿""母职经纪人"等
理念有着明显的理性倾向。城市教育所构建的对于子女教育的期望和相应
的教育行动，更多地是建立在父母对于教育的直接经验和理性规划的基础
上。理性背后是伦理的淡化，"根本原因在于它自身已经不再是传统意义
上的伦理实体，而是异化为以'家庭'为整体性的个体而存在的'原子'，
以自身利益的最大化为行动的逻辑"❸。也正因为如此，乡城迁移家庭的教
育期望更可能因为某种非理性，致使"在教育竞争中处于能力、意愿和信
息获取等多重不利的境地"❹，使家庭教育期望也更容易因为教育竞争的应
对乏力而趋于下降。

教育和家庭的伦理价值，意味着乡城迁移家庭的社会融入不应该是单
向的过程。罗伯特·芮德菲尔德基于乡村与城市的互动关系来反思现代化

❶ 陆一. 从家庭教育期望入手认识教育治理问题 [J]. 全球教育展望, 2021 (11): 45–58.

❷ 亚里士多德. 尼各马可伦理学 [M]. 廖申白, 译. 北京: 商务印书馆, 2003: 18.

❸ 许敏. 美国中产阶级"协作培养"家庭教育方式的伦理风险 [J]. 道德与文明, 2014
(1): 150–153.

❹ 陆一. 在教育改革中认识、尊重、引导家庭教育期望 [J]. 人民教育, 2022 (11):
23–24.

问题，提出了"大传统"与"小传统"的概念。❶ 而从中华优秀传统文化的视阈来看，城市并不是独占着"大传统"的，相反，城市的"大传统"应当是对各种"小传统"的吸纳与融合。在这个意义上，城乡之间的文化融合是一个双向的过程，主流的教育文化在自我更新的过程中，也需要主动将更多的家庭纳入关于教育期望的意义秩序之中。

第三节　乡城迁移家庭与学校的教育张力

现代学校教育资源的扩张与下沉，以及传统教育文化的建构与承继，使乡城迁移家庭的父母普遍抱有较高的教育期望。不过，传统的教育文化本身已经面临诸多现代教育文化的挑战；同时乡城迁移家庭中父母的教育程度大多有限，对于学校教育制度的直接经验也不足。乡城迁移家庭是快速变迁的当代中国的亲历者，但未必是学校教育制度的亲历者，也不是现代城市教育文化的亲历者，当他们进入城市后，必然要面对"制度秩序的分隔化"：一方面，他们在城市分工体系中缺乏与教育相关的角色专属知识；另一方面，他们在城市生活中缺乏对教育文化的系统认知。基于动态视角，"个体生命周期中的整合与合理性是'垂直的'（vertical），它必须和制度秩序中的'水平的'整合与主观合理性相融合"❷。那么，在乡城迁移家庭的这一融合过程中，其家庭教育特征的波动还源于家庭与学校之间的教育张力。

一、家庭结构变动导致教育期望来源单一

从严格意义上讲，教育是家庭再生产的一部分，是生育、养育的继续。由于亲子之间的血缘基础和伦理基础，家庭教育期望也往往有着家庭

---

❶ 罗伯特·芮德菲尔德. 农民社会与文化：人类学对文明对一种诠释 [M]. 王莹，译. 北京：中国社会科学出版社：2013，94.

❷ 彼得·伯格，托马斯·卢克曼. 现实的社会建构：知识社会学论纲 [M]. 吴肃然，译. 北京：北京大学出版社，2019：116.

本位的特点。"根据唯物主义观点，历史中的决定性因素，归根结底是直接生活的生产和再生产。但是，生产本身又有两种。一方面是生活资料即食物、衣服、住房以及为此所必需的工具的生产；另一方面是人自身的生产，即种的繁衍。"❶ 家庭教育期望是家庭对于自身再生产的一种预期。而传统的大家庭结构和乡土的社会结构，也能够给父母提供更多的教育期望来源，弥补父母在社会经济地位和教育程度上的不足。但是家庭在迁入城市之后，"家庭"的边界缩小，家庭教育期望反而越来越依赖父母对于教育的理解。

（一）乡城迁移家庭的小型化

乡城迁移家庭显著地呈现出家庭核心化与小型化的同步。"规模变小、结构简单是世界范围内工业化国家家庭发展变化的共同趋势。"❷ 小型化家庭更容易适应工业社会对人口流动的需求，这无形中挑战着中国安土重迁的文化传统，但传统的影响力也不容小觑。

新文化运动前后，学界对我国传统大家庭的批判，原因是家族伦理成为限制个人走出家庭、进入社会、服务国家的桎梏。打破传统家庭制度的目的不是将个体投入充满竞争的陌生人社会，而是以超血缘的方式将人组织起来，从而投入国家层面的救亡图存。严复、梁漱溟等学者都倾向于强调西方社会结构中"群"和"集团"概念，而非个人。然而，延续这一思路的集体化运动在此后并没有达到预期成效，国家也将教育的部分权利再次"归还"给家庭。"在 80 年代，人民公社被解散，农村回归一家一户的生产方式，而大量公共服务也随之撤出了农村。因此，家庭不得不承担比人民公社时期更重的经济社会功能，许多刚刚走出家庭领域不久的农村妇

---

❶ 恩格斯. 家庭、私有制和国家的起源 [M]. 中共中央马克思恩格斯列宁斯大林著作编译局，编译. 北京：人民出版社，2018：4.

❷ 高德胜. 危机四伏的家庭及其教育功能的萎缩 [J]. 全球教育展望，2008（10）：54 – 59.

女，也因此回归家庭。"❶ 而此处的家庭，并非传统意义上能够提供相应公共服务的大家庭。

相比于城市家庭，乡村家庭面对家庭结构变化有着更多的被动性。"中国家庭结构变动的总体趋势是核心家庭日益增多，直系家庭和联合家庭逐渐减少。"❷ 特别是乡城迁移家庭，在面临生产方式改变之后，由于迁移而进一步引发的家庭结构变迁。他们的迁移大多数是亲子两代人的迁移，很少有祖孙三代或兄弟姐妹共同迁移的情况。此外，由于沙区缺乏足够的就业岗位，乡村迁移家庭在进城后仍然面临居住分离的问题。可以说，乡城迁移家庭在实现家庭核心化的同时，也必须面对家庭的小型化，以及在城市中缺少足够社会关系网络的问题。

（二）缺少社会关系支持的乡城迁移家庭

乡城迁移家庭由于在城市中缺乏相应的社会关系网络，使家庭教育期望的来源更为单一，使他们更容易出现生产与生活的脱节。进一步来说，他们的生产方式虽然不再是小农式的，但他们的教育期望仍然有着小农的特征。正如恰亚诺夫在分析小农生产的基础上提出的"劳动—消费均衡论"，乡城迁移家庭在寻求均衡的过程中，其教育期望亦有明显的单一属性，即家庭的教育期望主要指向的是子女的教育成就。因此，学校就成为乡城迁移家庭主要甚至唯一的教育期望来源。家庭规模越小、结构越简单的家庭，其平衡点越是单一，父母对于子女的教育期望越是倾向于自我复制式的理解。这也从一定程度上解释了为何更为多元的家庭教育期望、更为丰富的家庭教育实践往往出现在规模更大的家庭，或者拥有更多社会资本的家庭之中。

缺乏社会网络支持的乡城迁移家庭需要借助外部力量来调适并寻求自身的平衡点。当外部教育竞争压力超出父母的承受能力时，他们的教育期

---

❶　章永乐. 四海之内皆兄弟：近代平等政治中"五伦"话语的突变 [J]. 现代哲学，2015 (6)：37–49.

❷　刘庚常. 中国家庭结构的变动趋势及其未来影响 [J]. 晋阳学刊，1999 (5)：26–28.

望就不免要出现下降。此外，乡城迁移家庭的父母在其成长经历中，缺乏与教育的直接互动，虽然他们对于教育有着很高的憧憬，但也有着期望与想象的混杂。乡城迁移家庭的教育期望尽管是建立在利他主义的伦理责任基础上，基于自身理解的"好"展开教育行动，但是此种利他主义是有限度的。例如，在沙区的乡城迁移家庭中，父母出于为子女创造"好"的物质生活条件而进行家庭拆分和居住分离。

家庭的社会关系网络对家庭实现教育期望的积极价值不言而喻。乡城迁移家庭的出现是城乡结构调整的产物，然而时至今日，中国的家庭并没有出现黑格尔意义上的解体。家庭教育期望也尚未具有脱离家庭的"否定的目的"❶。城市化进程中日益增长的抚幼需求和生产生活压力，很大程度上仍然需要依靠传统大家庭来缓解。❷ 这固然是为了更好地寻求家庭再生产的平衡点，但也给乡城迁移家庭实现教育期望带来了更多的挑战。对于乡城迁移家庭来说，他们刚刚将自身从乡村的大家庭环境中迁移到城市，如果要求他们返回乡村以寻求大家庭的教育支持，既不现实、也不合理，况且乡村社会也还不能满足他们对学校教育资源的需求。

在沙区的乡城迁移家庭中，不少父母是在沙区乃至沙市以外的地方获取支持子女教育的家庭经济收入。沙区对他们来说，更多的是获取子女教育资源的空间，而非完整的生活空间，这无形中使他们很难从城市获得其他的关于迁移的意义支持。如果说现代性导致"脱域"具有某种必然性，那么，现代性所要求的"再嵌入"并不是自然而然的过程。父母在形成与实现家庭教育期望的过程中，由于缺乏与城市环境、城市文化的有效互动，教育期望来源的单一也使他们对于期望、对于教育或多或少地带着茫然。对于城市教育资源的追求，使他们将教育期望更多地投向学校教育，而忽视了家庭与学校的教育联系。

---

❶ 黑格尔. 法哲学原理［M］. 范扬，张企泰，译. 北京：商务印书馆，2010：214.
❷ 汪建华. 小型化还是核心化？——新中国70年家庭结构变迁［J］. 中国社会科学评价，2019（2）：118－130，144.

二、学校教育依赖导致家庭教育期望波动

家庭教育期望是家庭对子女教育的未来预期，但其在很大程度上指向的是学校教育。回顾家庭教育期望的定义，无论是"教育层次"还是"教育成就"，事实上都是在描述学校教育的结果，家庭教育期望是从家庭角度对子女的教育成就提出的预期与要求。从乡城迁移家庭对"听话"的理解，子女教育成就的高低其实更依赖学校教育资源，正如乡城迁移家庭的迁移动力之一便是获取城市的学校教育资源。父母自身的社会化经历无疑是影响家庭教育期望的重要因素，然而，由于乡城迁移家庭在教育期望的供给与传递上处于劣势，他们对学校教育存在教育期望上的依赖。这也可能致使他们的教育期望更容易因为子女的教育表现而波动。

对于乡城迁移家庭来说，在家庭教育期望方面依赖学校教育所产生的作用是矛盾的。一方面，由于学校业已成为促进儿童社会化的专门机构，学校教育业已成为整个教育体系的核心，学校教育要求父母对"专家系统"的信任，这在一定程度上默许了父母的缺场。"现代性的降临，通过对'缺场'（absence）的各种其他要素的孕育，日益把空间从地点分离了出来，从位置上看，远离了任何给定的面对面的互动情势。"❶ 尽管从理论上讲，父母的教育影响是不可替代的，但很多时候父母的教育功能被简化为给子女的教育获得提供物质保障，一如乡城迁移家庭的父母在此过程中被赋予的责任首先是"购买"教育的责任。同时，家庭在转移教育功能的同时，意味着父母并非一定要以在场的方式发挥教育影响。传统的双系抚养的弱化，并非源于家庭结构变迁，而是因为父母认为学校教育能够比家庭更有效地促进子女的教育成长，家庭不需要继续保持传统的结构形态。

另一方面，乡城迁移家庭对学校教育的依赖，事实上也强化了学校对家庭的要求。在传统社会，青少年的社会化进程有着相对清晰的界限，而随着制度化的学校教育的扩张，这种界限日益模糊。虽然儿童在学校与家

---

❶　安东尼·吉登斯. 现代性的后果 [M]. 田禾，译. 南京：译林出版社，2011：70.

庭之间存在时空的交替，但内容上的重合日益增多。子女的教育成长越来越受到学校教育的影响，特别是随着学校教育的前移，家庭独立发挥教育影响的空间被明显压缩。对于乡城迁移家庭来说，家庭自身的社会化经历和社会化经验所具有的教育价值始终有限。与此同时，现代学校教育需要家庭更多地参与子女教育成长的过程。正是因为家庭参与的增加，家庭与学校之间的"符应"作用才能够对儿童的教育成就产生显著影响。如果说，家庭教育期望体现了家庭对学校的要求，那么子女的教育成长则可能是学校向家庭的延伸。现代知识体系的分化和学校教育内容的繁杂，对家长自身的文化素养提出了更高的要求，家庭需要围绕学校教育的要求来选择教育经验。

家庭教育期望不仅是乡城迁移家庭获取城市教育资源的动力基础，更是家庭对学校教育重要性的回应，但这种回应又具有明显的被动特征。家庭需要为了保证学校教育的完整性而部分地放弃家庭教育的完整性。乡城迁移家庭为了让子女能够稳定地在城市中接受学校教育，选择甚至维持家庭分离的生活状态便是很好的证明。同时，由于父母教育参与度的有限，乡城迁移家庭在实现教育期望的过程中，并不能保证对子女的个体差异有充分的认识，也就是说，当家庭尚未对子女的学习能力和学习特点有足够认知，也没有对家庭自身的教育能力有足够了解，他们就需要很快地对学校教育作出回应、提出期望。

乡城迁移家庭对于学校教育的依赖，导致不同家庭之间的差异引发家庭与学校之间的教育不一致，不仅容易造成家庭教育期望的波动，也会给子女教育成长带来一定的消极影响。由于父母自身缺乏足够的经验与能力去实现教育期望，亲子关系的情感基础也有可能松动。"许多学生发现他们正在改变自己的信仰和价值观念，这些都可能同他们的父母发生冲突。"❶ 对于乡城迁移家庭来说，由于家庭参与学校教育的能力与程度有

---

❶ 埃什尔曼. 家庭导论 [M]. 潘允康，张文宏，马志年，等译. 北京：中国社会科学出版社，1991：280.

限，很可能发生儿童越认同学校便越难认同父母的现象，因为父母对于教育的理解很可能与子女不同。"土气是因为不流动而发生的"❶，但这种不完整的流动，致使乡城迁移家庭的父母对于子女教育成就的期望、理解仍然带着"土气"。

　　家庭与学校通过子女的教育联系在一起。然而，乡城迁移家庭与现代城市学校有着明显不同的文化背景。"在两种不同文化中，社会关系的结构可能是相同的，社会关系的内容——激活社会关系的前提和本能——却可能是不同的，而这最终将导致全然不同的社会关系。……关系本身只是一种联系，赋予其内容和力量的其实是感情。"❷ 作为青少年教育成长互动的两个主体，学校或许应该给予乡城迁移家庭更多的理解。当然，父母对学校教育的依赖，也可能导致子女的教育成长并非高度依赖家庭教育期望。这也就部分解释了为何一些教育期望很高的家庭，子女的教育成就未必高；而一些教育期望并不高的家庭，子女的教育成就却要高得多。成功案例固然有借鉴意义，然而，乡城迁移家庭的父母很可能从中看到迁移的教育价值，却未看到父母自身的教育价值。

　　尽管教育期望是一种意识范畴，但这种意识的实现还根植于家庭的社会存在。"物质生活的生产方式制约着整个社会生活、政治生活和精神生活的过程。不是人们的意识决定人们的存在，相反，是人们的社会存在决定人们的意识。"❸ 通过对乡城迁移家庭的动态剖析，父母的教育价值观念并不是独立地发挥作用，而是与其他社会存在共同发挥作用。特别是在社会层面形成的教育价值观念本身也是一种社会存在，它通过父母对于教育的理解来发挥作用。上述分析并未否定家庭社会经济地位和父母教育程度在形成与实现家庭教育期望过程中的重要作用，而是丰富了家庭教育期望的影响机制，或者说，丰富了城市与乡村对于乡城迁移家庭的拉力和推力的作用机

---

❶ 费孝通. 乡土中国 [M]. 北京：人民出版社，2015：3.

❷ 易劳逸. 家族、土地与祖先：近世中国四百年社会经济的常与变 [M]. 苑杰，译. 重庆：重庆出版社，2019：79－83.

❸ 马克思.《政治经济学批判》序言 [M] //中共中央马克思恩格斯列宁斯大林著作编译局，编译. 马克思恩格斯文集（第二卷）. 北京：人民出版社，2009：591.

制，以及乡城迁移家庭对于此种拉力和推力的应对策略（见图5－2）。

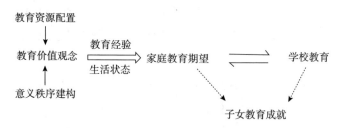

图5－2　乡城迁移家庭的教育期望影响因素示意

　　教育文化观念的形成依赖教育资源的供给和教育意义秩序的建构。它们既是家庭教育期望的前置条件，也是形成推力与拉力的重要因素。教育文化观念通过父母的教育经验和父母的生活状态影响家庭教育期望的产生。也可以说，父母的社会存在状况，会直接影响其对教育文化观念的接收与理解情况，并进一步转化为对于学校教育的理解。父母对于学校教育的理解，在很大程度上体现为家庭与学校教育之间的互动关系，这种互动关系，未必就是符应作用。如果学校与家庭之间有着良好的互动关系，那么学校教育或许可以弥补家庭在教育资源、教育期望方面的不足，进而对子女教育成就产生积极影响；如果学校与家庭的互动关系不佳，二者就会产生相互抑制的情况，进而对子女教育成就产生消极影响。这也再次印证了教育资源配置的基础性地位。当然，如果忽视教育意义秩序的建构，即便教育资源扩张、下沉，也可能由于底层民众的隐性放弃，而导致这种教育资源配置无法达到预期的效果。

　　正如前文多次提到的，家庭教育期望既体现了父母对于子女最高教育程度的期望，还表达着父母对于教育的价值判断。"期望的目标是让孩子接受一套价值秩序，不仅因为这是父母认同的排序，更是因为孩子也相信这是好的排序，并想要遵守它。"[1] 从家庭发展的角度来说，家庭教育期望不仅存在于当下的代际关系之中，也存在于时间延伸的代际关系之中。因

---

　　[1]　罗思文. 反对个人主义：儒家对道德、政治、家庭和宗教基础的重新思考［M］. 王珏，王晨光，译. 西安：西北大学出版社，2021：227.

此，这一代父母的教育期望，不仅会影响子女对于自身的教育期望，还会影响子女成为父母后对于再下一代的教育期望。

可以说，户籍制度形成的城乡差异，仍是当前影响乡村家庭迁移的"中间障碍因素"。因此，乡城迁移家庭由于迁移而带来的社会融入问题，即再社会化问题，对于家庭教育期望有着深远影响。恩泽格尔等人提出的"四维度"模型认为，移民在流入地要面临四个维度的融入，分别是社会经济融入、政治融入、文化融入和主体社会对移民的接纳或拒斥。[1] 可以说，融入过程是两个群体相互调适过程的集合，一方面是迁移群体对于流入地社会的融入，另一方面是流入地原有社会群体的再融入和再适应过程。就教育而言，后者的再融入与再适应包括对前者的接纳以及与前者的资源共享。这不仅是乡城迁移家庭形成并实现教育期望的基础，也是教育高质量发展的应有之义。按照玛格丽特·米德提出的一个重大事件造就一个世代的观点，乡城迁移家庭中的父母恰好经历了改革开放和新型城镇化这两个重大事件，他们不仅是当代中国在短时间内发生"高速的经济发展、市场化转型、工业化、城镇化和全球化等进程"[2] 的见证者和亲历者，同时还经历了中国城乡二元结构向城乡一体化发展的社会转型，因此他们对于子女的教育期望发生了深刻的变化，而这种变化背后蕴含着复杂的影响因素。

诚然，在社会转型的过程中，乡城迁移家庭中子女的教育成就部分地不受家庭教育期望的影响，特别是不受家庭经济地位和父母教育程度的影响。但从中国家庭文化的立场来看，改善家庭教育期望对家庭建设的积极意义不言而喻。天下之本在家，"家庭不只是人们身体的住处，更是人们心灵的归宿"。[3] 家庭教育期望不仅是父母对于子女的预期和要求，同时凝聚着父母对于家庭存在与家庭发展的期望。而要回应并改善乡城迁移家庭的教育期望，需要从回应和改善乡城迁移家庭的社会存在入手。

---

[1] Han E , Biezeveld R . Benchmarking in Immigrant Integration [J]. Department of Sociology, 2011.

[2] 高海燕，王鹏，谭康荣. 中国民众社会价值观的变迁及其影响因素——基于年龄—时期—世代效应的分析 [J]. 社会学研究，2022（1）：156–178，229.

[3] 习近平. 在会见第一届全国文明家庭代表时的讲话 [N]. 人民日报，2016–12–16（002）.

第六章

结论与展望

在乡城迁移家庭的教育期望中，城市教育能够带来稳定的教育获得，进而能够帮助子女实现更高的教育成就。随着社会朝着现代化、工业化方向的发展，城市教育和城市社会的不稳定性与风险性也明显增强。"风险社会作为对中国社会结构产生关键性影响的另一种力量开始崛起。一方面，风险的弥散性和普遍性使得跨越阶级、阶层、职业、性别、信仰和种族而进行全社会动员成为可能，从新的角度和新的范围带动公民社会的生产；另一方面，具体风险的分布又在一定程度上同阶级、阶层的分化同构，强化后者的分化 。"❶ 父母由于缺乏足够的教育经验和相对弱势的社会存在，由乡到城的迁移能够起到的效果是有限的，家庭教育期望也会由于教育竞争的压力而降低。

党的二十届三中全会通过的《中共中央关于进一步全面深化改革 推进中国式现代化的决定》指出："城乡融合发展是中国式现代化的必然要求。"❷ 乡城迁移家庭的迁移并不是一次性完成的，他们可能要先经历流动、回流等；迁移之于家庭教育期望的实现，也不是一次性完成的，因为迁移不会直接转化为父母教育能力的提升。在中国式现代化的历史进程中，推进农业转移人口的市民化是实现城乡共同富裕的根本着力点❸，透过乡城迁移家庭的教育期望，可以看到城乡社会急剧转型的时代变迁带来的影响。从城乡二元结构向城乡一体化的社会转变进程，意味着城市文化与乡土文化的对话，需要新型的社会融合发展。这就要求我们在理解乡城迁移家庭的教育期望的基础上，有针对性地回应和改善他们对于子女教育的预期，让他们不仅对教育有合理的期望，还能够通过教育实现社会融入与家庭发展，从而更好地共享教育发展的文明成果。

---

❶ 李友梅. 从财富分配到风险分配：中国社会结构重组的一种新路径［J］. 社会，2008（6）：1－14，223.

❷ 中共中央关于进一步全面深化改革 推进中国式现代化的决定［ED/OL］.（2024－07－21）［2025－03－03］. https：//www. gov. cn/zhengce/202407/content_6963770. htm? jump = ture.

❸ 常明杰. 以"人"的融合促县域内城乡融合［N］. 光明日报，2022－04－04（007）.

一、乡城迁移家庭教育期望的三个特征

从概念层面看，教育期望是父母对子女教育的某种预期；从现实层面看，教育期望则体现为父母关于子女教育的某种竞争意识。期望子女获得何种程度的教育，首先需要子女通过具有排他性的且衔接各个教育阶段的考试。当每个人都有参加考试的机会时，不仅意味着个体至少在程序上拥有获得教育的机会，还意味着个体与他人之间的竞争关系。"工业社会具有一种不同于农业社会的社会意识，这就是竞争意识，也就是自我意识。"❶ 基于沙区的考察，乡城迁移家庭的教育期望在农业社会意识与工业社会意识的碰撞下，呈现出丰富的动态特征。

（一）普遍较高的家庭教育期望

乡城迁移家庭普遍抱有较高的教育期望，在"上大学"这一具有象征意义的事情上，父母们有着较高的预期，这种教育期望的日常话语就是"把学上好"。同时，父母对于子女"把学上好"的追求，也进一步促成了家庭的迁移。

一方面，"把学上好"体现了乡城迁移家庭的竞争意识。对最高教育程度的预期，需要通过教育分流的考验，子女考取普通高中在乡城迁移家庭的教育期望与生活安排中具有明显的优先地位。考取高中是子女教育的首要选择，能不能考上高中直接关系到此后的教育期望能否实现。与此同时，乡城迁移家庭的父母也将子女考高中这件事置于家庭生活安排中的优先位置。家庭的乡城迁移既是将子女教育作为"中心议题"的体现，也是家庭教育投入的直接体现。家庭教育投入的增加，也会在较大程度上提升家庭教育期望。可以说，乡城迁移与教育期望之间存在互动关系：一者，父母对于子女教育的较高期望推动了乡城迁移的发生；二者，家庭的乡城迁移又促使父母有了更高的教育期望。由于城乡教育资源和城乡教育环境

---

❶ 张康之，张乾友. 共同体的进化 [M]. 北京：中国社会科学出版社，2012：148.

的差异，在乡城迁移家庭看来，城市教育资源更有助于教育期望的实现。如果说乡城迁移是对城市教育资源的追求，体现的是"上好学"的期望，那么较高的教育期望或教育要求，则是对子女未来发展和家庭未来发展的追求，体现的是"把学上好"的教育期望。

另一方面，"把学上好"蕴含着乡城迁移家庭的乡土意识。尽管高等教育普及后，教育的符号价值、身份价值趋于减弱，但在父母的乡土意识中，教育不仅具有关于职业收入和社会地位的功利价值，也有着关于读书明理和回馈乡里的道德内涵。在这个意义上，文化资本的薄弱固然可以阻碍教育期望的产生，然而并不会阻碍教育期望的产生。教育期望乃至教育本身都具有生活意义，父母的迁移与子女的教育体现着亲子两代人对于更好生活的追求。投射在子女身上的教育期望，不仅是父母对乡城迁移行为的价值确认，也是对家庭向上流动的价值确认。

普遍较高的家庭教育期望，为乡城迁移家庭追求城市教育提供了动力。主观上的迁移意愿、迁移能力和客观上的迁移条件，共同催生了乡城迁移家庭。中国文化强调安土重迁，迁移比流动更不易产生"过客心理"，也更有利于家庭、家教、家风的建设。在这个意义上，还需要对这部分家庭更多的教育关注，引导他们更好地融入城市教育生活，从而为其子女的教育成长和教育获取营造更良好的环境。

（二）家庭教育期望的模仿与跟随

在城市的教育方式、生活方式、生产方式被乡城迁移家庭认为更为文明的背景下，乡城迁移家庭在向城市迁移的同时，不仅通过客观的空间转换来实现子女教育资源的改善，也尝试模仿、跟随城市家庭教养方式来强化家庭教育期望，进而推动家庭在子女教育层面的社会融入和"再社会化"进程。

乡城迁移家庭中的父母根据自身在城市生活中的经历，意识到教育程度在现代城市生产、城市生活中的重要性。通过改变教育期望的行动空间，乡城迁移家庭在一定程度上增强了与城市家庭的"空间的同源性"，实现了其与城市家庭之间的整合，从而获取城市的学校教育资源和社会教育资源。为了子女的教育发展，他们通过迁移来确保能够相对稳定地获取城市教育资源，进而在客观条件上接近城市家庭。由于城市教育资源获取的困难，以及相较于乡村家庭的"面子"，乡城迁移家庭也在无形中通过提升教育期望来自我验证迁移的合理性。

乡城迁移家庭有着对城市化教养方式的模仿与跟随，并在此过程中，进一步强化自身的教育期望。这种模仿与跟随一方面表现在乡城迁移家庭对校外教育的重视与选择。乡城迁移家庭认可根据子女的天赋和兴趣进行校外教育选择的城市教育理念，并表现出一定的乐观心态，同时也关注校外教育能否转化为教育竞争优势。但是，通过校外教育的选择可以看出，城市在扩张过程中也形成新的内部分化，呈现出"内部二元教育结构"现象。❶ 乡城迁移家庭的乐观心态既是"把学上好"观念的延续，也一定程度上体现出缺少与城市家庭的直接互动。另一方面则表现在乡城迁移家庭教育期望上的性别偏好。男女平等、穷儿富女的城市教养观念影响着乡城迁移家庭在学业要求、兴趣培养和职业预期方面的性别偏好。对于女孩，乡城迁移家庭容易接受城市教育的价值观念，认为女孩更需要通过教育来获得稳定的工作和相应的社会地位，且主要落脚点是在家庭地位上，城市职业女性的人格特征得到了乡城迁移家庭的认同和推崇。对于男孩，尽管认为养家糊口式的城市工作难以为向上流动的家庭发展带来实质性的促进作用，但乡城迁移家庭仍然意识到，下一代的"打拼"不再局限于体力与时间上的打拼，更需要足够的教育程度作为支撑。这不仅能够保障家庭未来的发展，通过教育成就还能够更好发挥其对于乡土社会的回馈作用。

乡城迁移家庭在教育期望上对城市化的跟随，其实是对城市化进程中"教育成功"的渴求，以及经"教育成功"而获得社会阶层提升的渴求。由乡到城的迁移过程改变了乡土的生产关系，并将乡城迁移家庭融入现代

❶ 齐燕. 过度教育城镇化：形成机制与实践后果——基于中西部工业欠发达县域的分析[J]. 北京社会科学，2020（3）：59 – 69.

工业的生产秩序中。传统的文化经验与现实的时代浪潮，都使其感受到教育的现实价值。在城乡教育资源不均衡的现实背景下，由乡到城的迁移可被视为家庭对于子女教育的自觉的积极回应。不过，乡城迁移家庭由于城市融入上的不畅，缺乏与城市家庭的有效互动，难以建立起教育行动的参照标准。这不仅影响乡城迁移家庭在教育期望上的跟随效果，也进一步影响乡城迁移家庭的城市融入。

从社会存在的角度来看，乡城迁移家庭的迁移对其家庭社会地位的改变是有限的。基于"以职业分类为基础，以组织资源、经济资源和文化资源的占有状况为标准来划分社会阶层的理论框架"❶，乡城迁移家庭大多仍属于社会中下层。但从另一面来说，乡城迁移家庭作为乡村社会向上流动的代表群体，"地位获得的经历及结果自然引起下层后继者及广大社会成员的关注，并被视为向上流动、提升自身社会地位的榜样和希望"❷。古今中外，中下层家庭模仿中上层家庭的行为模式、教养方式几乎不可避免。这种模仿的背后与乡城迁移行为有着相同的逻辑，即对当下处境的不甘。而且，城市化跟随本身也在塑造乡城迁移家庭的自我认同，因为这一教育行动暗含着对家庭教育能力的自信，即认为自己有能力培养出"城里的孩子"。在此意义上，帮助乡城迁移家庭提升教育能力，比帮助乡城迁移家庭"认清阶层差异"更具现实价值，也更能为其所接受。

（三）家庭教育期望的波动性

乡城迁移家庭的教育期望容易受到"中间障碍因素"的影响，进而呈现出较为明显的波动性。城市教育对于乡城迁移家庭兼具拉力和推力，这种波动主要表现为在城市教育竞争压力下，由于父母教育经验的不足、对子女教育支持的有限，从而导致教育期望降低。

首先，社会经济地位和父母教育程度并不会因为迁移本身而改变。由

---

❶　陆学艺，编．当代中国社会阶层［M］．北京：社会科学文献出版社，2018：7.
❷　陆学艺，编．当代中国社会流动［M］．北京：社会科学文献出版社，2018：310.

于父母在教育经历上的先天不足，且未能很好地在城市中建构社会关系，使乡城迁移家庭在教育竞争和教育再生产过程中仍处于比较明显的劣势。其次，家庭的乡城迁移并不是一次完成的，而且在进入城市之后还面临着新的家庭分离问题。当家庭长期处于分离状态时，亲子之间对于教育的理解更易产生差异，进而放大了父母教育能力的不足。最后，乡城迁移家庭的教育期望在代际传递中也会出现一定的偏移。家庭教育期望对子女教育成就的积极影响需要通过子女对此种期望的认同而实现。问题的关键可能不在于"听话"，而在于"听谁的话"。乡城迁移家庭对子女"听老师的话"的要求，其实也是家庭与学校之间的一种互动方式。但这种互动也表现出乡城迁移家庭对于学校教育的依赖，使家庭教育期望也更容易受到子女学业表现的影响。

乡城迁移家庭的确有着较高的教育期望，但"先考上高中再说"的表达方式也说明他们并不像城市中产家庭那样，对子女教育有着清晰的规划和完整的行动方案。那种继承于乡村社会的打工赚钱、为孩子提供物质条件的教育行动，又难以有效应对城市教育的新要求。如果说城市教育资源尚且可以在家庭自身努力的基础上通过迁移来获取，那么父母教育能力的提升则是一个相对漫长的过程。面对家庭层面的教育竞争压力，乡城迁移家庭更容易产生消极抵抗的心态，并体现为家庭教育期望的降低。

当然，从"对最高教育程度的预期"的角度来说，较低的家庭教育期望未必是不良的家庭教育期望。乡城迁移家庭仍然内在地具备某种有别于城市文化的教育价值取向。经济能力并非影响乡城迁移的最主要因素，重要的是对城市生活的切身感知。❶ 但即便是较低的家庭教育期望同样需要得到回应与理解，因为通过家庭教育期望的分析，能够理解当教育作为一种人力资本投资是否会引起这部分家庭持续的兴趣。离开乡土外出谋生，看似是基于自我理性的选择，其实在一定程度上是在时代洪流中的被动应

---

❶ 郎晓波. "乡—城"迁移视野下农民工城市融入的代际差异与社区支持 [M]. 杭州：浙江大学出版社，2019：70-71.

对。当其怀着对子女教育成就的期望走出乡村、进入城市，并且将积累的财产用于对子女的教育投资时，他们需要来自教育的意义支持。

基于乡城迁移家庭在教育期望上的波动，可以认为，他们在生产方式、教养方式、生活方式、文化经验等方面，仍处于由乡村到城市的过渡之中，而不是过渡完成，乡城迁移家庭的教育期望也处于动态的演变过程，而没有"稳定"下来。正因如此，他们或许可以对教育期望做出实用主义的调适，却难以展开进一步的反思。教育作为现代化进程的动力机制之一，需要家庭的积极参与，这种波动是乡城迁移家庭面对教育期望难以实现的可能性时采取的抑制性教育行动，进而影响子女的教育发展。

二、乡城迁移家庭教育期望的形成基础

从较长的时段来看，乡城迁移家庭的教育期望呈现了某种动态的变化。进而言之，乡城迁移家庭的教育期望处于一个塑造与再塑造的过程。一方面，父母对于子女下一阶段以及最高教育获得的期望，与当下的教育获得情况息息相关，这是其家庭教育期望的现实基础。另一方面，父母对于子女的教育期望与自身的乡土背景、城市际遇关系密切，这既是家庭教育期望的文化基础，也是乡城迁移家庭面临的再社会化内容之一。

（一）稳定的城市教育获得是现实基础

随着国家对进城务工人员的子女教育问题的重视，越来越多的进城务工家庭同样有获得城市教育资源的机会。在"当地逻辑"向"属地逻辑"的转变过程中❶，由于城市生活的流动人口并非高度同质的群体，不仅家庭的教养实践"存在诸多内部分化和差异"❷，且他们融入城市及被城市接纳的程度也有较大的内部差异。正因如此，城市在相当程度上是根据

---

❶ 阮成武. 依据常住人口规模配置义务教育资源：逻辑生成与政策优化 [J]. 教育研究，2023（4）：94－105.

❷ 陈彬莉，李英华，袁丽. 阶层、流动与反思：流动人口家庭教养实践的多重逻辑 [J]. 教育学报，2021（3）：119－133.

其所希望接纳的对象来提供子女教学机会和教育资源的。对于具体的乡城迁移家庭来说，他们不仅希望子女能够"有学上"，同时这种希望还随着社会的发展而愈发呈现出"上好学"和"把学上好"的趋势。事实上，许多进城务工家庭出于子女教育的压力而更换工作地、居住地。❶这使乡城迁移家庭有了追求稳定的城市教育资源的内在动力。

流动未必是"无根"的状态，而且社会的横向流动的重要性在当下也得到进一步凸显。但长期处于流动中绝不是理想的状态，这是因为长期处于流动中的家庭，难以有效地建构社会关系，进而导致家庭的教育环境和教育资源也会明显受限。"马克思认为获取权力的关键是占有物质生产资料……但同样重要的是应该将'生产资料'的含义扩展至社会空间和关于分类体系、知识的话语生产，而不应仅限于物质生产。"❷在这个意义上，流动是在城市空间中进行生产，而未必是参与城市空间的生产。

稳定与流动相对应。随着新型城镇化建设的推进，进城务工家庭有了一条新的通往相对稳定生活的途径，即迁移到与家乡邻近的县城或市区生活。"就地城镇化""就近城镇化"与乡城迁移家庭的心理距离和文化距离更近，经济负担和迁移成本更低，而乡城迁移家庭本身也需要这样的短期目标来确证外出务工的价值。迁移确保了子女在义务教育阶段的学校教育资源的稳定获得，而且，稳定的城市教育获取至少意味着子女不是"城市里的陌生人"，也能够避免来自城市家庭的"社会距离"复制到子女身上❸，防止家庭自身的边缘再生产。

主观上的迁移意愿、迁移能力和客观上的迁移条件，共同催生了乡城迁移家庭。相较于随迁子女、留守儿童，乡城迁移本身就是一种对子女的教育期望的体现。当然，对于家庭本身而言，也有可能因为经济压力和看管压力的增大，抑制了进城上学的正向溢出效应。如果将迁移作为一种教

---

❶ 杜旻. 农民工随迁子女教育压力及群体差异 [J]. 河北学刊，2020（5）：164-169.

❷ 张鹏. 城市里的陌生人：中国流动人口的空间、权力与社会网络的重构 [M]. 南京：江苏人民出版社，2019：216.

❸ 王毅杰，王开庆，韩允. 市民对流动儿童的社会距离研究 [J]. 深圳大学学报（人文社会科学版），2009（6）：88-92.

育投入和教育行动的话，无疑能提升并强化乡城迁移家庭的教育期望，不过，子女相对稳定的城市教育获得事实上也对乡城迁移家庭的父母提出了更高的要求，要求他们尽快地融入城市生活、城市文化。在城市教育中，乡城迁移家庭的生产方式决定了其"经济优势"有限。而作为对城市教育资源优势的积极回应，乡村迁移家庭将迁移当作一种教育投入，这在一定程度上也增加了学校教育的消费主义色彩。缺乏就业吸纳基础以及市场化消费负担加重，也给乡城迁移家庭的城市生活和城市融入增添了不稳定因素。

稳定的城市教育获得是乡城迁移家庭追求稳定的阶段性目标，更是他们形成教育期望的现实基础。教育资源的获取情况是引起家庭参与教育、重视教育的关键因素，这依赖于教育资源的拓展与下沉。然则，教育资源下沉与教育竞争分化之间始终存在某种紧张关系，对于稳定的追求，很可能引发新的不稳定，并可能由此产生新的推力与拉力。

（二）重教的乡土传统是文化基础

生儿育女的本能与教养后代的义务在中华民族的传统教育文化中具有统一性。"父母之爱子，则为之计深远。"把家庭责任外推的主张，是儒家文化的一个特点，而外推的关键在于家庭对于子女的教养。从严格意义上来讲，家庭教育是人类再生产的一部分，是生育和养育的延续。家庭是传统文化中祭祀不绝的具体承载物，家庭教育期望体现了人自身再生产的诉求。

重视子女教育、对子女抱有较高的家庭教育期望是乡土文化的核心内容之一。中国家庭的纵向关系在观念上"表现为崇尚孝道，崇拜祖先"[1]。而教养子女乃是"孝"的重要内容和重要体现。孟子有"不孝有三，无后为大"，也有"孝子之至，莫大乎尊亲；尊亲之至，莫大乎以天下养"。祖

[1] 潘允康，林南. 中国的纵向家庭关系及对社会的影响 [J]. 社会学研究，1992 (6)：73－80.

先崇拜的世俗化也进一步确证、强化了亲子之间的伦理责任。❶ 对子女的教养，不仅关系到父母在世时能够得到什么样的奉养，更关系到父母去世之后的能够得到什么样的祭奠——后者的吸引力有时甚至超过前者。一方面，子孙后代的生命存续及成长乃是源于祖先的庇佑；另一方面，祖先能够得到祭奠供奉得益于子孙后代的生活条件。因此，这是一个双向恩荫的过程，父母也会考虑到自己今后可能得到怎样的奉养和祭祀。乡城迁移家庭的教育期望所蕴含的家庭发展同样有着此种考量。也就是说，中国式家庭的利他主义通过这种方式实现了对客观现实的超越，并在时间维度上得到极大延伸。

传统家庭伦理的建构方式经过历史的积淀逐渐形成乡土社会的重教传统。中国传统文化未衍生出西方文化里公共领域与私人领域的紧张区分，尽管家庭与学校之间不可避免地存在某种张力，但是以乡土传统中的重教文化为纽带，家庭也自觉地与学校教育建立关联。对子女教育的期望既是父母保证血脉延续、家风传承的责任，也是父母期望光耀门楣、子女显贵的努力。对于核心家庭来说，子女上学已经成为影响进城务工家庭更换居住地的一个重要事件。❷ 多数乡城迁移家庭也是在此情况下形成的。在这个意义上，在乡土传统中积淀而成的重教传统成为乡城迁移家庭形成并努力实现教育期望的文化根基。

尽管乡村生活在中国传统文化中占据非常重要的地位，但城市在文化方面的强势地位不可忽视。后者借助城墙、城门及城隍庙等礼制建筑形成了"文化权力"。❸ 许倬云认为，中华国家体系之成长包含两个层面：一是向外拓展，即在空间上的扩展；二是向内充实，即体系内部的充实。城市的教育成果"辐射于全国，又从全国吸收了最有潜力的青年学子，不断扩

---

❶ 陈筱芳. 周代祖先崇拜的世俗化 [J]. 西南民族大学学报（人文社科版），2005（12）：296 – 299.

❷ Bai, N S & He Y P. Returning to the Countryside Versus Continuing to Work in the Cities: A Study on Rural Urban Migrants and their Return to the Countryside of China [J]. Social Science in China, 2003（4）：149 – 159.

❸ 鲁西奇. 中国历史的空间结构 [M]. 桂林：广西师范大学出版社，2014：341.

大了读书人的阵营"❶。与之相应的，是诸如散落在乡间的民间书院和私塾，也都不可避免地期望家族子弟能够进入位于城市之中的县学、府学。对于乡村家庭来说，教育是连接城市的有效途径，也是将自身主动编入关于教育期望的意义秩序之中的有效方式。然而，这似乎同时意味着，城市文化的变迁会带动乡村文化的变迁，一旦这种带动存在乏力或者乡村文化的变迁明显滞后于城市文化的变迁，二者就会出现某种文化落差。乡城迁移家庭所要面临的再社会化压力更多源于此。

（三）现实基础与文化基础的松动

乡城迁移家庭的教育期望，有着因稳定的城市教育获得而形成的现实基础和因重教的乡土传统而形成的文化基础。事实上，如果从载向数据进行分析，乡村户籍家庭和进城务工家庭的转向教育期望或较低教育期望都可能得到足够的数据支持。

对于稳定的城市教育获取而言，随着家庭背景在子女教育成就方面的影响日益显著，乡城迁移家庭中子女教育获取的不确定性也日益明显。一方面，以最高教育程度论，家庭教育期望可视为学校教育的延伸。随着社会发展和科技进步，儿童的生活世界也具备了成人生活的流动性、碎片化特征，充斥着市场经济的诸多影响。"成人有意识地控制未成熟者所受教育的唯一方法，是控制他们的环境。"❷ 而乡城迁移家庭因家庭成员分离、家庭再社会化进程不顺畅，对于子女教育成长环境的控制能力未必就随着城市教育资源的获取而得到提升。特别是当学校教育效果无法支撑家庭教育期望的实现时，后者必然会因为受到某种抑制而弱化。另一方面，城市教育资源的获取还不能很好地改变乡城迁移家庭在教育评价体系中的弱势地位。事实上，与其说是家庭教育附庸于学校教育，毋宁说是附庸于学校教育评价制度——尤其是考试制度。乡城迁移家庭需要通过子女的学业成

---

❶　许倬云. 万古江河：中国历史文化的转折与开展［M］. 长沙：湖南人民出版社，2017：509.

❷　杜威. 民主主义与教育［M］. 王承绪，译. 北京：人民教育出版社，2001：25.

就来确认教育期望是"好"的、迁移的教育行动是"有效"的。乡城迁移家庭在教育期望上的模仿与波动，在很大程度上就源于对学校教育评价和学校教育竞争的应对。由于家庭教育期望依附于教育评价制度，那么就有可能出现家庭绕开甚至"僭越"学校教育的主导，由家庭主导的校外补习就是其中典型例子。在很大程度上，校外教育是家庭资本的延伸，是家庭通过私人途径丰富、强化教育获取能力的一种方式。而乡城迁移家庭在家庭资本方面的弱势，抑制了学校教育价值的溢出，也使得这一现实基础产生松动。

对于重教的乡土传统而言，其在现代社会中能够在多大程度上为乡城迁移家庭的教育期望提供支撑也是需要商榷的。一方面，乡土文化的伦理基础在近代以来的社会变迁中不断受到质疑和冲击。"清朝覆亡之后，帝制瓦解仅是冰山一角，更重要的是底层社会结构的重组。"❶ 家庭及其扩大了的家族是乡村社会的底层架构，"建国之后，从合作化、集体化到人民公社，其中都包括了一条改造旧式家庭的线索"❷。然而，这种重组与改造过程并不顺畅，传统伦理的形式与内容对于乡土文化的支撑力度大大下降，由此带来的，则是乡土的重教传统对于乡村民众的吸引力大不如前。另一方面，乡土文化的生活气息在城镇化、工业化进程中也面临新的挑战。"文化，就是吾人生活所依靠之一切。如吾人生活，必依靠与农工生产。"❸ 传统的乡村文化、传统的家庭生活方式显然与传统的农业手工业相适应的，但乡城迁移家庭乃至更多的乡村家庭，在很大程度上已经脱离了农业生产。"由于农业社会的土地不能移以及以家庭为单位的自给自足经济，造成中国人在社会生活中的第一要务是要考虑怎样来保证人际关系的稳定和和谐。"❹ 近代以来的经济社会不断发展，特别是对于一些并不以农

---

❶ 黄进兴. 从理学到伦理学：清末民初道德意识的转化 [M]. 北京：中华书局，2017：136.

❷ 章永乐. 四海之内皆兄弟：近代平等政治中"五伦"话语的突变 [J]. 现代哲学，2015 (6)：37-49.

❸ 梁漱溟. 中国文化要义 [M]. 上海：上海人民出版社，2005：6.

❹ 翟学伟. 人情、面子与权力的再生产 [M]. 北京：北京大学出版社，2020：160.

业生产为主要经济来源的乡村而言，父母不仅对乡土文化有新的理解，对于子女教育也有着新的理解，"读书无用论"的产生往往由于乡村家庭在工业或商业领域找到了新的生活路径。乡城迁移家庭在流动、迁移的过程中，乡土文化的影响会随着家庭再社会化的压力而减弱，进而反映在家庭教育期望的波动上。与之相应的，乡城迁移家庭对于乡土文化的继承与坚守或许也有所松动。

乡城迁移家庭的教育期望同时是自我塑造和被塑造的过程。读书、受教育是为了什么？这是在探讨乡城迁移家庭的教育期望时需要回应的问题，同时也是改善其家庭教育期望的价值基础。可以预见的是，随着国家在教育领域深化改革的推进：教育资源实现区域均衡和城乡一体化发展、教育评价体系得到改革与优化、教育高质量发展格局逐步形成，教育期望将不再是预测教育获得、解释教育不平等的概念工具。着眼于"增强人口发展信心，促进人的全面发展和全体人民共同富裕"，"实现以人口高质量发展支撑中国式现代化"❶，家庭教育期望也将拥有更为坚实的价值基础。随着乡村振兴的推进，乡城迁移家庭在教育期望上的现实基础和文化基础也将更加牢固。

三、回应乡城迁移家庭的教育期望

乡城迁移家庭的教育期望，既体现了对子女教育的预期，也反映了对子女教育的需要。"人民群众的需要，是教育发展真正主要的动力，因为人民群众是稳固的基础，需要是持久的动力。"❷尽管家庭教育期望内在地存在期望与失望的矛盾，但在迈向中国式现代化的历史进程中，教育的改革与发展应当回应乡城迁移家庭的教育期望。

---

❶　仲音．增强人口发展信心，促进人的全面发展和全体人民共同富裕［N］．人民日报，2023 – 05 – 17（004）．

❷　孙培青．感悟教育史［J］．华东师范大学学报（教育科学版），2013（2）：69 – 73.

（一）政府需要推进教育资源的均衡发展

根据前文的分析，在影响乡城迁移家庭教育期望的诸多因素中，学校教育资源的拓展与下沉是极为关键的因素之一。学校教育资源的获取难度、学校教育资源的配置差距会直接影响家庭的教育期望。而从另一个角度看，相对均衡的学校教育资源可以有效缓解家庭社会经济地位和父母教育程度等先赋性因素对于家庭教育期望的限制。

一方面，政府要改善学校教育获取的家庭差异。在乡城迁移家庭的迁移和期望中，城市教育资源的获取始终占据重要位置。而在其进入城市之后，也面临着城市内部的教育资源分化问题。学校教育的获得差异会放大家庭教育期望的差异。如果学校教育资源与私人教育资源优势叠加后，可能致使弱势家庭丧失对教育的积极期望，甚至对教育的信心。"推进教育高质量发展，必须坚持走共享发展之路"。❶ 因此，政府应当持续推动教育优质均衡与一体化发展。在新型城镇化的背景下，政府不仅要注重推动城乡教育一体化发展，还要注重推动城市内部的教育均衡发展，避免城市扩张的过程中出现内部二元分化，从而让更多家庭共享社会发展与教育发展的文明成果，增强乡城迁移家庭更多的教育信心。

另一方面，教育行政部门要强化学校教育在教育评价中的主导作用。评价儿童的维度有很多，内容也有很多，如儿童的道德水平、学识能力、身体素质、艺术修养、生活技能等。问题的关键在于：这种教育评价标准是基于学校教育的基础上制定的，还是在学校教育以外的基础上制定的。在竞争关系占主导的现代社会中，"只有当竞争双方拥有平等机会的时候，竞争关系才被认为是公平的"。❷ 乡城迁移家庭对于校外教育的投入，在很大程度上源于一段时间内校外教育凌驾于学校教育的评价地位。因此，教育部门需要进一步落实教育评价改革，确保学校教育内容与考试评价体系

---

❶ 石中英. 教育高质量发展的政策内涵和实践路径［J］. 人民教育，2022（23）：24－28.
❷ 张康之，张乾友. 共同体的进化［M］. 北京：中国社会科学出版社，2012：218.

的内在一致，避免由于制度设计问题造成学生在升学过程中的流失，进而提升家庭的教育获得感、改善家庭的教育期望。

此外，从乡城迁移家庭的教育期望可以看出，不仅有着对城市学校教育资源的追求，还有着对城市社会教育资源的追求。推进公共文化服务资源的建设与下沉，同样是回应和满足更多家庭对于子女教育期望的重要途径之一。教育是在家庭与国家之间流动的"礼物"，"幸福属于自己，但却是来自他人的礼物，所以没有比给别人幸福更具道德光辉的了"❶。那么，国家作为一个道德实体，就需要向包括乡城迁移家庭在内的家庭提供更均衡、更丰富的教育资源。

（二）学校需要回应不同的家庭教育期望

乡城迁移家庭在教育期望上对于学校教育的依赖，以及由于子女学业表现产生的波动，也需要学校教育的直接回应，并通过此种回应，构建起家庭与学校间的良性互动，共同促进青少年的教育成长。

一方面，学校教育需要回应乡城迁移家庭的"高期望"。乡城迁移家庭对子女普遍抱有较高的教育期望，这种期望既推动着家庭的教育行动，也隐含着家庭的教育风险。由于父母缺乏足够的教育经验，较高的教育期望也可能引发非理性行为，"导致家长产生失败感和焦虑感"❷，也导致子女承受较大的教育压力。学校作为教育的"专家系统"，对于教育风险有着更为深刻和清晰的认知，应当积极回应乡城迁移家庭的教育期望，帮助父母们更理性地认识到子女的发展倾向、理解子女成长的可行路径，避免家庭陷入盲目的教育过度式教育放弃的困境。此外，在推进家校协同的过程中，学校应及时向家庭反馈儿童的学校生活表现，并了解儿童在家庭生活中的表现，指导父母们合理、有效地设定并实现教育期望。

另一方面，学校教育也需要回应乡城迁移家庭的"低期望"。随着社

---

❶ 赵汀阳. 论可能生活 [M]. 北京：中国人民大学出版社，2010：147.
❷ 洪明. 论新时代我国家庭教育的基本理念 [J]. 河北师范大学学报（教育科学版），2022 (1)：94－100.

会发展日益多元，教育不仅要为下一阶段的教育做准备，更要"让每个人都有人生出彩的机会"。面对教育竞争压力，乡城迁移家庭可能会产生较低的教育期望。但是较低的教育期望并不意味着对教育没有期望，而事实上较高的教育期望也难以全部实现。即便所有人的"最高教育程度"都达到了最大化，在"最高教育程度"内部仍会生发出新的结构性差异。"差异尚在不同社会阶层间、经济社会发展水平不同的地域间，当然也一定在同一阶层、同一地域的不同个人间——与教养与性情均应有关。"❶ 家庭教育期望的差异具有合理性，也在一定程度上体现着儿童禀赋的差异。因此，学校教育应当理解不同家庭对于子女教育的不同预期。当然，学校还需要通过与乡城迁移家庭之间的良性互动，了解这种较低期望的形成原因，防止"反学校文化"和"读书无用论"的出现。

学校教育是教育价值观念的具体承载。学校教育之所以需要回应乡城迁移家庭的教育期望，除了建构良性的家校互动关系，它也是将现代教育价值观念注入家庭之中。事实上，由于学校教育的兴起，学者们才有了对家庭更多的教育期许。"家庭是产生国民的地方，其使命最重要的，便是训练教养国民，使成为健全的，有用的公民，这是非常明显的。"❷ 人的教育成就必然存在差异，一旦陷入对教育成就的高低贵贱判断之中、陷入对教育期望的高低贵贱的区分，家庭就有可能因为实现不了教育期望而放弃教育本身，而这正是学校教育需要避免的。

（三）社会需要关注家庭的教育行动环境

家庭教育期望不仅预示着对子女教育成果的预期，还会转化为父母具体的家庭教育行动。无论社会如何怎么发展、家庭结构如何变化、学校教育如何发达，家庭对于子女的教育影响都是难以替代的。"对于子女来说，家庭的教育者是无法选择的，不管合格不合格，称职不称职，是家长，是

---

❶ 赵园. 家人父子：由人伦探访明清之际士大夫的生活世界 ［M］. 北京：北京大学出版社，2015：10.

❷ 辜鸿铭. 中国人的精神 ［M］. 海口：海南出版社，1996：3.

父母，就是子女的监护人，教育者。"❶ 因此，在乡城迁移家庭的父母教育程度普遍较低的情况下，提升他们的教育行动能力、优化他们的教育行动环境，就显得尤为重要。

一方面，政府和社会需要着力改善家庭内部的教育行动环境。家庭为子女的教育提供基础的生活环境，家庭生活环境的优劣就会直接影响到家庭的教育行动。许多家庭在迁移的过程中，家庭自身的完整性难以得到保障。子女的教育成长在一定程度上脱离了具体的家庭生活环境，真实性和完整性大打折扣。家庭结构和家庭生活的简单化，不仅使得乡城迁移家庭难以在城市中构建社会关系，同时"对孩子的教育和社会心理发展带来负面的影响"❷。因此，迁入地政府和相关社会力量可以通过创造更多的就业机会，提高家庭在迁入地的经济收入和生活水平，以满足亲子共同居住的物质需求和情感需求。"与其他影响因素交叉的实证研究也使我们认清，经济因素至关重要，没有经济基础，很难仅仅从文化上维持教育信念。"❸改善家庭实际的生活环境，是优化其教育行动环境、增强其教育行动能力的物质基础。在此基础上，相关部门或社会力量还可以通过家长学校、家庭教育指导服务等途径，帮助乡城迁移家庭的父母进一步提升教育能力，从而更好地形成和传递家庭教育期望。

另一方面，政府和社会需要着力优化家庭的外部教育环境。在乡城迁移家庭的教育期望中，深刻反映出家庭对于外部教育环境的追求。学校、家庭、社会协同育人，不仅意味着三者需要共同参与儿童教育成长的过程，还意味着三者需要构建一个教育共同体。学校、家庭、社会要形成育人合力，至少须具备合作的现实基础，即三者之间不能存在明显的级差。因此，优化家庭的外部教育环境，是为了帮助家庭更好地探寻教育的可能

---

❶ 黄河清. 家庭教育与学校教育的比较研究 ［J］. 华东师范大学学报（教育科学版），2002（2）：28－34，58.

❷ 吴愈晓，王鹏，杜思佳. 变迁中的中国家庭结构与青少年发展 ［J］. 中国社会科学，2018（2）：98－120，206－207.

❸ 陆一. 从家庭教育期望入手认识教育治理问题 ［J］. 全球教育展望，2021（11）：45－58.

生长点，并进而激发家庭的教育协同意愿和协同能力。但在实践中，学校、社会等外部环境在彰显自身优势的同时，未能兼顾到不同家庭的参与能力，"致力于填补家校之间自主空间的家长参与，却激化了已经存在的不平等"，导致"家校之间成为阶层运作的重要场域空间"。❶ 那么，学校、家庭、社会的教育共同体很可能会异化为一部分人的"共同体"。因此，在推进协同育人的过程中，学校、社会既需要着力提升父母的教育能力，又要避免相关要求与乡城迁移家庭所具备的教育条件的差距过大，以循序渐进的方式将乡城迁移家庭融入城市教育共同体当中——这个共同体不仅是物质层面的，也应当是文化层面的。

恩格斯在评价亲属制度时，引用了摩尔根的著名论断："家庭是一个能动的要素；它从来不是静止不动的，而是随着社会从较低阶段向较高阶段的发展，从较低的形式进到较高的形式。"❷ 这便是家庭发展的历史规律，而家庭的流动、家庭的迁移、家庭的城乡融合都展现出家庭的历史变迁。在此背景下，为发挥家庭教育期望之于子女教育成长的积极作用，政府和社会需要进一步关注家庭自身的建设，以让其更好地融入协同育人体系。

四、家庭教育期望的研究展望

家庭教育期望内在地包含着实现与落空、希望与失望的矛盾。通过乡城迁移家庭的教育期望，可以发现这种根植于生活之中的期望有着具体的时代背景和文化背景。一如不同时代、不同社会的学者对于人的培养的构想，"卢梭的'自然人'是田园式的、合理的，相反，尼采的'自然人'是狄俄尼索斯式的、反理性的。也就是说，前者充满了一种启蒙运动的愿

---

❶ 沈洪成. 激活优势：家长主义浪潮下家长参与的群体差异 [J]. 社会，2020 (2)：175 – 210.

❷ 恩格斯. 家庭、私有制与国家的起源 [M]. 中共中央马克思恩格斯列宁斯大林著作编译局，编译. 北京：人民出版社，2018：30.

望，后者则充满了帝国主义的愿望"❶。不同的时代背景与文化背景造就了各异的教育图景和不同的教育期望。在当代中国社会，家庭教育期望"是弥漫在当代中国、浸入社会肌理已久的对现代性的热切追求以及对于发展的渴望"❷。而随着教育规模扩大，特别是高等教育的普及，不同家庭对于发展的理解既有共性，也有多元的取向。对于家庭教育期望的研究，需要立足中国的文化语境与时代变迁。

（一）进一步丰富家庭教育期望的伦理意义研究

基于对乡城迁移家庭的研究，教育期望反映出家庭对未来生活可能性的展望，并且在此种可能性中体验当下的生活。传统家庭文化中的"恩义"观念，使得中国的父母往往有着较高的教育期望，并且愿意为子女的教育成长倾尽全力。因此，家庭的教育行动还具有鲜明的伦理意义。

教育与期望都指向未来的某种可能性。"强调将来的某种可能性，本身就是一种创造性活动。"❸家庭教育期望本身内涵丰富，而且未能实现的教育期望同样是一种创造性的活动，正如迁移本身就是一种行动、一种改变。因此，不仅需要从家庭地位的传递或流动来理解家庭教育期望，还需要将家庭教育期望置于生活伦理的视阈中进行理解。家庭教育期望，固然可以用最高教育程度的结果来进行衡量，但也指向生活本身的精神自足。

家庭是国家的细胞和基础，家庭建设的水平关乎国家的文明程度，家庭的发展能力也关乎国家的发展。"人在本质上是社会性的。"❹强调家庭教育期望的伦理意义，并非消解教育社会学从社会结构与教育功能对家庭教育期望的理解，相反，在特定社会结构形式下，家庭才会产生某种期

---

❶　恩斯特·布洛赫. 希望的原理（第1卷）［M］. 梦海，译. 上海：上海译文出版社，2012：59.

❷　向伟. 治理欲望：当代中国教育的文化分析——评《治理教育欲望：中国的文化、政治与学校教育》［J］. 社会发展研究，2016（4）：217–229.

❸　郝大维，安乐哲. 孔子哲学思微［M］. 蒋弋为，李志林，译. 南京：江苏人民出版社，2018：35.

❹　亚里士多德. 尼各马可伦理学［M］. 廖申白，译. 北京：商务印书馆，2003：18.

望；在特定教育功能下，教育才会为家庭所期待。而基于家庭教育期望的伦理意义，我们能够更好地理解为何中国家庭的教育期望普遍更高，能够更好地理解那些未能实现的家庭教育期望有何意义。如此，我们便能够更好地支持、回应与促进家庭教育期望的形成与实现。

（二）进一步关注不同群体的家庭教育期望研究

"办好人民满意的教育"彰显了我国以人民为中心的发展教育的价值追求。"人民既是一个整体，又由不同的社会群体构成，同时包含着具体的个体"❶，不同群体、不同家庭对于子女的教育期望各不相同，而不同的青少年的发展禀赋也不尽相同。社会的融合发展需要兼顾不同群体的发展现状和发展期望，就教育而言，也需要兼顾不同群体、不同家庭的教育现状和教育期望。

随着我国经济社会的发展和教育规模的扩大，不同社会群体对于子女教育的理解、期望和需求也日益多元。乡城迁移家庭、流动家庭和留守家庭乃至城市家庭、乡村家庭等，对于子女教育都可能有着不同的期望。要引导家庭基于子女发展特点形成不同的教育期望，需要建立在理解不同家庭对于子女教育的需求之上。由此，我们才能够更好推动不同群体的社会融合，使他们不仅共享教育资源，也共享教育价值观念。在促进共同富裕的过程中，"通过社会融合和发展先进文化来减少收入差距带来的社会冲突"❷，需要我们在大力推动教育均衡发展的同时，关注不同群体在家庭教育期望上的具体表达。

青少年只有在适合自己成长的道路上，才可能得到最好的成长。对不同群体的家庭教育期望的关注，核心在于克服某种单一的评价标准，继而避免"分数拜物教""竞争拜物教"的错误价值导向，避免家庭滋生"教育无法转化为教育分数，教育竞争就是失败"的错误教育认知，推动教育

---

❶ 吴向东．以人民为中心的发展观［N］．光明日报，2018-01-15（015）.

❷ 郁建兴，任杰．共同富裕的理论内涵与政策议程［J］．政治学研究，2021（3）：13-25，159-160.

期望回归教育，使教育期望回归生活。"长者不为有余，短者不为不足。是故凫胫虽短，续之则忧；鹤胫虽长，断之则悲。"（《庄子·骈拇》）在这个意义上，不仅需要理解差异性的家庭教育期望，更需要建构与之适配的差异化教育评价体系，从而真正营造人人出彩的、各展其能的社会生态。这也是"加快建设高质量教育体系"的题中应有之义。

（三）进一步提升乡土文化对于家庭教育期望影响的研究

乡城迁移家庭在其教育期望的形成、实践与演变过程中，明显受到乡土文化的影响，父母的教育价值观念具有浓厚的乡土文化色彩。诚然，乡土社会较大程度留存着传统文化基因，中国传统上有"重教勤学""万般皆下品，惟有读书高"的风气，但近代以来，乡村社会所遭遇的文化阵痛并不亚于城市。特定时空范围内的乡土文化既可能成为高教育期望形成的影响因素，也可能是低教育期望形成的影响因素，后者有时候也构成乡土环境中"读书无用论"的文化根源。

一方面，城市文化和城市教育构成乡土社会的文化屏障。不可否认，乡土文化确实能够在一定程度上抵消家庭在经济上的弱势。不过，从某种意义上讲，将乡土文化与传统文化相绑定的教育逻辑是在文化层面延续城乡二元结构。"若一味固守为农教育而淡忘农村城市化的大趋势，便会导致一种偏狭的文化实用主义。"❶ 对于乡村家庭来说，复制城市家庭的教育模式有助于加速自身的现代化进程，从而能够较快地与城市家庭处于相当的教育发展水平。正如阿尔夫·托夫勒对"接受划一性的教育，吸收划一性的大众文化，并被迫适应划一性的生活方式"的批评❷，风格化的形成需要跨越标准化的发展阶段。只有达到相当的发展水平时，乡村家庭、乡城迁移家庭才更可能形成乡土传统文化、乡土文化的自觉，而基于城乡落差的"文化特色"难以持续。事实上，中华传统文化根植于农耕文明，农

---

❶ 于翠翠，朱成科. 农村基础教育培养目标"内卷化"解析［J］. 现代教育管理，2010，（3）：50－53.

❷ 阿尔文·托夫勒. 未来的冲击［M］. 黄明坚，译. 北京：中信出版集团，2018：230－231.

民的劳作是中华古代文明的物质基础，然而彰显盛唐气象的是长安，见证北宋风雅的也是汴梁。近代以来，城市文化的衰退与乡村文化的凋敝几乎同步。在应对文化冲击时，农村并没有特别的文化屏障，恰恰相反，城市与城市教育才是这种文化屏障的所在。理解乡土文化的两面性以及理解城市文化和城市教育的屏障作用，有助于我们进一步回应和改善乡城迁移家庭的教育期望。

另一方面，乡城迁移家庭在城市居住地的区位，及其与乡土文化的相似程度，都会影响家庭的社会融入和教育期望。随着社会经济的发展、教育规模的扩大，以及家庭教育支出承受能力的提升，尽管家庭教育期望仍然延续着某种城乡差异，但是乡村家庭在迁移至城市生活居住后确实能够有效改善家庭教育期望。乡城迁移家庭在教育期望上的改善动力除了源于学校教育环境的改善外，还可能来自比较对象的改变。一如美国学者易劳逸（Lloyd E. Eastman）所指出的那样，中国农民在进入城市之后即便面临着诸多生活困难，然而通过与那些仍在乡村生活的亲友相比较，他们还是能够认可自身现状，并愿意为之继续奋斗。❶ 随着城镇化进程加快，越来越多的农村家庭不仅离开农村、进入城市，而且更不愿意回到农村环境中生产生活。这使得他们的比较对象也发生了相应改变。从某种程度上来说，正是出于这种比较，让他们对于子女教育有了更多的期望。而当我们基于这种比较时，便能体会到乡城迁移家庭在教育期望上的波动。那么，同一城市中的不同学校，由于发展历程、生源家庭背景等因素，使乡城迁移家庭的融入程度也差异明显。例如，一些城郊学校、乡镇学校受办学条件的限制，将有限的教育资源集中于考学上，将升学录取率作为主要的办学目标。这种现象在网络上被称为"小镇做题家"，虽然没有褒义，但由于教育价值观念的相近，乡城迁移家庭往往更容易融入这样的教育环境之中。相反，一些旨在吸引乡村家庭购房置业的新建社区既缺乏文化传统，

---

❶ 易劳逸. 家族、土地与祖先：近世中国四百年社会经济的常与变［M］. 苑杰，译. 重庆：重庆出版社，2019：396－397.

也缺少社区文化建设。为此，这些社区周边的新建学校更需要承担起建构教育价值观念的责任，帮助乡城迁移家庭进一步提升对教育参与而不仅仅是教育投入的关注，进而更好地改善他们的家庭教育期望。

家庭与学校、期望与现实、均衡与差异，揭示了家庭教育期望在内涵与外延上的复杂性，乡城迁移家庭的教育期望具体体现了这种复杂性。"同人民群众期待相契合"是推进教育现代化的重要内容之一，也是重要着力点之一。在此，可以引用恩格斯的一段话作为本研究的收尾。在这段话中，恩格斯深刻分析了期望、由期望而产生的行动、期望的实践与期望的实现等方面的辩证关系。这对于我们更好地理解、支持、改善乡城迁移家庭教育期望具有指导性的理论价值：

无论历史的结局如何，人们总是通过每一个人追求他自己的、自觉预期的目的来创造他们的历史，而这许多按不同方向活动的愿望及其对外部世界的各种各样作用的合力，就是历史。……但是，一方面，我们已经看到，在历史上活动的许多单个愿望在大多数场合下所得到的完全不是预期的结果，往往是恰恰相反的结果，因而它们的动机对全部结果来说同样地只有从属的意义。另一方面，又产生了一个新的问题：在这些动机背后隐藏着的又是什么样的动力？在行动者的头脑中以这些动机的形式出现的历史原因又是什么？……因此，如果要去探究那些隐藏在——自觉地或不自觉地，而且往往是不自觉地——历史人物的动机背后并且构成历史的真正的最后动力的动力，那么问题涉及的，与其说是个别人物，即使是非常杰出的人物的动机，不如说是使广大群众、使整个整个的民族，并且在每一民族中间又是使整个整个阶级行动起来的动机；而且也不是短暂的爆发和转瞬即逝的火光，而是持久的、引起重大历史变迁的行动。❶

孔子曾言："老有所终，壮有所用，幼有所长。"孔孟之道奠定了中华民族对于理想大同社会的追求，也奠定家庭教育期望的文化基础。家庭教

---

❶　恩格斯. 路德维希·费尔巴哈和德国古典哲学的终结 [M] //中共中央马克思恩格斯列宁斯大林著作编译局，编译. 马克思恩格斯文集（第四卷）. 北京：人民出版社，2009：302 - 304.

育期望的形成并不等同于家庭教育期望的实现，但是家庭教育期望所引发的教育行动及其背后所蕴含的生活追求，揭示了当代中国教育变迁乃至社会变迁的家庭动力：更好的教育、更好的生活、更好的发展。国家对家庭教育期望的改善与支持，其深刻内涵在于维持这一历史动力，并通过这种动力为儿童的健康成长营造更为良好的教育环境，推动并实现家庭与国家的共同发展。

附　录

附录1　家庭教育期望调查问卷※

家长您好：

感谢您填写此问卷！本问卷用于研究家庭教育期望的影响因素和改善路径，请您根据实际情况回答。

本问卷除研究外，不作他用，并保证大家的信息安全。

再次感谢您的作答。

2021 年 11 月

1. 您的性别：[单选题]

○男　　　　　　○女

2. 您的年龄：[单选题]

○30 岁以下　　○30 ~ 35 岁　　○35 ~ 40 岁　　○40 岁以上

3. 您的学历：[单选题]

○初中及以下　○中专　　　　○高中　　　　　○大专

○本科　　　　○研究生

4. 您爱人的学历：[单选题]

○初中及以下　○中专　　　　○高中　　　　　○大专

○本科　　　　○研究生

5. 孩子的性别和数量：[单选题]

○男　　　　　○女　　　　　○两个男孩　　　○两个女孩

※　为保持行文一贯，此处涉及地名的以"沙市""沙区"替代。实际下发的问卷中，该处为现实中的地名。

○一男一女及更多

6. 您的孩子目前就读年级：［多选题］

□一年级　　　　□二年级　　　　□三年级　　　　□四年级

□五年级　　　　□六年级　　　　□七年级　　　　□八年级

□九年级

7. 家庭原户籍所在地是：［单选题］

○沙区　　　　　　　　　　　○沙区的乡镇村

○沙市其他县的城区　　　　　○县的乡镇村

○其他省市

8. 家庭现户籍所在地是：［单选题］

○沙区　　　　　　　　　　　○非沙区

9. 请问您的住房情况是：［单选题］

○在市区自有房子　　　　　　○在市区租住房子

○孩子的爷爷奶奶在市区有房　○借助亲戚家的房子

10. 请问您家庭中主要经济收入的工作是：［单选题］

○公务员、事业单位职工　　　○国有企业职工（不含合同制员工）

○教师　　　　　　　　　　　○私企职工、国企合同制员工

○个体户　　　　　　　　　　○其他

11. 请问您是否有过外出务工或个体经营经历：［单选题］

○有（请跳至第 12 题）　　　○没有（请跳至第 13 题）

12. 如有务工经历，请问是在：（没有则跳过［单选题］）

○本市　　　　○本省外市　　　　○外省

13. 请问目前孩子的父母一方或双方是否还有在本区以外：［单选题］

○有，个体经营　　○有，务工　　○没有

14. 请问您家中孩子教育支出占到家庭开支的比例是：［单选题］

○10%～20%　　○20%～30%　　○30%～40%　　○40%以上

15. 请问您对孩子的教育要求是：［单选题］

○中专　　　　○高中及大专　　○本科　　　　○硕士及以上

16. 请问您对"就是为了小孩上学而买房"的态度是：［单选题］

　　○十分同意　　　○比较同意　　　○一般　　　　○比较不同意
　　○十分不同意

17. 请问您对"我每天都会陪伴孩子做作业，并交流学校情况"的认同是：［单选题］

　　○十分同意　　　○比较同意　　　○一般　　　　○比较不同意
　　○十分不同意

18. 请问您对"我会详细规划孩子每个阶段的教育任务"的认同是：［单选题］

　　○十分同意　　　○比较同意　　　○一般　　　　○比较不同意
　　○十分不同意

19. 请问您对"孩子一定要超过父母"的态度是：［单选题］

　　○十分同意　　　○比较同意　　　○一般　　　　○比较不同意
　　○十分不同意

20. 请问您对"孩子不读书就没有前途"的态度是：［单选题］

　　○十分同意　　　○比较同意　　　○一般　　　　○比较不同意
　　○十分不同意

21. 请问您对"孩子快乐更重要"的态度是：［单选题］

　　○十分同意　　　○比较同意　　　○一般　　　　○比较不同意
　　○十分不同意

22. 请问您对"学历高就是有本事的表现"的态度是：［单选题］

　　○十分同意　　　○比较同意　　　○一般　　　　○比较不同意
　　○十分不同意

23. 请问您对"学历高就能找得到好工作"的态度是：［单选题］

　　○十分同意　　　○比较同意　　　○一般　　　　○比较不同意
　　○十分不同意

24. 请问您对"读中专不如直接去工作"的态度是：［单选题］

　　○十分同意　　　○比较同意　　　○一般　　　　○比较不同意

○十分不同意

25. 请问您对"孩子读不好书就自己做生意"的态度是：[单选题]

○十分同意　　　○比较同意　　　○一般　　　○比较不同意

○十分不同意

26. 请问您对"孩子会读书就一直读，不会读也没办法"的态度是：[单选题]

○十分同意　　　○比较同意　　　○一般　　　○比较不同意

○十分不同意

27. 请问您对"我对辅导孩子作业感到困难"的态度是：[单选题]

○十分同意　　　○比较同意　　　○一般　　　○比较不同意

○十分不同意

28. 请问您对"教育竞争大，感到无能为力"的态度是：[单选题]

○十分同意　　　○比较同意　　　○一般　　　○比较不同意

○十分不同意

29. 请问您对"就算孩子学习不好，我也会继续对孩子保持要求"的态度是：[单选题]

○十分同意　　　○比较同意　　　○一般　　　○比较不同意

○十分不同意

30. 请问您购房时优先考虑的是：[单选题]

○上班方便　　　　　　　○小区环境

○小孩上学方便　　　　　○价格合适

31. 请问您有给孩子报名校外辅导培训班吗？[单选题]

○有，艺体类培训　　　　○有，学科类培训

○以上皆有　　　　　　　○以上皆无

32. 请问以下哪些家庭教育内容符合您目前的真实情况：[多选题]

□进行作业辅导

□带孩子参加公益活动、社区活动

□带孩子参观博物馆、图书馆、美术馆等公共文化设施

□家庭外出旅行或户外游玩

□在家中自己教或者督促孩子学习书法、绘画、艺术等

□在家中给孩子讲自己的成长经历

□向孩子表达对他（她）的成长期望

33. 请问您能够接受孩子读中专吗？［单选题］

○能接受 　　　　　　　　　○专业好能接受

○可以考大专能接受 　　　　○不能接受

34. 请问您来沙区买房前对孩子的教育要求是：［单选题］（没有则跳过）

○中专 　　　　　　　　　　○高中及大专

○本科 　　　　　　　　　　○硕士及以上

附录2　乡城迁移家庭的子女命题访谈文本（节选）

问题：

各位同学，在你教育成长的过程中，你的父母肯定有着相应的期望和要求。有些期望可能通过你的努力实现了，比如，希望你考100分；有些期望可能是对未来的美好愿望，比如考个好高中、考个好大学，希望你找份好工作；当然也有些期望难以实现……

为了你的教育，父母可能要外出打工、可能要搬到城里。那么，你的父母对你都有哪些教育期望呢？你是怎么看待父母对你的教育期望呢？在你的成长历程中，父母有哪些事情对你的感触特别深呢？

选择以上一个话题，写下你的思考。（不少于500字）

序号	题目❶	姓名	内容	关键词1	关键词2	关键词3
1	教育的期望	Liu	从小到大，我基本上是听父母的意见，也是按照他们说的做。但是随着我年龄的增加，我其实渐渐地产生自己的想法。可是，他们仍是按他们自己的来，我非常不赞同。	听从	不赞同	
2		Lin Y	"你长大了，你是个成熟的人了。" "我应该有梦想！"	梦想	成熟	
3		Xiang H	当今社会，每个家庭教育方式不同，教育思想和理念各有各的风格，各有各的教育方式。	教育方式	理念	多元
4	父母对我们的期望	Wang L	每个家长都希望自己的孩子成功，可是一些孩子却一次又一次喜闻乐见父母的期望，我想还坚持下去，因为书是给我读的。	压力	成功	坚持

❶　小部分文本有写题目，给予保留。学生姓名按姓氏拼音和名字第一个字的首字母进行标注。部分学生的文本是写在本子上，任课教师将该页单独转交，故在获得的材料上未体现姓名。

序号	题目	姓名	内容	关键词1	关键词2	关键词3
5		Zhuo Y	父母的期待，有时候会让我感到疲惫，但我也从中感受到父母对我的关心，明白他们的良苦用心，以后要竭尽自己所能，不让父母失望。	关心	疲惫	
6		Wu K	不过我还是有去为那个目标努力的。虽然父母给我定了一个较高的目标，但偶尔考不好他们也不会责怪。	目标	努力	
7		Lin J	教育期望只有对孩子有益处，才能促进孩子更好的学习与进取。当今家庭中，孩子是父母最为关心的，大多数父母对孩子都抱有较高的教育期望，他们望子成龙。	快乐	学习	
8		Zhou W	虽然，我成长历程中，我的父母没有对我有过多的干涉与约束，但对我也抱有一些学习上，也就是教育上的期望。这期望非常普通，非常平凡，与一些想要让孩子望子成龙的家长都没办法比，但这里面却包含着父母浓浓的爱。	爱	人生目标	努力
9		Zhou X	面对父母的教育期望，我会好好努力，更加自律、独立，在面对问题时好好想解决办法，不骄不躁，谦虚谨慎，不让生我养我的父母失望。	努力	自律	失望
10		Wang S	我的父母属于让我"野蛮生长"，但是又引导我的类型。他们会与我在其中，框出一个大致范围，然后让我在其中大展拳脚，默默地在背后支持我。	支持	守护	
11		Ye L	我父亲的期望大多是不合理的，简直难于上青天的；我母亲对我的教育期望就较为合理。	合理期望	父母差异	
12		Feng S	有时候我真的觉得对我管太严了，如果没有那么严，如果能多让我出去玩，而不是一边说我天天窝在家里一边让我不要乱出去玩就好了。	笼中鸟	严格管理	

序号	题目	姓名	内容	关键词1	关键词2	关键词3
13	父母对我的期望		我也要努力成为他们期待的样子，即使不一定能成功，但也要去努力。随着年龄慢慢增长，我也理解了父母的良苦用心，所以我们要多理解父母，多孝敬他们。	成绩	目标	
14	怎么看待父母的期望		我父母对我的期盼很高，一直让我做自己不喜欢做的事情，我也被限制了自由。	高期望	自由	
15	感触最深的事		我在路边看上了一个玩具，我妈妈虽然多说了几句，但还是给我买下了，也许父母的爱不是物质上的，而是一种怎么说呢？反正就是爱，都十年前的事情了，到现在我还久久不能忘怀，真的，那个时候我肯定很爱我妈。	爱		
16			我不一定会给他物质要件，而是让他自觉去完成，就像每个人就算起得很晚，照样要起床的，我会让我孩子从小有愿望，从小独立，毕竟，成熟靠的不是岁月，而是经历。	物质条件	经历	
17			小时候父母对我很好，吃穿住都很好，也没有什么目标只是希望我能平平安安的就可以了，可长大后父母对我的目标越来越多。	压力	越来越多	
18		Hu S	当然长大以后我们要会陪孩子，让孩子感受父母对他的爱和关心提高他的价值感和存在感，如果孩子不喜欢什么就不做，喜欢什么不激励他去做，如果不敢也要去，因为他喜欢。	陪伴	鼓励	
19	父母的期望	Mao C	但父母给孩子的压力最好不要太大压力有时不是好事，不但不会对孩子的发展有帮助还可能让孩子抑郁或暴躁。	有苦有乐	压力	
20		Ye G	父母对我们的期望是或多或少都有想让自己的孩子上个好点的大学，可以进入大公司多赚一点钱，不用像自己一样辛苦。但有一些父母可能是对自己的孩子期望太高，所以现在有一些孩子才会选择让自己一了百了的方法。	压力	大学	

序号	题目	姓名	内容	关键词1	关键词2	关键词3
21		Chen M	我们作为父母的孩子，父母难免会提一些对我们的期望，但这些期望有时我们会觉得太难，太长远。父母的期望都是为了我们有一天走上社会的时候，可以有能力赚钱，过上更好的生活，毕竟，谁不希望自己的孩子好呢。	困难	太远	
22	母亲的期望	Huang S	从小我的母亲对我的期望就很高，而且随着我的年纪日渐增长，她也逐渐变高，犹如沉重的枷锁令我喘不过气来。 她对我的期盼只有无限，我知道父母都希望子女望子成龙，望女成凤可我真的没有那么优秀，我平平无奇，很普通。对不起! 我承受不了您的期盼。	考试	变高	普通
23	父母的期望与我的看待		每个父母总是希望自己的儿女达到自己的期望，天下父母哪有不期望孩子好的，又哪有不知父母者，不过是不愿罢了，装疯卖傻罢了。	希望	理解	伪装
24	我想对父母说		爸爸、妈妈我深知你们的不易，除了房贷、房租，还有两个孩子要养，但你们能在百忙之中抽出一丁点时间，来陪陪我吗? 就我一个人，不包括弟弟。	陪伴	关爱	

主要参考文献

一、著作类

［1］马克思.《政治经济学批判》序言［M］//中共中央马克思恩格斯列宁斯大作编译局，编译. 马克思恩格斯文集（第二卷）. 北京：人民出版社，2009.

［2］恩格斯. 家庭、私有制和国家的起源［M］. 中共中央马克思恩格斯列宁斯大林著作编译局，编译. 北京：人民出版社，2018.

［3］毛泽东. 矛盾论［M］//毛泽东选集（第一卷）. 北京：人民出版社，2006.

［4］本书编写组. 习近平总书记教育重要论述讲义［M］. 北京：高等教育出版社，2020.

［5］本书编写组. 习近平关于注重家庭家教家风建设论述摘编［M］. 北京：中央文献出版社，2021.

［6］司马迁. 史记［M］. 韩兆琦，评注. 长沙：岳麓书社，2004.

［7］颜之推. 颜氏家训［M］. 檀作艾，译注. 北京：中华书局，2011.

［8］朱熹. 四书章句集注［M］. 北京：中华书局，1983.

［9］王阳明. 王阳明全集［M］. 吴光，镂明，董平，等，编校. 上海：上海古籍出版社，2014.

［10］颜元. 颜元集［M］. 王星贤，张芥尘，郭征，点校. 北京：中华书局，1987.

［11］蔡玉萍，彭铟旎. 男性妥协：中国的城乡迁移、家庭和性别［M］. 北京：生活·读书·新知三联书店，2019.

［12］蔡元培. 中国伦理学史［M］. 北京：商务印书馆，1999.

［13］陈文琼. 半城市化：农民进城策略研究［M］. 北京：社会科学文献出版社，2018.

［14］陈向明. 质的研究方法与社会科学研究［M］. 北京：教育科学出版社，2020.

［15］程猛. "读书的料"及其文化生产：当代农家子弟成长叙事研究［M］. 北京：中国社会科学出版社，2018.

［16］费孝通. 乡土中国［M］. 北京：人民出版社，2015.

［17］费孝通. 生育制度［M］. 上海：华东师范大学出版社，2019.

［18］冯建军. 教育基本理论研究 20 年（1990—2010）［M］. 福州：福建教育出版社，2012.

［19］戈艳霞. 分化的逻辑：职业期望、教育获得与社会流动［M］. 北京：社会科学

文献出版社，2021.

[20] 耿占春. 失去象征的世界：诗歌、经验与修辞［M］. 北京：北京大学出版社，2008.

[21] 辜鸿铭. 中国人的精神［M］. 海口：海南出版社，1996.

[22] 贺雪峰，袁松，宋丽娜. 农民工返乡研究——以 2008 年金融危机对农民工返乡的影响为例［M］. 济南：山东人民出版社，2010.

[23] 胡朝阳. 清代中后期儒者的儒教意识［M］. 北京：国家图书馆出版社，2010.

[24] 胡德海. 教育学原理［M］. 北京：人民教育出版社，2013.

[25] 黄进兴. 从理学到伦理学［M］. 北京：中华书局，2017.

[26] 黄庭康. 批判教育社会学九讲［M］. 北京：社会科学文献出版社，2017.

[27] 金生鈜. 保卫教育的公共性［M］. 福州：福建教育出版社，2008.

[28] 郎晓波. "乡—城"迁移视野下农民工城市融入的代际差异与社区支持［M］. 杭州：浙江大学出版社，2019.

[29] 李强，刘精明，郑路，编. 城镇化与国内移民：理论与研究议题［M］. 北京：社会科学文献出版社，2015.

[30] 李小云. 贫困的终结［M］. 北京：中信出版集团，2021.

[31] 刘保中. 家庭教育投入：期望、投资与参与［M］. 北京：社会科学文献出版社，2021.

[32] 联合国教科文组织. 一起重新构想我们的未来：为教育打造新的社会契约［M］. 北京：教育科学出版社，2022.

[33] 梁漱溟. 中国文化要义［M］. 上海：上海人民出版社，2005.

[34] 刘精明. 教育公平与社会分层［M］. 北京：中国人民大学出版社，2015.

[35] 鲁西奇. 中国历史的空间结构［M］. 桂林：广西师范大学出版社，2014.

[36] 陆学艺. 当代中国社会阶层［M］. 北京：社会科学文献出版社，2018.

[37] 马镛. 中国家庭教育史［M］. 长沙：湖南教育出版社，1997.

[38] 缪建东. 家庭教育社会学［M］. 南京：南京师范大学出版社，2001.

[39] 潘光旦. 中国之家庭问题［M］. 北京：商务印书馆，2021.

[40] 乔金霞. 农民工随迁子女的社会融合基于教育的视角［M］. 北京：社会科学文献出版社，2018.

[41] 沈奕斐. 谁在你家：中国"个体家庭"的选择［M］. 上海：上海三联书

店，2019.

[42] 王伟宜. 高等教育入学机会变迁研究［M］北京：清华大学出版社，2015.

[43] 王跃生. 制度与人口：以中国历史和现实为基础的分析（上、下卷）［M］. 北京：中国社会科学出版社，2015.

[44] 吴康宁. 教育社会学［M］. 北京：人民教育出版社，2008.

[45] 吴业苗. 人的城镇化研究［M］. 北京：社会科学文献出版社. 2021.

[46] 谢童伟. 教育发展差异、人口迁移与教育政策调整［M］. 上海：华东师范大学出版社，2020.

[47] 熊景维. 通往城市之路：农民工住房与市民化［M］. 北京：社会科学文献出版社. 2017.

[48] 阎蓓. 新时期中国人口迁移［M］. 长沙：湖南教育出版社，1999.

[49] 杨华. 陌生的熟人：理解 21 世纪乡土中国［M］. 桂林：广西师范大学出版社，2021.

[50] 杨菊华，靳永爱. 人口社会学（第二版）［M］. 北京：中国人民大学出版社. 2020.

[51] 叶强. 论国家对家庭教育的介入［M］. 北京：北京大学出版社，2018.

[52] 翟学伟. 关系与中国社会［M］. 北京：中国社会科学出版社. 2012.

[53] 翟学伟. 人情、面子与权力的再生产［M］. 北京：北京大学出版社，2020.

[54] 张国刚，编. 中国家庭史［M］. 广州：广东人民出版社，2013.

[55] 张康之，张乾友. 共同体的进化［M］. 北京：中国社会科学出版社，2012.

[56] 张翼，编. 社会发展与中国现代化新征程［M］. 北京：社会科学文献出版社. 2021.

[57] 赵汀阳. 论可能生活［M］. 北京：中国人民大学出版社，2010.

[58] 赵妍杰. 家庭革命：清末民初读书人的憧憬［M］. 北京：社会科学文献出版社，2020.

[59] 赵忠心. 中外家庭教育思想简史［M］. 北京：中国妇女出版社，2021.

[60] 周其仁. 城乡中国（修订版）［M］. 北京：中信出版集团，2017.

[61] ［古希腊］亚里士多德. 尼各马可伦理学［M］. 廖申白，译. 北京：商务印书馆，2003.

[62] ［奥］米特罗尔，西德尔. 欧洲家庭史——中世纪至今的父权制到伙伴关系

［M］. 赵世玲，译. 北京：华夏出版社，1987.

［63］［奥］阿尔弗雷德·许茨. 社会世界的意义建构：理解的社会学引论［M］. 霍桂桓，译. 北京：北京师范大学出版社，2017.

［64］［德］恩斯特·布洛赫. 希望的原理（第1卷）［M］. 梦海，译. 上海：上海译文出版社，2012.

［65］［德］恩斯特·布洛赫. 希望的原理（第2卷）［M］. 梦海，译. 上海：上海译文出版社，2020.

［66］［德］黑格尔. 法哲学原理［M］. 范扬，张企泰，译. 北京：商务印书馆，2010.

［67］［法］布尔迪厄，［美］华康德. 反思社会学导引［M］. 苏国勋，译. 北京：商务印书馆，2015.

［68］［法］布尔迪厄. 区分：判断力的社会批判［M］. 刘晖，译. 北京：商务印书馆，2020.

［69］［法］亨利·列斐伏尔. 都市革命［M］. 杨生平，强乃社，译. 北京：首都师范大学出版社，2018.

［70］［法］卢梭. 社会契约论［M］. 何兆武，译. 北京：商务印书馆，2003.

［71］［法］路易·阿尔都塞. 论再生产［M］. 吴子枫，译. 西安：西北大学出版社，2019.

［72］［法］涂尔干. 涂尔干文集（第六卷）［M］. 沈杰，译. 北京：商务印书馆，2020.

［73］［荷］格特·比斯塔. 测量时代的好教育：伦理、政治和民主的维度［M］. 张立平，韩亚菲，译. 北京：北京师范大学出版社，2019.

［74］［荷］格特·比斯塔. 超越人本主义教育——与他者共存［M］. 杨超，冯娜，译. 北京：北京师范大学出版社，2020.

［75］［加］查尔斯·泰勒. .自我的根源：现代认同的形成［M］. 韩震，译. 南京：译林出版社，2012.

［76］［美］阿尔文·托夫勒. 未来的冲击［M］. 黄明坚，译. 北京：中信出版社，2018.

［77］［美］埃什尔曼. 家庭导论［M］. 潘允康，张文宏，马志年，等译. 北京：中国社会科学出版社，1991.

[78] ［美］安妮特·拉鲁. 不平等的童年：阶级、种族与家庭生活 ［M］. 宋爽，张旭，译. 北京：北京大学出版社，2018.

[79] ［美］彼得·伯格，托马斯·卢克曼. 现实的社会建构：知识社会学论纲 ［M］. 吴肃然，译. 北京：北京大学出版社，2019.

[80] ［美］彼得·贝格尔. 宗教社会学：彼得·贝格尔读本 ［M］. 谢夏珩，译. 北京：北京大学出版社，2015.

[81] ［美］杜威. 民主主义与教育 ［M］. 王承绪，译. 北京：人民教育出版社，2001.

[82] ［美］汉娜·阿伦特. 人的境况 ［M］. 王寅丽，译. 上海：上海人民出版社，2017.

[83] ［美］加里·斯坦利·贝克尔. 家庭论 ［M］. 王献生，王宇，译. 北京：商务印书馆，2014.

[84] ［美］杰里·比格纳. 亲子关系——家庭教育导论（第 8 版）［M］. 郑福明，冯夏婷，译. 北京：高等教育出版社，2012.

[85] ［美］科尔曼. 科尔曼报告：教育机会公平 ［M］. 汪幼枫，译. 上海：华东师范大学出版社，2019.

[86] ［美］克利福德·格尔茨. 地方知识 ［M］. 杨德睿，译. 北京：商务印书馆，2016.

[87] ［美］兰德尔·柯林斯. 文凭社会：教育与分层的历史社会学 ［M］. 刘冉，译. 北京：北京大学出版社，2018.

[88] ［美］罗伯特·芮德菲尔德. 农民社会与文化：人类学对文明对一种诠释 ［M］. 王莹，译. 北京：中国社会科学出版社，2013.

[89] ［美］玛格丽特·米德. 文化与承诺：一项有关代沟问题的研究 ［M］. 周晓虹，周怡，译. 石家庄：河北人民出版社，1987.

[90] ［美］斯金纳. 超越自由与尊严 ［M］. 方红，译. 北京：中国人民大学出版社，2018.

[91] ［美］施坚雅. 中国农村的市场和社会结构 ［M］. 史建云，徐秀丽，译. 北京：中国社会科学出版社，1998.

[92] ［美］阎云翔. 私人生活的变革：一个中国村庄里的爱情、家庭与亲密关系（1949—1999）［M］. 龚小夏，译. 上海：上海人民出版社，2017.

[93]［美］易劳逸. 家族、土地与祖先：近世中国四百年社会经济的常与变［M］. 苑杰，译. 重庆：重庆出版社，2019.

[94]［美］约翰·罗尔斯. 正义论［M］. 何怀宏，何包钢，廖申白，译. 北京：中国社会科学出版社，2014.

[95]［美］张鹂. 城市里的陌生人：中国流动人口的空间、权力与社会网络的重构［M］. 南京：江苏人民出版社，2019.

[96]［日］北本正章. 儿童观的社会史——近代英国的共同体、家庭和儿童［M］. 方明生，译. 上海：上海教育出版社，2020.

[97]［日］岛田虔次. 中国近代思维的挫折［M］. 南京：江苏人民出版社，2008.

[98]［英］保罗·威利斯. 学做工：工人阶级子弟为何继承父业［M］. 秘舒，凌旻华，译. 南京：译林出版社，2013.

[99]［英］安东尼·吉登斯. 现代性的后果［M］. 田禾，译. 南京：译林出版社，2011.

[100]［英］安东尼·吉登斯. 社会理论的核心问题：社会分析中的行动、结构与矛盾［M］. 郭忠华，徐法寅，译. 上海：上海译文出版社，2015.

[101] James Lynch. Multicultural Education in a Global Society［M］. Lewes：The Falmer Press，1989.

[102] Stigler J W, Stevenson H W. The Learning Gap：Why Our Schools are Failing and what we can Learn from Japaneses and Chinese Education［M］. Simon & Schuster，1992.

[103] Brown W. Regulating Aversion：Tolerance in the Age of Identity and Empire［M］. Princeton University Press，2006.

二、期刊、报纸类

[1] 潘允康，林南. 中国的纵向家庭关系及对社会的影响［J］. 社会学研究，1992 (6)：73 - 80.

[2] 田凯. 关于农民工的城市适应性的调查分析与思考［J］. 社会科学研究，1995 (5)：90 - 95.

[3] 洪成文. 关于解决流动人口子女教育问题的思考［J］. 中小学管理，1997 (6)：12 - 13.

[4] 项贤明. 人口空间位移背景下的教育问题［J］. 教育研究，1998 (4)：34 - 38.

[5] 缪建东. 试论我国转型期的家庭教育 [J]. 苏州大学学报, 2000 (1): 123 - 127.

[6] 赵树凯. 边缘化的基础教育——北京外来人口子弟学校的初步调查 [J]. 管理世界, 2000 (5): 70 - 78.

[7] 赵学勤. 城市流动人口子女基础教育问题研究 [J]. 教育科学研究, 2001 (2): 28 - 31.

[8] 王春光. 新生代农村流动人口的社会认同与城乡融合的关系 [J]. 社会学研究, 2001 (3): 63 - 76.

[9] 张斌贤. 流动人口子女教育研究的现状与趋势 [J]. 清华大学教育研究, 2001 (4): 4 - 7, 25.

[10] 周作宇. 教育、社会分层与社会流动 [J]. 北京师范大学学报 (人文社会科学版), 2001 (5): 85 - 91.

[11] 黄河清. 家庭教育与学校教育的比较研究 [J]. 华东师范大学学报 (教育科学版), 2002 (2): 28 - 34, 58.

[12] 罗建河. 流动儿童教育问题探析 [J]. 教育科学, 2002 (4): 25 - 27.

[13] 张铁道. 社会人口流动呼唤接纳性教育 [J]. 教育科学研究, 2002 (11): 49 - 50.

[14] 李强. 影响中国城乡流动人口的推力与拉力因素分析 [J]. 中国社会科学, 2003 (1): 125 - 136, 207.

[15] 张翼, 风笑天. 社会不可忽视的一个新群体——论流动儿童所面临的畸形社会化 [J]. 当代青年研究, 2003 (1): 43 - 47.

[16] 余凌, 罗国芬. 谁对青年流动人口的下一代负责——兼谈"流动人口子女教育问题" [J]. 青年探索, 2003 (5): 13 - 14.

[17] 周皓, 陈玲. 对流动儿童学校之合理性的思考与建议 [J]. 人口与经济, 2004 (1): 69 - 73, 47.

[18] 汪明. 农民工子女就学问题与对策 [J]. 教育研究, 2004 (2): 75 - 79.

[19] 文军. 农民市民化: 从农民到市民的角色转型 [J]. 华东师范大学学报 (哲学社会科学版), 2004 (3): 55 - 61, 123.

[20] 刘代友. 论人口城市化过程中的教育公平问题 [J]. 中华文化论坛, 2004 (4): 149 - 152.

[21] 朱镜德. 农民工子女进城求学与二元教育结构转变 [J]. 中国人口科学, 2004

（4）：54 - 59，82.

[22] 黄怡. 城市居住隔离及其研究进程 ［J］. 城市规划汇刊，2004（5）：65 - 72，96.

[23] 李静波，丁杰. 我国农村义务教育发展滞后的原因分析与对策思考 ［J］. 国家教育行政学院学报，2005（2）：66 - 69，80.

[24] 王勇. 论家庭教育与儿童社会化 ［J］. 兰州学刊，2005（5）：352 - 353.

[25] 刘朝晖，蒋志宏. "流动儿童" 义务教育问题探析 ［J］. 现代教育科学，2005（10）：5 - 7.

[26] 梦海. 一个更美好生活的梦——论恩斯特·布洛赫的未来希望哲学思想 ［J］. 求是学刊，2006（3）：33 - 39.

[27] 苟人民. 从城乡入学机会看高等教育公平 ［J］. 教育发展研究，2006（9）：29 - 31.

[28] 郭丛斌，闵维方. 家庭经济和文化资本对子女教育机会获得的影响 ［J］. 高等教育研究，2006（11）：24 - 31.

[29] 刘辉武. 文化资本与农民工的城市融入 ［J］. 农村经济，2007（1）：122 - 125.

[30] 陈恒，邹跃. 完善城市务工人员子女义务教育政策的思考 ［J］. 华东师范大学学报（教育科学版），2007（3）：92 - 96.

[31] 郝大海. 中国城市教育分层研究（1949—2003）［J］. 中国社会科学，2007（6）：94 - 107，206.

[32] 阮成武. 义务教育的私益性及其私事化倾向的遏制 ［J］. 教育发展研究，2007（11）：15 - 20.

[33] 陆益龙. 户口还起作用吗——户籍制度与社会分层和流动 ［J］. 中国社会科学，2008（1）：149 - 162，207 - 208.

[34] 王广慧，张世伟. 教育对农村劳动力流动和收入的影响 ［J］. 中国农村经济，2008（9）：44 - 51.

[35] 高德胜. 危机四伏的家庭及其教育功能的萎缩 ［J］. 全球教育展望，2008（10）：54 - 59.

[36] 胡瑞文，朱涛，杜晓利. 上海流动人口子女义务教育后出路问题研究 ［J］. 教育发展研究，2008（Z1）：15 - 18.

[37] 潘璐，叶敬忠. 农村留守儿童研究综述 ［J］. 中国农业大学学报（社会科学

版），2009（2）：5 – 17.

[38] 史晓浩，王毅杰. 建构论视角下的社会实体观 [J]. 河海大学学报（哲学社会科学版），2009（3）：55 – 58，92.

[39] 熊春文. "文字上移"：20 世纪 90 年代末以来中国乡村教育的新趋向 [J]. 社会学研究，2009（5）：110 – 140，244 – 245.

[40] 王毅杰，王开庆，韩允. 市民对流动儿童的社会距离研究 [J]. 深圳大学学报（人文社会科学版），2009（6）：88 – 92.

[41] 郝文武. 新读书无用论的根源及其消除 [J]. 中国教育学刊，2009（9）：34 – 36.

[42] 邬志辉. 关于农村教育三个理论问题的探讨 [J]. 理论月刊，2009（9）：5 – 10.

[43] 胡俊生. 农村教育城镇化：动因、目标及策略探讨 [J]. 教育研究，2010（2）：89 – 94.

[44] 刘传江. 新生代农民工的特点、挑战与市民化 [J]. 人口研究，2010（2）：34 – 39，55 – 56.

[45] 高慧斌. 户籍改革困境下对进城务工人员子女教育问题的思考 [J]. 思想理论教育，2011（4）：37 – 40.

[46] 黄宗智. 中国的现代家庭：来自经济史和法律史的视角 [J]. 开放时代，2011（5）：82 – 105.

[47] 陈前恒，林海，郭沛. 贫困地区农村基础教育可及性与农民的主观幸福感 [J]. 中国人口科学，2011（5）：94 – 102，112.

[48] 李荣刚. 城市化对乡村语言变化的影响 [J]. 重庆社会科学，2011（10）：95 – 101.

[49] 吴霓. 农民工随迁子女异地中考政策研究 [J]. 教育研究，2011（11）：3 – 12.

[50] 段成荣，黄颖. 就学与就业——我国大龄流动儿童状况研究 [J]. 中国青年研究，2012（1）：91 – 96.

[51] 杨威. 流动儿童家庭教育期望的影响因素探析——基于北京市某区的问卷调查 [J]. 西北人口，2012（2）：98 – 102.

[52] 黄少安，孙涛. 中国的"逆城市化"现象："非转农"——基于城乡户籍相对价值变化和推拉理论的分析 [J]. 江海学刊，2012（3）：90 – 96，238.

[53] 凡勇昆，邬志辉. 我国农村教育发展方向的困境与出路——基于文化的视角 [J]. 华东师范大学学报（教育科学版），2012（4）：26 – 30.

［54］许传新. 家庭教育："流动家庭"与"留守家庭"的比较分析［J］. 中国青年研究，2012（5）：59－62，19.

［55］沈蓓绯，纪玲妹，孙苏贵. 新生代农民工城市文化融入现状及路径研究［J］. 学术论坛，2012（6）：73－79.

［56］张翼. 中国家庭的小型化、核心化与老年空巢化［J］. 中国特色社会主义研究，2012（6）：87－94.

［57］张启睿，边玉芳，王烨晖，等. 学校教育环境与资源对青少年学业成就的影响［J］. 教育研究，2012（8）：32－40.

［58］冷向明，赵德兴. 中国农民工市民化的阶段特性与政策转型研究［J］. 政治学研究，2013（1）：19－27.

［59］叶忠. 家庭教育投入：教育改革与发展的重要支持性因素［J］. 南京师大学报（社会科学版），2013（3）：18－23.

［60］刘成斌. 农民工流动方式与子女社会分化——对中国人口流动制度设计的反思［J］. 中国人口科学，2013（4）：108－116，128.

［61］吴愈晓. 教育分流体制与中国的教育分层（1978—2008）［J］. 社会学研究，2013（4）：179－202，245－246.

［62］陈旭峰. 农民地位代际流动何以可能？——农民市民化水平对子女教育期望影响的实证研究［J］. 人口与发展，2013（6）：43－51.

［63］王甫勤，时怡雯. 家庭背景、教育期望与大学教育获得基于上海市调查数据的实证研究［J］. 社会，2014（1）：175－195.

［64］许敏. 美国中产阶级"协作培养"家庭教育方式的伦理风险［J］. 道德与文明，2014（1）：150－153.

［65］张世勇. 新生代农民工逆城市化流动：转变的发生［J］. 南京农业大学学报（社会科学版），2014（1）：9－19.

［66］康永久. 先验的社会性与家国认同——初级社会化的现象学考察［J］. 教育学报，2014（3）：9－26.

［67］李春玲. "80后"的教育经历与机会不平等——兼评《无声的革命》［J］. 中国社会科学，2014（4）：66－77，205.

［68］刘保中，张月云，李建新. 社会经济地位、文化观念与家庭教育期望［J］. 青年研究，2014（6）：46－55，92.

［69］肖索未. "严母慈祖"：儿童抚育中的代际合作与权力关系［J］. 社会学研究，2014（6）：148－171，244－245.

［70］李颖晖. 殊途异路：青年农转非群体的职业分化与市民化差异——基于"选择性"与"政策性"农转非的比较分析［J］. 中国青年研究，2014（10）：48－54，40.

［71］李家成，王娟，陈忠贤，等. 可怜天下父母心——进城务工随迁子女家长教育理解、教育期待与教育参与的调查报告［J］. 教育科学研究，2015（1）：7－20.

［72］刘谦. 迟疑的"大学梦"——对北京随迁子女教育愿望的人类学分析［J］. 教育研究，2015（1）：43－53.

［73］侯利明. 地位下降回避还是学历下降回避——教育不平等生成机制再探讨（1978－2006）［J］. 社会学研究，2015（2）：192－213，245－246.

［74］金一虹，杨笛. 教育"拼妈"："家长主义"的盛行与母职再造［J］. 南京社会科学，2015（2）：61－67.

［75］刘保中，张月云，李建新. 家庭社会经济地位与青少年教育期望：父母参与的中介作用［J］. 北京大学教育评论，2015（3）：158－176，192.

［76］聂清德，董泽芳. 一个值得高度关注的问题：城镇化背景下乡村教育生态危机［J］. 教育研究与实验，2015（5）：8－12.

［77］周晔. "学校离村"的乡村教育新动向及其社会文化隐忧——兼与"文字上移"提法商榷［J］. 河北师范大学学报（教育科学版），2015（5）：118－122.

［78］李涛，邬志辉. "乡土中国"中的新"读书无用论"——基于社会分层视角下的雍村调查［J］. 探索与争鸣，2015（6）：79－84.

［79］刘庆乐. 推拉理论、户籍制度与中国城乡人口流动［J］. 江苏行政学院学报，2015（6）：70－75.

［80］冉亚辉. 论基础教育公共性的必然［J］. 教学与管理，2015（6）：1－4.

［81］高德胜. 竞争的德性及其在教育中的扩张［J］. 华东师范大学学报（教育科学版），2016（1）：14－23，110.

［82］熊和妮. 他们真的不懂教育孩子吗？——劳动阶层家庭教育的污名化危机及其批判［J］. 基础教育，2016（2）：67－74.

［83］翟博. 树立新时代的家庭教育价值观［J］. 教育研究，2016（3）：92－98.

［84］汪润泉. 子女教育期望与农民工城市定居意愿——基于全国7个城市调查数据

［J］. 农业技术经济，2016（3）：77－86.

［85］李忠路，邱泽奇. 家庭背景如何影响儿童学业成就？——义务教育阶段家庭社会经济地位影响差异分析［J］. 社会学研究，2016（4）：121－144，244－245.

［86］向伟. 治理欲望：当代中国教育的文化分析——评《治理教育欲望：中国的文化、政治与学校教育》［J］. 社会发展研究，2016（4）：217－229.

［87］杨振宇，张程. 城乡迁移对农村籍父母教育观念与行为的影响［J］. 清华大学教育研究，2016（4）：76－87.

［88］刘登珲. 我国校外教育功能定位流变及其现代转向［J］. 湖南师范大学教育科学学报，2016（5）：114－119.

［89］石兰月. 异地高考准入条件的实证研究［J］. 郑州大学学报（哲学社会科学版），2016（5）：81－85.

［90］吴翌琳. 初中生课外补习的影响因素研究——基于 CEPS 的调查数据分析［J］. 教育科学，2016（5）：63－73.

［91］周菲，程天君. 中学生教育期望的性别差异——父母教育卷入的影响效应分析［J］. 教育研究与实验，2016（6）：10－19.

［92］魏万青. 从拆分型家庭到完整性家庭：新型城镇化背景下民工入户选择研究［J］. 兰州学刊，2016（8）：179－192.

［93］庞晓鹏，龙文进，董晓媛，等. 农村小学生家长租房陪读与家庭经济条件——学校布局调整后农村小学教育不公平的新特征［J］. 中国农村观察，2017（1）：97－112，143.

［94］吴重涵，张俊，王梅雾. 是什么阻碍了家长对子女教育的参与——阶层差异、学校选择性抑制与家长参与［J］. 教育研究，2017（1）：85－94.

［95］叶静怡，张睿，王琼. 农民进城务工与子女教育期望——基于 2010 年中国家庭追踪调查数据的实证分析［J］. 经济科学，2017（1）：92－107.

［96］吕寿伟. 精神蜕变与公共教育的信任危机［J］. 现代大学教育，2017（3）：1－6，112.

［97］叶敬忠. 作为治理术的中国农村教育［J］. 开放时代，2017（3）：63－179，8－9.

［98］杨雄，魏莉莉. 家庭教育需求与理念的代际比较［J］. 青年探索，2017（4）：61－73.

［99］马俊龙. 外出务工、教育期望与子女学习成绩［J］. 教育与经济，2017（5）：89-98.

［100］姚荣. 中国乡村教育的意义嬗变与实践逻辑：基于"制度与生活"互动的视角［J］. 清华大学教育研究，2017（6）：114-124.

［101］秦玉友. 教育城镇化的异化样态反思及积极建设思路［J］. 教育发展研究，2017（6）：1-7.

［102］吴小英. 流动性：一个理解家庭的新框架［J］. 探索与争鸣，2017（7）：88-96.

［103］刘保中. 我国城乡家庭教育投入状况的比较研究——基于CFPS（2014）数据的实证分析［J］. 中国青年研究，2017（12）：45-52.

［104］吴愈晓，王鹏，杜思佳. 变迁中的中国家庭结构与青少年发展［J］. 中国社会科学，2018（2）：98-120，206-207.

［105］李明轩. 从世俗化到多元化：彼得·伯格宗教社会学理论演变的逻辑［J］. 广西大学学报（哲学社会科学版），2018（3）：69-77.

［106］李若璇，朱文龙，刘红瑞，等. 家长教育期望对学业倦怠的影响：家长投入的中介及家庭功能的调节［J］. 心理发展与教育，2018（4）：489-496.

［107］欧阳鹏，胡弼成. 教育是通往幸福的阶梯——兼论"教育无用"的真相、原因及对策［J］. 现代大学教育，2018（4）：38-47.

［108］文军，李珊珊. 文化资本代际传递的阶层差异及其影响——基于上海市中产阶层和工人阶层家庭的比较研究［J］. 华东师范大学学报（哲学社会科学版），2018（4）：101-113，175.

［109］杨卫安. "读书无用论"何以会产生？——晚清以来出现的四次"读书无用论"评述［J］. 河北师范大学学报（教育科学版），2018，20（4）：45-49.

［110］周兴国. 乡村教育的现代化困境与出路［J］. 教育研究与实验，2018（4）：3-8.

［111］陈先哲，卢晓中. 层类交错：迈向普及化时代的中国高等教育体系构建［J］. 教育研究，2018（7）：61-66.

［112］刘守英，王一鸽. 从乡土中国到城乡中国——中国转型的乡村变迁视角［J］. 管理世界，2018（10）：28-146，232.

［113］雷望红. 阶层流动竞争与教育风险投资——对甘肃宁县"陪读"现象的解读

［J］．中国青年研究，2018（12）：86－92.

［114］罗良，郭筱琳．亲子间教育期望差异：概念框架、研究进展与未来方向［J］．南京师大学报（社会科学版），2019（2）：30－42.

［115］汪建华．小型化还是核心化？——新中国70年家庭结构变迁［J］．中国社会科学评价，2019（2）：118－130，144.

［116］王婉婉．从"文化消费"到"身份建构"——新生代农民工城市融入的文化策略［J］．东北农业大学学报（社会科学版），2019（2）：67－70，98.

［117］周飞舟．慈孝一体：论差序格局的"核心层"［J］．学海，2019（2）：11－20.

［118］陈时见，胡娜．新时代乡村教育振兴的现实困境与路径选择［J］．西南大学学报（社会科学版），2019（3）：69－74，189－190.

［119］童馨乐，潘妍，杨向阳．寒门为何难出贵子？基于教育观视角的解释［J］．中国经济问题，2019（4）：51－67.

［120］纪竞垚，刘守英．代际革命与农民的城市权利［J］．学术月刊，2019（7）：43－55.

［121］靳振忠，严斌剑，王亮．家庭背景、学校质量与子女教育期望——基于中国教育追踪调查的分析［J］．教育研究，2019（12）：109－123.

［122］张东燕，高书国．现代家庭教育的功能演进与价值提升——兼论家庭教育现代化［J］．中国教育学刊，2020（1）：66－71.

［123］秦广强．自致努力与教育获得、职业成就的关联——基于路径模型的实证分析［J］．社会学评论，2021（1）：175－196.

［124］杜敏，刘志刚．论语言扶贫在乡村振兴战略实施中的可持续性［J］．陕西师范大学学报（哲学社会科学版），2020（2）：95－105.

［125］沈洪成．激活优势：家长主义浪潮下家长参与的群体差异［J］．社会，2020（2）：175－210.

［126］高水红．内卷化：学校教育过程的文化再生产［J］．教育研究与实验，2020（4）：13－18.

［127］杨娟，赵心慧．机会和成本对农村学生接受更多教育的影响［J］．北京大学教育评论，2020（4）：103－128，187－188.

［128］余秀兰．父母社会背景、教育价值观及其教育期望［J］．南京师大学报（社会科学版），2020（4）：62－74.

[129] 熊易寒. 精细分层社会与中产焦虑症 [J]. 文化纵横, 2020 (5): 112 – 120, 159.

[130] 杜旻. 农民工随迁子女教育压力及群体差异 [J]. 河北学刊, 2020 (5): 164 – 169.

[131] 韩嘉玲, 余家庆. 离城不回乡与回流不返乡——新型城镇化背景下新生代农民工家庭的子女教育抉择 [J]. 北京社会科学, 2020 (6): 4 – 13.

[132] 侯玉娜, 张鼎权, 范栖银. 代际传递与社会融入视角下农民工随迁子女的教育期望研究——基于"中国教育追踪调查"初中生数据的实证分析 [J]. 教育发展研究, 2020 (6): 23 – 31.

[133] 李佳丽, 赵楷, 梁会青. 养育差异还是养育陷阱?——家庭教养方式对学生发展的异质性影响研究 [J]. 中国青年研究, 2020 (9): 68 – 75.

[134] 吴康宁. 个案究竟是什么——兼谈个案研究不能承受之重 [J]. 教育研究, 2020 (11): 4 – 10.

[135] 易彬彬. 城市中等收入家庭精细化教育的生成逻辑与风险 [J]. 南京社会科学, 2020 (12): 147 – 154.

[136] 陈乐. 意识的觉醒: 助力农村子弟的教育攀登之旅——基于一项口述史研究 [J]. 教育发展研究, 2020 (23): 17 – 21.

[137] 胡咏梅, 元静. 学校投入与家庭投入哪个更重要?——回应由《科尔曼报告》引起的关于学校与家庭作用之争 [J]. 华东师范大学学报 (教育科学版), 2021 (1): 1 – 25.

[138] 阮成武. 基础教育改革顶层设计的进路与反思: 1980—2020 [J]. 南京师大学报 (社会科学版), 2021 (1): 14 – 23.

[139] 张欢, 朱战辉. 农村青少年教育城镇化的家庭策略、实践困境及其出路 [J]. 中国青年研究, 2021 (1): 30 – 37.

[140] 周兴国, 江珊. 非权力性资源配置与乡村学校发展困境: 一种理论解释 [J]. 安徽师范大学学报 (人文社会科学版), 2021 (1): 136 – 146.

[141] 陈乐. 陪读: 从乡野到庙堂的穿越 [J]. 中国教育学刊, 2021 (3): 38 – 43.

[142] 牛楠森, 易凌云. 中国校外学习的系统建构——基于四维学习理论视角 [J]. 湖南师范大学教育科学学报, 2021 (3): 1 – 13.

[143] 许程姝, 邬志辉. 农村文化资本与文化生产——基于农村儿童"差别优势"的

理论构型 [J]. 教育学报, 2021 (3): 144 – 153.

[144] 付伟. 家庭本位与村庄治理的底层逻辑 [J]. 中国社会科学评价, 2021 (4): 27 – 38.

[145] 刘铁芳. 探寻乡村教育的基本精神 [J]. 探索与争鸣, 2021 (4): 15 – 18.

[146] 汪传艳. 家在何处: 流动儿童的家庭融入及其影响因素 [J]. 基础教育, 2021 (4): 34 – 45.

[147] 安永军. 生源流动、教育资源重组与城乡义务教育失衡——基于甘肃宁县的案例研究 [J]. 北京工业大学学报 (社会科学版), 2021 (5): 43 – 51.

[148] 魏钦恭, 张佳楠. 来自兄弟的"让渡"和母亲的"馈赠": 校外教育投入中的女孩占优现象与家庭偏好逻辑 [J]. 社会, 2021 (5): 208 – 242.

[149] 白美妃. 撑开在城乡之间的家——基础设施、时空经验与县域城乡关系再认识 [J]. 社会学研究, 2021 (6): 49 – 71, 231.

[150] 傅维利. 家庭教育资本的本质属性及投资风险管控 [J]. 教育学报, 2021 (6): 134 – 145.

[151] 黄政. 读书真的无用?——农村居民教育期望的形成机制研究 [J]. 教育科学研究, 2021 (6): 54 – 59.

[152] 朱镕君. 走出乡土、文化脱域与城乡融合——农村教育精英的社会流动张力研究 [J]. 教育研究与实验, 2021 (6): 11 – 19.

[153] 程方平. 应该重视对"教育失败"的研究——关于突破"精英教育"局限的思考 [J]. 教育与教学研究, 2021 (7): 7 – 18.

[154] 陆一. 学业竞争大众化与高考改革 [J]. 教育研究, 2021 (9): 81 – 92.

[155] 刘焕然, 朱新卓. 读大学"有用"还是"无用"——新时期农民高等教育价值观的扎根理论研究 [J]. 高等教育研究, 2021 (10): 45 – 52.

[156] 陆一. 从家庭教育期望入手认识教育治理问题 [J]. 全球教育展望, 2021 (11): 45 – 58.

[157] 王乐, 张乐. 为什么上大学——乡村学生"离土"选择的教育发生考察 [J]. 教育研究, 2021 (11): 107 – 118.

[158] 王旭清. 寒门温室: 城镇化中农家子弟教育的家庭参与机制 [J]. 中国青年研究, 2021 (12): 98 – 105.

[159] 余晖. "双减"时代基础教育的公共性回归与公平性隐忧 [J]. 南京社会科学,

2021（12）：145 - 153，170.

［160］洪明. 论新时代我国家庭教育的基本理念［J］. 河北师范大学学报（教育科学版），2022（1）：94 - 100.

［161］胡桂香. 生亦或不生："三孩"政策对农村妇女的影响研究——基于湖南西村的田野调查［J］. 广州大学学报（社会科学版），2022（1）：113 - 124.

［162］薛晓阳. 乡村学校文化责任的历史变迁与教育回归［J］. 教育研究与实验，2022（1）：1 - 11.

［163］海燕，王鹏，谭康荣. 中国民众社会价值观的变迁及其影响因素——基于年龄—时期—世代效应的分析［J］. 社会学研究，2022（1）：156 - 178，229.

［164］李雅楠，朱志胜. 收入不平等与家庭教养方式选择：事实与机制［J］. 中国青年研究，2022（2）：44 - 52.

［165］张一晗. 教育变迁与农民"一家三制"家计模式研究［J］. 中国青年研究，2022（2）：61 - 69.

［166］蔡少燕. 中国人口家庭式迁移研究的知识图谱分析［J］. 世界地理研究，2022（3）：649 - 661.

［167］牛建林，齐亚强. 家庭教育期望的代际偏差、互动及影响［J］. 社会发展研究，2022（3）：162 - 183，245.

［168］曹梅，朱晓悦，沈书生. 父母教育卷入对中学生在线学习表现的影响——江苏省中小学在线教学调查研究报告之一［J］. 华东师范大学学报（教育科学版），2022（4）：16 - 28.

［169］陆一. 在教育改革中认识、尊重、引导家庭教育期望［J］. 人民教育，2022（11）：23 - 24.

［170］万俊人. 现代性的多元镜鉴［J］. 中国社会科学，2022（7）：4 - 20.

［171］李永萍. 家庭策略视角下的农民教育观念及其地区差异——基于江浙地区与西南地区的比较［J］. 暨南学报（哲学社会科学版），2022（7）：100 - 110.

［172］邬志辉，杨清溪. 新发展阶段需要什么样的基本公共教育服务体系？［J］. 中国教育学刊，2022（7）：26 - 35.

［173］向书坚，郑瑞坤，杨璐瑶. 城乡居民收入差距对城镇化影响的地区差异及动态演进［J］. 数量经济技术经济研究，2022（7）：47 - 68.

［174］张羽，刘惠琴，石中英. 教育投入产出的人文属性［J］. 教育研究，2022

（8）：121 - 140.

［175］ 雷万鹏，向蓉. 家庭教育指导服务的双重差异与政策启示 ［J］. 南京师大学报（社会科学版），2022（6）：14 - 23.

［176］ 刘精明. 教育扩张与分布型教育不平等——复合教育基尼系数的演化性质及其检验 ［J］. 社会学研究，2023（1）：68 - 95.

［177］ 阮成武. 依据常住人口规模配置义务教育资源：逻辑生成与政策优化 ［J］. 教育研究，2023（4）：94 - 105.

［178］ 仲音. 增强人口发展信心，促进人的全面发展和全体人民共同富裕 ［N］. 人民日报，2023 - 05 - 17（04）.

［179］ Lewis W. Economic Development with Unlimited Supplies of Labor ［J］. The Manchester School of Economic and Social Studies，1954（2）.

［180］ Schultz T. Investment in Human Capital ［J］. The American Economic Review，1961（51）.

［181］ JR Feagin. Poverty：We Still Believe That God Helps Those Who Help Themselves ［J］. Psychology Today，1972.

［182］ Stark O，Bloom D E . The New Economics of Labor Migration ［J］. American Economic Review，1985（2）.

［183］ Brown P. The "Third Wave"：Education and the Ideology of Parentocracy ［J］. British Journal of Sociology of Education，1990（1）.

［184］ Chao R K. Beyond Parental Control and Authoritarian Parenting Style：Understanding Chinese Parenting Through the Cultural Notion of Training ［J］. Child Development，1994（4）.

［185］ Bai N S，He Y P. Returning to the Countryside Versus Continuing to Work in the Cities：A Study on Rural Urban Migrants and Their Return to the Countryside of China ［J］. Social Science in China，2003（4）.

［186］ Buchmann C，Diprete T A. Gender Inequalities in Education ［J］. Annual Review of Sociology，2008（1）.

［187］ Berger P L . Secularization Falsified ［J］. First Things A Monthly Journal of Religion & Public Life，2008（2）.

［188］ Anita Koo. Is There Any Chance to Get Ahead？Education Aspirations and Expectations of Migrant Families in China [J]. British Journal of Sociology of Education. 2012 (33).

[189] Cynthia Feliciano, Yader R Lanuza. An Immigrant Paradox? Contextual Attainment and Intergenerational Educational Mobility [J]. American Sociological Review, 2017 (1).

[190] Yunxiang Yan. Neo–Familism And The State In Contemporary China [J]. Urban Anthropology and Studies of Cultural Systems and World Economic Development, 2018 (3).

三、学位论文类

[1] 李伟梁. 流动人口子女家庭教育问题研究 [D]. 武汉：华中师范大学，2003.

[2] 曹晶. 教育社会分层功能的弱化 [D]. 上海：华东师范大学，2007.

[3] 汤美娟. 嵌入与变异：现代教育观念的乡村遭遇 [D]. 南京：南京师范大学，2013.

[4] 李志峰. 家庭背景对学业成绩的影响研究 [D]. 济南：山东师范大学，2013.

[5] 李慧. 农民工随迁子女城市普通高中就学政策研究 [D]. 长春：东北师范大学，2014.

[6] 徐璐. 公平视野下农民工随迁子女教育问题研究 [D]. 武汉：华中师范大学，2017.

[7] 王金娜. 教育改革偏好与中产阶层母亲的教育卷入 [D]. 南京：南京师范大学，2017.

[8] 吕慈仙. 异地高考政策认同对随迁子女教育期望的影响机制研究 [D]. 厦门：厦门大学，2018.

[9] 晏福宝. 希望与教育——一种教育哲学的阐释 [D]. 长沙：湖南师范大学，2018.

[10] 刘纪蕊. 县域内家庭的教育选择实证研究 [D]. 上海：华东师范大学，2020.

[11] 黄超. 阶层背景、子女能力与中国家庭的教育投资 [D]. 南京：南京大学，2020.

[12] Michael Mc Gauvran. High School Males' Perception of Education: The New Gender Gap [D]. Providence: Johnson & Wales University, 2011.